探索京郊中小学的
发展之路

TANSUO JING JIAO ZHONGXIAOXUE DE
FAZHAN ZHI LU

京郊中小学校长专业发展研修项目组 著

教育科学出版社
·北京·

出 版 人　所广一
责任编辑　谭文明　杨建伟
版式设计　北京博祥图文设计中心　孙欢欢
责任校对　贾静芳
责任印制　叶小峰

图书在版编目(CIP)数据

探索京郊中小学的发展之路/京郊中小学校长专业
发展研修项目组著.—北京：教育科学出版社,2015.3(2015.10 重印)
　ISBN 978 - 7 - 5041 - 9262 - 2

　Ⅰ.①探…　Ⅱ.①京…　Ⅲ.①中小学—教学研究
Ⅳ.①G632.0

　中国版本图书馆 CIP 数据核字(2014)第 307033 号

探索京郊中小学的发展之路
TANSUO JING JIAO ZHONGXIAOXUE DE FAZHAN ZHI LU

出版发行　教育科学出版社

社　　址　北京·朝阳区安慧北里安园甲 9 号　　市场部电话　010 - 64989009
邮　　编　100101　　　　　　　　　　　　　编辑部电话　010 - 64981277
传　　真　010 - 64891796　　　　　　　　　网　　址　http://www.esph.com.cn

经　　销　各地新华书店
制　　作　北京博祥图文设计中心
印　　刷　北京九州迅驰传媒文化有限公司
开　　本　169 毫米×239 毫米　16 开　　　版　　次　2015 年 3 月第 1 版
印　　张　18.75　　　　　　　　　　　　　印　　次　2015 年 10 月第 2 次印刷
字　　数　313 千　　　　　　　　　　　　　定　　价　46.00 元

目　　录

学校发展

本篇主要围绕学校发展这一主题，对学校课程领导、品牌建设、文化建设及人的发展等问题进行了研究。这些研究都是以北京市郊区具体的中小学校为案例进行的，研究的内容都是学校中的鲜活实例，目的是解决学校发展中的具体问题。

学校课程领导，以顺义区仁和中学课程建设为例，探讨了新课标下校长课程领导力提升问题。该研究主要通过对校长课程领导力现状的调查，揭示了其存在的问题及原因，并在理论分析的基础上探索提升校长课程领导力的实践策略，以期能为校长有效实施课程领导提供一定的帮助。

学校品牌建设，以昌平区西田各庄中学为例，研究了学校实施阳光教育品牌的核心理念系统和推广等问题，用品牌思想及技术进行校园环境建设、课程建设、德育管理，目的是促进学生全面而有特长地发展。该研究对农村学校的品牌建设，包括形成农村中学品牌建设模式等，具有一定的借鉴意义。

学校文化建设，以昌平区回龙观第二小学为例，围绕"建有文化的校园、塑有理想的教师、育有特长的学生、办有特色的学校"的目标，对学校实施的以"阳光教育"主题为基础的学校文化进行了研究。通过研究，学校提出了"阳光教育"学校文化的构成要素，促进了大家践行"做阳光教师，育阳光学生，办阳光学校"办学理念的实施。

就人的发展，尤其是人的个性培养问题，史各庄中心小学发表的《做最好的自己的实践探索》一文对此进行了探索。该研究对"做最好的自己"的概念进行了界定，在此基础上就"做最好的自己"的具体实施路径进行了研究，以期促进师生的共同发展。

学校课程领导、品牌建设、文化建设及人的发展等是学校可持续发展中必须要面对的问题。目前，京郊各中小学校在这些方面都不同程度地存在着问题，需要通过研究进行解决。本篇虽然没有就这些方面进行全面研究，但就京郊中小学校遇到的具体实际问题进行了有针对性的研究。这些研究不仅有利于解决这些相应学校存在的问题，而且还会促进读者思考一些学校发展方面的问题，从而对促进其他中小学校的发展有所裨益。不仅如此，以研究促进学校发展，也是值得肯定和发扬的方式。

新课标下中小学校长课程领导力的研究
——以仁和中学课程建设为例，谈校长课程领导力的提升

孟朝晖

一、 中小学校长课程领导力的研究背景

（一）中小学校长课程领导力研究的缘起

"全日制义务教育课程标准（实验稿）"已伴随着我们走过了十年课程改革的历程，而修订后的"义务教育课程标准（2011年版）"的正式颁布实施则标志着课程改革进入了一个新的阶段。在新课标实施后的课程改革实践中，课程领导对于校长来说是一个全新的课题，也是一个极大的挑战。因此，对中小学校长课程领导力的研究，在一定程度上决定着新课标实施的力度，对新课程改革具有重要的理论意义和实践意义。

1. 研究现状与存在的问题

（1）研究现状

综合当前"校长课程领导力"的研究成果，从方法上看可分为两类。一类是以学校案例为主，重在介绍学校对课程的开发与实施，如姚海涛的《以课题为载体，提升校长课程领导力——以"沪港中学项目合作，促进学校内涵发展"课题为例》等。另一类是采用质的研究范式，这类研究注重对校长课程领导力的解释和理解，如王传金、谢利民的《价值、场域与愿景——论中小学校长的课程领导能力》、郑东辉的《简析校长课程领导的角色和任务》以及李朝辉、刘树仁的《从"自在"走向"自为"：校长走向课程领导的策略》等。

从内容上看，对校长课程领导力的研究大多集中在校长课程领导力的重要性以及校长课程领导力提升策略与实践途径等方面。

①校长课程领导力的重要性研究

通过对相关文献整理，笔者发现，已有关于校长课程领导力的重要性研究主要集中在三个方面。第一，校长在学校行政中肩负承上启下的责任。校长比教师有更多机会接触新课程、新信息，所以校长必须将新信息与教师分享，也应将教师执行新课程时所面临的困难反映给上级机关，以作为调整决策的参考。第二，学校层级的课程发展越来越受到重视。课程改革可以说是目前教育改革的重点，校长除了需要深明学校组织结构、组织文化、行政工作的特质与精髓，也应该兼顾课程领导与行政事务。第三，重视校长课程领导力，有助于校长兼顾课程与行政领导的职能。学校行政管理与课程教学需要同时加以改革，充分进行整合。为了避免改革只偏重行政组织的再造，充实学校层级相关人员的课程与管理知识，发展有效的课程领导力，是成功教育与课程改革不可或缺的要件。

②校长课程领导力的实施策略与途径研究

在校长课程领导力提升策略与途径方面，目前的成果可以分为两个方面。在理论探讨中，有学者从影响校长课程领导力实施因素的角度，对校长课程领导力的实施策略进行剖析。研究者认为，"课程管理"与"课程领导"不是等同的概念，从"课程管理"走向"课程领导"是新课改对校长的角色要求。李朝辉、刘树仁提出，新课程改革需要校长从"自在"走向"自为"，成为有效能的领导。校长要想真正承担课程领导责任，必须从领导者自身、学校内部因素和学校外部因素三个方面思考和改进。① 还有研究者从课程实施策略的角度进行剖析，如赵永勤主张必须思考校长课程领导的实施策略问题，而在策略之中，"实施程序"又是引领校长有条不紊进行课程领导的重要保障，这个"实施程序"，赵永勤解释为"课程慎思"，提出"课程慎思"的步骤是：觉知问题、拟订方案、权衡利弊、解决问题。②

除此之外，还有学者从提高有效教学、从农村中小学校长课程领导力等角度来分析策略、途径。杨连明认为，"校长不但应该进课堂，而且是必须进课堂"③。杨连明介绍了上海市奉贤区的做法。该区让校长进班上课，营造校长

---

① 李朝辉，刘树仁. 从"自在"走向"自为"：校长走向课程领导的策略 [J]. 教育科学研究，2006（12）：41.

② 赵永勤. 课程慎思：校长课程领导的实施程序 [J]. 现代教育论丛，2006（5）：27－38.

③ 杨连明. 奉贤区：着眼校长课程领导力，提升教育内涵品质 [J]. 上海教育，2009（1）：53－54.

带班上课、积极参加校本教研活动的良好氛围。同时，该区要求校长主动听课、评课。课堂成为校长工作的重要场所，上课、听课成为校长生活的重要组成部分。回归课程，是提升校长课程领导力的有效途径。① 除了要进课堂之外，有人提出要以课题为载体，提升校长的课程领导力。② "走进课堂"与"课题研究"是提升校长课程领导力需重视的问题。

（2）存在的问题

国内的研究还存在着一些不足之处：初步的理论讨论居多，大多数停留在内涵探讨和策略思考层次上，虽然有些研究对校长课程领导力进行了调查分析，但由于缺少对数据资料的统计分析、理论思考，因而无法对校长课程领导力的影响因素提出更切合实际的结论，自然也不能给出恰当的策略建议。

笔者认为，研究主体不能局限于"校长"一人，应该是课程领导的"共同体"，校长应以其专业素养而非行政职权进行领导，团结和组织团队的力量，才能在课程改革中积极推进课程实施，才能保障新课改的顺利完成。校长课程领导力研究还需在研究内容的深度和研究方法的灵活性上做进一步的研究和探讨。

2. 研究目的与研究意义

（1）研究目的

随着新课标的颁布以及学校课程理论研究和实践的逐步深入，我们越来越发现校长课程领导力在学校发展变革中起到了重要作用。笔者对近些年来对此研究的核心期刊文章进行了梳理和比较研究，时间界定为 2000 年至今，研究范围界定为新课标实施以来关于义务教育阶段中小学校长的课程领导力的研究。同时，通过问卷调查和课堂实践的形式，分析影响中小学校长课程领导力的因素，并研究提升校长课程领导力的途径，为提升中小学校长课程领导力提出合理建议，加强校长课程反思，提升校长的课程领导能力。

（2）研究意义

①理论意义

有关校长课程领导力的论文数量与质量都还有待加强。因此，笔者选取校长课程领导力这一教育管理领域的重要课题，拟在已有研究的基础上借鉴基本

---

① 杨连明. 回归课堂：提升校长课程领导力的有效途径［J］. 上海教育科研，2008（3）：49－50.

② 姚海涛. 以课题为载体，提升校长课程领导力［J］. 上海教育科研，2009（3）：70－71.

分析框架，采取问卷调查、深度访谈、深入课堂教学等多样的研究方法，对中小学校长课程领导力的现状有一个全面的认识，发现客观的问题，分析问题的危害与根源，探求问题的出路与对策。

②实践意义

本文研究的大量思想、观点、材料、信息，大都来自一线校长，相信综合提炼后的研究结果与结论也更容易为校长们理解和接受，能够更好地为校长们结合本校实际改进领导工作、提升领导水平提供一定的知识基础。同时，本研究提出的有关校长领导力课程领导方面的见解与主张，可为校长培养与发展教育工作提供一些补充性素材。

（二）中小学校长课程领导力的几个核心概念

1. 校长领导力

作为学校领导者，校长对学校的影响是全面的、整体的，而非局部的、点状的。因此，作为一种影响力，校长领导力是校长以"整个的人"对学校中的人和事产生的整体影响力，它体现在校长对学校的课程领导、教学领导、技术领导、文化领导等诸多方面。但是，校长领导力并不是校长在各领域领导力的简单叠加。这就要求我们必须以系统的观点来考察、理解校长领导力，而不是把它简单割裂或随意肢解。校长被认为是"学校行政的最高负责人。其对外代表学校，对内主持全面校务，由国家教育行政部门、有关办学团体、个人任命或委派，或通过一定程序推举产生"[①]。一些研究者从领导力的基本理论出发，对校长领导力进行了比较多的研究并给出了不少的定义。

王铁军从能力的角度给出定义，他认为："校长领导力是指学校管理者统帅带领团队，并与团队交互作用，从而实现学校发展目标的能力。它包含校长的价值理念、办学思想、学识、人格、情感、意志等综合素质，是驾驭、引领、发展学校的综合能力。"[②] 张爽从影响和关系的角度给"校长领导力"的定义是："校长在实现学校目标、推动学校发展的过程中影响全校师生员工和以家长为代表的利益相关者的能力，以及与全校师生员工和以家长为代表的利

---

① 教育大辞典编纂委员会. 教育大辞典：第一卷［M］. 上海：上海教育出版社，1990：235.

② 王铁军. 校长领导力：学校发展的核心元素［J/OL］.［2014-03-12］. http://eblog. cersp. com/userlog16/29347/archives/2007/358503. shtml.

益相关者之间的相互作用。"① 张玲和倪振民给"校长领导力"的定义是："校长在实现学校目标、推动学校发展的过程中，影响全校师生员工和以家长为代表的利益相关者的能力，以及与全校师生员工和以家长为代表的利益相关者之间的相互作用力。它是一种决策、规划学校发展的战略思维能力，表现为一种沟通、协调、凝聚的能力及发现问题、诊断问题并及时解决问题的能力。"②

这些定义主要关注校长领导力的两个方面——引领方向和施加影响，具体可以分解为校长的感召力、控制力、影响力。一般认为校长领导力是指学校管理者统率、带领团队，并与团队交互作用从而实现学校发展目标的能力。校长的领导力直接关系到学校的生存、发展与成功。校长领导力不是指某一方面的能力，而是包含校长的办学理念及办学思想、育人目标和学识、人格、情感以及意志等方面在内的一种综合素质的体现，是引领、发展学校的综合能力，它是一种合力。

2. 校长课程领导力

关于校长课程领导力的概念，多数研究者认为课程领导力就是一种能力。如有人界定校长课程领导力是"校长引导和率领教师进行课程改革、课程建设的能力"，或者是指"校长与追随者相互作用的合力，是校长与追随者为实现共同的课程愿景而迸发的一种思想与行为的能力"。③ 上海市教育委员会在2009 年所做的"提升校长课程领导力，进一步深化课程改革"的专题报告中提出，校长课程领导力是指以校长为核心的学校课程共同体，根据培养目标和办学定位，领导学校课程设计、实施、评价和课程文化建设过程的能力。

笔者认为，校长课程领导力不能用一两种简单的能力来概括，校长课程领导力的形成与发展取决于在长期教育教学实践中校长的专业素养和教育敏感度，以及对教育教学、行政管理和实践决策的综合把握，可以表现为课程价值的理解力、课程内容的研发力、课程实施的组织力、课程评价的指引力以及课程文化的构建力，校长课程领导力也是一种合力。

---

① 张爽. 校长领导力：背景、内涵及实践［J］. 中国教育学刊，2007（9）：42.

② 张玲，倪振民. 校长领导力与和谐校园建设初探［J］. 江苏经贸职业技术学院学报，2008（2）：52.

③ 孙向阳. 校长课程领导力：从"个力"走向"合力"［J］. 江西教育科研，2007（11）：104.

二、 中小学校长课程领导力现状的调查

（一）中小学校长课程领导力现状调查设计

1. 调查意义

调查研究新课标下中小学校长的课程领导力具有理论意义：充实和完善课程理论的研究。中小学校长课程领导力研究，不仅能关注目前我国中小学教学与课堂的具体现状，而且能综合考虑课程实施的整个环节与实施的条件，从客观的角度对校长与教师的专业化发展也有促进作用。

同时，调查研究新课标下中小学校长的课程领导力也具有实践意义：激发校长的角色意识，带动教师及学生开发课程，参与领导课程。专家学者的课程评价，能从本质上解读教育，发掘学生的潜能，满足学生的需要。把学校看成是一个动态的系统，学校教育群体之间有竞争、合作等多种关系，教育者运用群体动力学来推进学校的发展，通过教师个人的发展，打造学校的品牌课程，从而提升学校的竞争力，促进教育的发展。

2. 调查目的

在新课程标准实施的大背景下，从社会、学校、家庭、学生的需求出发，以校长的课程领导力为研究的出发点，引导全区中学达成一定的课程共识，明确对学生的培养；提高学生的素质和能力，形成相应的课程体系，同时也逐步重建课程运行机制，实施适合学校与学生发展的课程方案，并最终落实到具体的课程教学过程中。此外，要创设相应的课程保障机制与环境。

3. 调查方法

本研究选择文献研究、调查研究、课堂观察、比较研究相结合的方法，以校长反思和课堂观察为重点；规范分析与实证分析相结合，以实证分析为主；国外研究与国内研究相结合，以国内研究为主；归纳法与演绎法相结合。

4. 调查方案

本调查针对北京市顺义区城区初级中学校长的实际情况展开调查。通过校长访谈、问卷调查以及对相关文章分析，了解课程改革一线的第一手真实资料。再通过数据的汇总以及学校层面（以仁和中学为例）具体的实施情况，进行比较、总结、分析、诊断，最后提出可行性的建议。

5. 调查对象

本调查主要针对顺义区城区初级中学进行。调查对象是学校校长，包含主

管教学工作的副校长，同时还包含着少数的书记、主任、年级组长、年级助理。参与调查的学校包括顺义区第三中学、顺义区第五中学、顺义区第八中学。

6. 调查局限

本调查只是研究在新课标实施的过程中，顺义区学校的典型做法，即校长及其他领导对课程领导力的理解、认识、评价，以及学校的老师和学生对此的认知情况。本调查缺少专家学者对课程改革的解读与支招。

（二）对中小学校长课程领导力现状的调查

1. 校长课程领导力的整体现状及表现

调查发现，顺义区当前校长课程领导力的整体现状并不是十分理想，校长在课程领导的过程中多是凭借经验，在无意识的状态下从事课程领导工作。不过，大多数校长在主观上正经历着角色转变，并逐渐认识到课程领导是一种专业行为。这些主观意识上的转变为校长课程领导力的提升奠定了一定基础，成为校长课程领导力的良好表现。

（1）校长在主观上能正确认知自我角色

校长扮演课程领导者的角色是现在和未来的趋势。面对新课程改革所带来的种种挑战，校长首先应对自己的角色进行重新定位，明确校长课程领导的角色，自觉履行校长课程领导的职责，真正融入新课程改革中去。

调查结果显示，绝大多数校长认为其工作重心应在课程与教学事务的处理上，而认为工作重心应在学校行政事务上的占比非常小。由此可见，在主观认识上，大多数校长已经能正确认知自我角色，把工作重心放在课程与教学上。

事实上，只有明确自己的角色和任务，校长才能把精力集中于课程，才能领导学校不断推进课程改革，最终实现课程发展的目标。

（2）校长逐渐认识到课程领导是一种专业行为

课程领导顾名思义就是对课程的领导，是校长基于课程专业知识，协助教师改善课程品质，提升学生学习效果的一种专业行为。从这个意义上说，校长实施课程领导更多的是依靠专业权威，只有确立课程领导的专业意识与自信，才能成为真正的课程领导者。

2. 校长课程领导力存在的问题

在当前课程改革不断深入的背景下，校长课程领导力不强的现状是普遍存在的。笔者调查发现，校长课程领导力还存在着诸多问题，主要表现在以下几个方面。

（1）课程领导意识淡薄

课程改革的实施与推进打破了学校原有的课程常规，对校长提出了新的挑战，要求校长转变观念，摆脱传统课程管理思想的束缚，从课程管理走向课程领导。但旧有的课程管理思想根深蒂固，一些校长缺乏课程领导意识甚至还没有意识到课程领导的重要性。笔者调查发现，校长课程领导意识淡薄主要表现为在下三个方面。

①课程领导性质不明

调查发现，多数校长熟悉课程管理的概念而不清楚课程领导是什么，多数校长对课程领导的了解尚处于感性阶段，并不真正明了课程领导的性质，更不用说有意识地发挥课程领导的作用了。甚至还有一部分校长对课程领导持怀疑态度。

②课程领导角色模糊

如前文所述，在主观认识上，大多数校长已经能正确认知自我角色，把工作重心放在课程与教学上。而在现实工作中，过于繁忙的校务使得校长分不开身，往往找不出时间来践行这一角色。校长在学校日常工作中扮演更多的仍是行政管理者的角色，用在课程与教学事务上的时间相对较少。校长的工作千头万绪，每天几乎难有一段较长的时间专注于一事，有时还不得不执行教育行政部门的委办事项。校长囿于学校行政性事务之中，对于课程与教学事务的处理显得心有余而力不足。由此可见，现实与主观的矛盾，使得校长们处于一种不得已而为之的境地，模糊了他们的课程领导角色。

③课程领导地位缺失

传统上，人们认为学校是课程改革的执行单位，校长是机械的执行者。课程目标、课程内容、课程评价取决于教育行政部门，课程实施决定于教师，而校长只是上传下达的纽带。长期被动地执行课程指令，淡化了校长的课程责任意识，弱化了校长实施课程改革的主动性。许多校长意识不到校长课程领导对于学校课程改革的重要性，认识不到自身在课程改革与发展中的领导地位。

（2）课程领导知识缺乏

"课程领导本质上是一种社会规划，一种政治过程，其过程和成品都会受到各种各样的决策影响。"[①] 不过，课程领导不应当也不可能是单纯的政府行

---

① 钟启泉. 从"行政权威"走向"专业权威"［J］. 教育发展研究，2006（4A）：3.

为，它还是一种专业行为，依赖于领导者的专业权威和个人魅力。因此说，校长课程领导力的提升不仅要求校长具备原有的管理知识，还要具备课程领导、沟通艺术和人力资源开发等方面的专业知识。可是，笔者在调查中发现，校长们多精通行政与教学领导事务，缺乏课程领导的必要知识，这表现为以下两个方面。

①理论性知识的缺乏

校长课程领导的理论性知识是通过校长个人持续不断的学习、培训等方式获得的有关教育哲学、课程理论、管理与领导学、心理学以及学科专业等方面的知识。校长们渴望在学习中不断提高自身的理论素养，但是由于行政性事务过于繁忙，用于学习的时间有限，且校长培训多流于形式，现实中校长课程领导的理论性知识甚是欠缺。

调查发现，校长们普遍认为在课程领导的工作中还不同程度地缺乏教育哲学、心理学、管理与领导学等方面的知识。由此可见，校长们还需要持续不断地学习，及时掌握有关的理论知识和技能，以便更好地实施课程领导。

②实践性知识的缺乏

校长课程领导的实践性知识是从实践中获得并得到确认的知识，它是校长在课程领导的实践中实际使用和表现出来的知识，具体包括人际知识、情境知识、策略性知识、案例知识，以及校长对理论性知识的理解、解释和运用原则等。

校长们或许掌握了不少理论知识，但大部分都是从大学的学术世界中习得的，不是在学校现场中通过有意图的课程实践得来的，因而也难以在现场中有效应用。并且，这类校长很少用理论激发思考、反省自己独特的情境，以至于课程理论与实践相脱离。波兰尼曾经说过，"知识的取得，甚至于'科学的知识'的取得，一步步都需要个人的意会的估计和评价"①。因此说，如果校长不能有选择地将学习内容转变为个人知识，融入个人的热情、智慧、操劳，就不能将其转化为自由驾驭的资源，就无法内化为校长自身的素质，也不能催生出新的智慧。

三、 中学校长课程领导力的实践调查结果分析

学校内外部环境的不断变化，使得校长的课程领导力受到越来越多的影

---

① 转引自：黄瑞雄. 波兰尼的科学人性化途径［J］. 自然辩证法通讯，2000（2）：30.

响。这些影响因素既有来自校长自身的内部因素，也有来自学校组织、教育系统等中部因素，同时还有来自社会的诸多外部因素。

（一）课程领导力的校长自身因素分析

课程领导是一项专业工作。校长要扮演好课程领导者的角色，必须不断提高自身的课程专业素养，对课程有系统的思考、整体的把握。但是，当前一些校长旧有的课程管理思想根深蒂固。有些校长知识狭窄，课程视野狭隘，无法超越传统去思考和行动；还有一些校长课程能力不足，面对复杂的、难以确定的未知领域，往往力不从心、束手无策。总之，校长自身的专业素养不高，成了校长课程领导难以达成的重要原因。笔者还发现，在当前基础教育课程改革中，校长们的心理极其复杂，既有对未来的憧憬，又存在着对现实的焦虑与不安。有些校长认为改革存在一定的风险，与其进行不能预测结果的改革还不如维持现状。这些都在一定程度上制约了校长课程领导的提升和发挥。

（二）影响校长课程领导力的学校因素分析

1. 影响校长课程领导力的教师因素分析

（1）教师对课改的理解

教师对课程标准、课改理念的理解，直接影响到课程的实施。真正对教学实践产生影响的是教师自己头脑中固有的那种"教学理论"。对教师而言，这种"教学理论"是教师自己经过学习和亲身体验自发产生的。这种"教学理论"往往因人而异，所以，每一位教师理解和实施的课程都将是不同的。对于课程改革中的问题，教师们有很多的困惑。教师们普遍认为课改的方向正确，实施有一定的困难；形式新颖，内容有些混乱，实施的效果在部分地区一般；课改的目标与实际还存在着一定的差距，教师在教学方法、评价等方面尚有困难。

（2）教师教学经验的影响

被访问的校长们反映，部分教师认为以往的教学经验对新理念的推广、新课程的实施有时表现为一种障碍。有的教师有丰富的教学经验，但受应试教育的影响较大，已习惯于以往的灌输式教学，对一些全新的教学理念，诸如"改变学生的学习方式"在教学实践中的落实有一定的困难。

（3）教师的专业技能欠缺

课改需要教师不但要像以往一样教学，还要根据教育发展的需要，不断地开发课程、设计教材，灵活运用教材，充分调动学生的积极性，把课程改革的情感态度与价值观体现到教学当中，这给教师带来了很大的压力。而且，大部分的教师没有课程开发的经验，教师的专业化水平还不够高，这些无疑都会阻碍课改在实践领域的有效推进。目前，很多教师参加了不同层次或类型的专业培训，对专业领域的新理论、新知识和教育教学改革实践有不同程度的了解，但其了解程度多在"比较了解"或"一般了解"的水平。可见，教师对专业领域的新理论、新知识和教育教学改革实践的学习和掌握的深度、高度都不够，难以应对基础教育改革的新形势，也影响了他们发挥应有的作用。

（4）教师的时间安排因素

部分校长反映，新教材需要教师花大量的时间和精力收集资料来充实教材内容和组织社会调查，而教师工作负担普遍很重，所以很多工作只好占用业余时间，教师的工作压力较大。

2. 影响校长课程领导力的课程资源因素分析

（1）教材因素

新教材要求通过发挥学生学习过程中的主动性来体现"以学生发展为本"的课改理念；在栏目设置上力图做到引导学生主动去研究、发现；在排版上也体现时尚感、韵律感和美感。这些确实是老教材无法比拟的。但新教材内容难度偏高，仍比较强调学科体系的完整性，内容联系学生生活与社会、反映科技新进展也不够，这些因素一定程度上阻碍了课改的进行，给课改带来了一定的挑战。

（2）课改配套因素

新课程要求注重与信息技术的整合。有的学校有丰富的电子资料库等备课素材，有足够的电脑和多媒体教室，教师和学生查找资料、制作课件都很方便，工作、学习的积极性自然较高，课堂气氛、效果、学生反应都较好。部分学校缺乏较好的硬件，教师无法上网查找资料，最多从报纸杂志上找资料或利用家用电脑备课，工作受到一定限制。

（三）影响校长课程领导力的社会因素分析

有校长感慨："新课改提倡校长走进课堂，其实有些勉为其难！现实的客观环境不容我们静下心来钻研教学。学校每年必须参与或接待的各种评估、考核、考察、会议等，对校长、对学校来说已成为一种负担。"

有学者曾在研究中发现，小学校长花在课程问题上的平均时间不足 7%。①之所以出现这种情形，李朝辉、马云鹏二位学者做出了如下解释：一是从社会角度看，校长被定位为行政领导，导致校长往往忽视自己在课程领导上应担当的专业角色；二是学校面临许多现实的困境，如人力、物力、财力的匮乏，学校内部管理与外部沟通的矛盾等，使校长难以厘清自己的角色与任务；三是社会、学校、家长对校长的要求过高，使得校长把大部分时间用于应付日常事务而不能顾及课程。

四、 以仁和中学课程建设为例， 谈校长课程领导力的提升

新课程观认为课程不仅是知识，也是经验、活动；不仅是文本课程，更是体验课程；是教师和学生共同探求新知识的过程，是学生获取知识的自我建构过程。新一轮课程改革实行国家课程、地方课程和校本课程的三级管理模式，将科学探究作为全面发展学生素质的突破口。以下以笔者所在的仁和中学的课程建设为例，谈谈校长课程领导力的提升。

仁和中学地处郊区，是一所普通的农村中学，为了促进学生的全面发展，我们紧紧围绕课程改革，开足、开齐、开好国家课程，全面实施富有区域特色的地方课程，开发适应学生发展的校本课程。三级课程的开发与整合，就是要努力搭建课程平台，把仁和中学打造成京郊名校，就是要"为了每一位学生的发展"，实现"走向全人的教育"的终极目标。

（一） 以制度规范学校课改引领力

课程改革要想做得扎实有效，就必须以更新教育观念为先导，以转变学习方式、培养创新精神与实践能力为核心，以培训教师、提升教学能力和水平为重点，以教学研究和教育科研为推动力。为此，仁和中学成立了以校长为组长的"新课程计划实施领导小组"，专门负责学校课程的设计与实施。在认真学习、充分研讨的基础上，领导小组一致认为，要以新课程改革为契机，立足学生的长远发展，立足打造学校课程品牌，从整体上构建仁和中学的课程体系。学校贯彻落实北京市课程改革的精神，结合自身实际，制订了《仁和中学三级课程整体推进方案》《仁和中学课程建设与管理制度》《仁和中学校本课程

---

① 许占权，孙颖. 课程领导及其实践意义分析［J］. 教学与课程研究，2006（11）：97－98.

开发与管理方案》《仁和中学课程评价体系》《仁和中学教师培训细则》等相关配套文件，指导协调三级课程的整体实施。

（二）以培训提升教师课程实施力

新课程落实的关键在教师。只有教师站得高，学生方能望得远。为此，学校广泛开展各种学习、考察、交流、培训活动，提升教师的业务素质，提升教师的课程实施能力。

1. 专家引领，关注前沿

为开阔教师眼界，关注课改前沿，学校注重专家引领，先后聘请了全国模范教师高金英为老师们做"课改形势下的德育教学"的报告，聘请天津教科院王敏勤教授为老师们做"三级课程管理与校本课程开发"的讲座，聘请北京市特级教师刘德水为老师们做教师角色的转变的讲座，组织全体教师品读王金战的《学习哪有那么难》中的教育智慧。通过活动，老师们与课改的距离越来越近，感情越来越浓，实施起来越来越自然。

2. 走出校园，感受课改

几年来，学校为老师们提供各种机会，让老师走出校园，感受课改带来的新变化。马冬梅、肖红两位老师远赴加拿大参加英语教学培训；蒋吉姝、李长娟、全凤鸣、李连杰、彭英武等几十位老师参加过各种教学研讨活动。同时，我们还组织优秀教师到北京四中、人大附中、陈经纶中学等课改名校观摩。为了扩大学习效果，外出教师学习归来要向全体教师做学习汇报，最大限度地将学习成果惠及更多的人，促进全校教师教学方式的转变。

3. 骨干献课，引领发展

课堂教学是教师成长的演练场。学校规定，每学期每个学科都要选派骨干教师向全校教师献课。课前发挥全组智慧磨课，全校教师现场听课，课后做课教师现场说课，其他教师评课并撰写"同说一课"材料。集体磨课不仅让授课教师收获大，更让听课教师受益匪浅。在此基础上，学校将骨干教师献课活动演变成全校规模的"同课异构"活动，促进教师业务水平的提升。

此外，我们还注重培养教师健康向上的审美情趣，组织教师走进北京植物园感受大自然的生机勃勃；到"七彩蝴蝶园"领略异域的蝴蝶翩然起舞；到国家大剧院欣赏交响乐；到人艺欣赏话剧；鼓励教师自己表演诗朗诵、话剧、英语情景剧和歌舞。教师的欣赏水平和审美情趣提高了，学生的欣赏水平自然也会受到潜移默化的影响，这无疑是提升学生素质的一种有效方式。

（三） 以课程搭建学生成长平台

课程是为学生的学习而存在的，因此，从学生的差异出发，以学生的需要来开设符合学生发展的课程，是课程开发的最大原则。在课程开发的过程中，学校首先了解学生对于课程的需求，然后结合学校实际，共同研究课程开发的目的与导向，将学校的指导意见与学生需求相结合。

1. 大胆取舍教材，做好初高中知识衔接

在校本化实施国家课程的过程中，学校选派参加六年一贯制教学的优秀教师（这部分教师既教过初中又教过高中），成立专门的"教材研究"小组，对初中教材进行大胆取舍，并把在高中常用的知识点与初中教材对接，尽管有些知识点在中考中不做要求，但是老师们依然会在教学中重点讲解，不给学生吃"夹生饭"，在初中就为学生的高中学习打下牢固的基础。

初中语文教学会弱化语法知识，但是在高中教学甚至是高考试卷中都会涉及语法知识的考查（例如高考试卷中的修改病句和文言文中的特殊句式），因此老师们在初中语文的日常教学中，就会把相关的语法知识、常见文言句式和实虚词的用法渗透给学生，让学生到了高中碰到此类问题不会陌生，能够做到"有法可依"。

在初中数学教材中，也存在同样的问题。例如因式分解，初中一般只限于二次项且系数为"1"的分解，对系数不为"1"的涉及不多，而且对三次或高次多项式因式分解几乎不做要求，十字相乘法和分组分解法不做要求，但高中教材许多化简求值都要用到，如解方程、不等式等。又如二次函数、二次不等式与二次方程的联系、根与系数的关系（韦达定理）在初中不做要求，此类题目仅限于简单常规运算和难度不大的应用题型，而在高中二次函数、二次不等式与二次方程相互转化中被视为重要内容，高中教材却未安排专门的讲授。因而在初中教学中，老师们要对相关的教学内容做适度的补充、深化。

在初高中教材衔接方面，仁和中学已经取得了初步的成果，形成了初高中衔接的校本教材。目前，学校正在积极探索"2.5 + 3.5"六年一贯制的办学模式，即利用两年半的时间完成初中三年的教学任务，从初三第二学期开始就进入高中课程的学习，以进一步解决初中优秀生"吃不饱"的问题。高一年级的知识容量增大，难度加深，这种飞跃使学生感到不适应。让一部分优秀生提前进入高中的学习阶段，能让他们有一个较长的初高中过渡期。这种新的办学模式如果申报成功，将使学校的课程建设迈上一个新的台阶，学生将成为课程建设中的最大受益者。

　　2. 创新教学模式，让学生在形式多样的课堂中获得新知

　　课程改革的推进带来了教学模式的变革，让学生的课堂更加丰富多彩。为了让学生了解不同国家的风俗习惯和传统节日，学校采取了"我与老外面对面"的新形式，带领学生走出校园，走进外国人生活的别墅区，参加"万圣节之夜"活动，和外国人零距离接触。语文和生物本是两门独立的课程，但在综合实践活动中，这两门学科的教师在先进教学理念的指导下走到了一起。在顺义区国际鲜花港，语文教师带领学生从文学角度品味历代诗人咏菊名篇，介绍传统的重阳节风俗，用菊花超凡脱俗的品性感染学生；生物教师从生物学角度介绍菊花特点、习性、品种，讲解了菊花的结构、组织、细胞分类等知识。通过这次活动，学生既感受到中国古典文学之美，又学到了许多生物知识。中学思想品德学科是一门集社会性、时代性和人文性于一体的课程，但仅仅靠思想品德教材作为我们中学生认识社会、了解社会的窗口和渠道远远不够。为了遵循"时事政策教育应与校本课程有机结合，渗透其中"的原则，教师在思想品德课上设置了"时政播报"环节，即每节思想品德课的前5分钟由学生做"时政播报"，介绍国内外重大时事，并请学生就此事发表自己的观点，引导学生关心国家大事，提高时事素养。同时，结合教学内容，挖掘新闻时事的教学素材，打破了原来封闭的教学格局，拓宽、延伸了知识结构，形成了开放的势态，激发了学生的学习兴趣，培养了学生动手、动脑、动口的能力，丰富了思想品德教学内容，尊重了学生的主体地位，促进了学生的个性发展，收到了良好的教学效果。

　　3. 专题教育进课堂，促使学生身心全面发展

　　为进一步落实国家课程计划，强化专题教育在实施素质教育、加强青少年学生思想道德建设中的作用，落实教育部颁布的《中小学心理健康教育指导纲要》《中小学生预防艾滋病专题教育大纲》《中小学生毒品预防专题教育大纲》《中小学生环境教育专题教育大纲》《写字》等专题教育大纲，学校将五大专题教育引进课堂，分别在三个年级的不同课程中开设。同时，学校还根据其内容、特点及课时要求，结合世界艾滋病日、世界环境日、国际禁毒日、安全教育周、法制宣传日等重大纪念日，以班级授课、集体讲座、参观、调查、观看电影和录像等多种形式进行专题教育。

　　4. 服务区域经济，开好地方课程

　　新课改以来，地方课程给传统教育教学带来了一股新鲜的活力，它是以发

展当地的政治、经济、文化等为目标，是集综合性、实践性、开放性、自主性于一体的课程。仁和中学将国家课程、地方课程和校本课程统筹安排，开设了顺义区开发的"顺义——我可爱的家乡"、"顺义地理"、"篆刻技术"、"顺义生物"等地方课程。在地方课程的建设中，顺义区建立了带有浓郁地域特征的地方课程体系，开发了符合区域发展的地方课程资源。仁和中学也在地方课程的实施中打造了一支骨干教师队伍，培养了学生亲身参与、在体验中获得知识以及综合运用所学知识解决问题的能力。

5. 按需开发、创新发展校本课程

校本课程是在学校办学理念、办学宗旨的指导下，根据学校的实际情况，立足于学校的特色、教师和学生的特点，主要由教师和学生自己开发、自己管理、自己实施的课程。为了充分挖掘学生的潜能优势，促进学生的个性全面、和谐发展，学校按需开发、创新发展校本课程。

（1）根据学生需要，建构校本课程体系

"一所理想的学校，应该有面向每一个学生的课程体系。"学校在全面实施国家课程、地方课程的基础上，以学生需求为主线，从学生的兴趣出发，尊重学生的个性发展，确定了"综合阅读"、"兴趣数学"、"艺术鉴赏"、"科技探秘"、"阳光健体"、"社会实践"六类校本课程项目，先后开设了语文阅读课、英语阅读课、英语口语课、英语情景剧、机器人制作课、生活中的数学、生活实践课、卫生与健康、物理实验、化学实验、生物实验、编织、篆刻、足球、乒乓球、长跑、篮球等校本课程，供学生选择，为学生个性的发展提供了平台。

为满足学生的个性发展，体现学校的办学特色，开好校本课程，学校装备了专门的阅读教室、心理咨询室、科技活动室、音乐舞蹈训练室，学校图书馆新购置图书上万册，并为全校每个班级添置了书柜，同时配发图书120册。教师无论在教学楼、信息楼还是科技实验楼上课，都可以用正投和电子白板辅助教学；尤其是物理、化学、生物实验室，为学生准备了大量的实验器具，学生每天下午都可到实验室自主实验。这一系列硬件设施的配备，保证了学校校本课程的开设，使教师和学生学习与研究的热情更加高涨，在无形中加快了学校前进的步伐，为学校成为品牌名校打下了坚实的基础。

（2）确定课程开发重点，逐步形成学校特色

在校本课程全面开发与实施的过程中，学校注重课程内容的基础性、层次性、多样性和综合性，力求校本课程体现"校本"这一特点。学校重点开发、实施了以下课程。

①阅读实验课

为了丰富学生的阅读，弥补学生视野的狭窄性和思维的局限性，学校开设了专门为学生开阔眼界、扩大视野的英语阅读课和语文阅读课，每班每周一课时，排进课表，上课地点均为专门的英语阅读教室（可三个班同时上课）和语文阅读教室（可同时容纳400人阅读）。阅读课鼓励学生个性化、自选式、浸泡式、开放式阅读，鼓励学生多读书、读好书，使学生能有机会从更多的好文中感悟人生的智慧。两门阅读课的开设，使学生们的生活不再单调，他们不再是视野狭窄、思维局限的农村孩子。

②英语口语课

为提高学生的英语对话水平，让学生在初学阶段就接触到纯正的英语发音，仁和中学还特别开设了英语口语课。学校请来了外籍教师负责英语教材中"听力与口语训练"板块。外教纯正的语音、幽默的语言、夸张的动作激发了孩子们学习英语的热情，增强了他们学习英语的自信心。

③韩语课

随着韩国现代汽车落户顺义，顺义人与韩国人的交往越来越多。2005年9月，仁和中学尝试在初中开设韩语课，招聘了韩语专业老师，并结合初中学生的认知水平，开发出一套集字母、音节字、会话于一体的教材，同时加入韩国文化，如历史、饮食、服饰文化，等等。韩语课激发了学生学习的兴趣，也开阔了学生的视野，受到了学生的一致好评。2007年，在中韩两国建交15周年之际，仁和中学三十多名师生远赴韩国交流学习。李醒同学参加韩国教育部组织的第12届韩国语能力测试，顺利通过了初级测试，此水平已达到韩语本科一年级的水平。

④物理、化学实验课

物理、化学都是以实验为基础的学科，是培养学生观察能力、动手能力和思维能力的重要手段。针对农村学生普遍存在动手能力差的问题，我们尝试在初一年级就开设了物理实验课，在初二年级从第二学期开设化学实验课，并设专任实验教学教师，要求必须在实验室完成。实验课的开设，培养了学生动手动脑的能力，激发了学习物理、化学的兴趣，为深入学习物理、化学学科奠定良好的基础。经过近三年的实践，仁和中学自编了物理实验课的校本教材。

（3）着眼学生个性发展，体现校本课程的选择性功能

教育是培养人的社会活动，学生是教育的出发点和归宿点，因此教育必须尊重学生。学生是校本课程研究开发的参与者和受益者，他们对校本课程的开发最有发言权，我们要求学生学会根据自己的兴趣、动机、个性特长，对校本课程做出自己的选择。为此，仁和中学将校本课程分为两大类：校本必修和校本选修。校本必修课对学生进行必要的基础性培训，要求全员参与。校本选修则由学生自主选择，每人限报一门，课程来源于教师的申报，课程开发小组对申报课题进行严格审批，因学科不同，课时为每周一到二课时不等。校本课程的开发与实施，既满足了学生的个性化需求，又有利于形成学校办学特色，我们将在"开"中取优，在"优"中发展。

（四）评价助推课改深入发展

课程评价改革是推动课程改革最有力的杠杆，课程改革的深入发展，必须依托一整套课程评价体系的建构。仁和中学在新课改的实施过程中，也建立了自己的一套评价体系。

学校课程评价小组结合新课程的实施，从评价目的、评价内容、评价标准、评价方式、评价主体五个不同的方面做出了具体要求。其核心内容就在于关注学生、教师和学校的发展。除此之外，学校还制订了教师评价体系和学生评价体系。教师评价体系强调教师对自己教学行为的分析与反思，建立以教师自评为主，领导、教师、学生、家长共同参与的评价制度，使教师从多渠道获得信息，不断提高教学水平。学生评价体系则强调评价要关注学生的处境和需要，要尊重和体现学生的差异，要注重学生的进步，开发学生的潜力，突出发展性的评价思想。

在评价体系的监督与指导下，学生、教师和学校都得到了全面的发展，新的评价方式对课改的深入起到了全面助推的作用，并有力促进了学生的自主发展。

（五）百花齐放，百家争鸣，课程改革硕果累累

1. 发展了学生个性，学生素养全面提升

课改以来，学生无论是在学习方式，还是在学习内容上都发生了翻天覆地的变化，学生的个性在课程改革的平台下更加张扬。教室、实验室、阅读室、信息技术室、美术室、音乐舞蹈室、网络室都留下了学生们的身影。课堂上，有自学的、有小组合作的，也有教师指导的；有做实验的、有读书的、有在黑板上演示的，还

有学生主动上台讲课的。校园里，有自由活动的、有坐在草坪上读书的、有举着摄像机采访的、有彩排情景剧的、有训练机器人的。三级课程的开发、必修选修课程的开设，使校园真正成了学生的园地，使学生真正成了校园的主人。

几年来，学生们在教师的指导或是自己的潜心研究下，取得了一系列的成果。2010年8月，李梦楠同学的网页作品《校园杂谈》获得第十一届全国中小学生电脑制作初中网页组全国一等奖，由教育部原副部长陈小娅亲自颁奖。在2010年5月举行的北京市"新星杯"英语词汇游戏大赛中仁和中学10人荣获一等奖，8人荣获二等奖，并荣获初级组团体一等奖。在信息技术方面，学生在教师的指导下，发挥特长，自己进行网页设计，开发电脑作品。张可达、夏至分别荣获第十届北京市中小学师生电脑作品评选活动初中组动画、网页一等奖，全国动画、网页二等奖。2009年12月，顺义区举办中学（初中）信息学奥林匹克竞赛，仁和中学9名学生荣获一等奖。2010年12月在顺义区"彩虹读书"征文中仁和中学有20余人分别获得一、二、三等奖。在顺义区中学生综合能力监控中，仁和中学学生成绩名列前茅；在市区举办的体育、艺术、科技、信息、数学、作文、英语各种竞赛中，每年都有200余名学生获奖。

除参加各项比赛外，学生还利用课余时间自己动笔改编了《红楼梦》第三十七回《秋爽斋偶结海棠社，蘅芜院夜拟菊花题》，并自导自演，把《红楼梦》搬上校园舞台；学生剧团还排练了童话剧《皇帝的新装》《白雪公主》等。

在新课改的背景下，学生的眼界拓宽了，个性发展了，素质提高了，变成了一个个真正的人、发展的人、独特的人、独立的人。

2. 促进了教师发展，学校软实力明显增强

课改成功与否，关键在老师。课改要求教师重新建立教学理念，教师不再成为课堂的主角，而是变成一位引领者，引导学生主动去学习。新课改给老师带来耳目一新的感受，老师就像厨师，以前给学生做的是"盒饭"，好不好吃都是一样的。现在，"盒饭"改成了"自助餐"，大家各取所需，反而更有利于学生的成长。作为一名教师，只有努力于新课程的实践，在其实践过程中不断完善自我，提升自己的专业素质，促进自身专业发展，才能与新课程同行，适应新课程的需要。

教师与学生一同成长。新课程不断地促进教师从知识的传授者、灌输者、拥有者转向教学活动的组织者、帮助者、合作者，不断地促进教师从训导者、管理者转向引导者、激励者、服务者。教师在课堂上所扮演的角色直接影响教

师的教学行为。在教学中，教师的行为出现了新变化：指导学生形成良好的学习习惯，掌握学习策略；创设丰富的教学环境，激发学生的学习动机，培养学生的学习兴趣；提供各种便利，为学生的学习服务；建立了民主、和谐、宽松的课堂气氛；作为学习参与者，与学生分享自己的情感和想法；和学生一道寻找真理，并且能够承认自己的过失和错误。

教师成为教育教学的研究者。老师们积极开展研究，促使教学与研究共生互补。不少教师坚持写实验日记、教学反思和教育随笔，教师们随时在一起讨论实验中的问题，主动把自己的问题提出来，请别人为自己提供帮助，自己也为别人提供帮助。这样的研讨，把教师身边发生的、与教师有密切关系的问题一个个地解决，也使他们真切感受到了成功的喜悦。几年来，学校先后有 9 位教师在全国语文、数学社会评优课中获一、二等奖；有 5 位教师在北京市学科展示评优中获一等奖，有 4 位教师获北京市教学设计一、二等奖；有 12 人次教师做全市课改研究课，有 46 人次教师做全区课改研究课，72 位教师 1130 余次在区级以上各种论文评选、课例评优中获奖。随着新课程的逐步推进，学校的文化、师资、教研三大软实力明显增强。

五、 提升中学校长课程领导力的建议

（一） 加强学习反思，提升价值思想力

华东师范大学教授陈玉琨指出，现代学校发展有三个阶段：在第一个阶段，学校的管理主要依靠校长的观念、人格与能力；在第二个阶段，学校的管理主要依靠一套完善的管理制度和机制；在第三个阶段，学校的管理主要依靠校园文化，其中最重要的是学校教职员工的价值追求。[①] 同样，课程领导首先是课程理念的领导，课程管理首先是课程理念的管理。课程理念是学校办学思想的核心，是课程化的具体表现，是课程与教学工作管理的灵魂、方向、旗帜，对整个课程与教学工作起着导向、约束、凝聚、激励的作用。课程改革要求校长具有课程意识、自主意识、竞争意识和敬业意识，校长的业绩和办学质量要能体现课程改革的理念和要求。可是，长期以来我们忽视这方面的领导与管理，在学校的工作计划中基本没有或者根本没有这方面的工作安排，在学校的制度中基本没有或者根本没有这方面的规定，在学校的办学行为和教学行为

---

① 陈玉琨. 发展性教育质量保障的理论与操作 [M]. 北京：商务印书馆，2006：37.

中也基本没有或者根本没有落实。课程理念管理的缺失，不仅影响了课程实施的质量，而且也影响了学生、教师、校长的发展，影响了整个学校办学水平。因此，加强课程与教学工作管理，加强学校课程与教学工作领导，首要是加强教育思想建设，加强课程理念的管理，树立新的课程理念，保证年年计划有安排，各项制度有规定，各方行为有要求。

由于校长课程理念、课程理解、价值观等认识有待提高，校长的课程领导力在理论上需要学习，在实践中需要提升，这些都使得对校长培训要加大力度，要不断培养校长们研究问题、分析问题、解决问题的能力。培养这些能力，对于校长们来说，比告诉校长们一个具体解决问题的办法更重要。这是校长自主发展能力的核心，校长思维品质的锻炼是可以培养的，通过培训、教育行政部门的政策解读、专家理论上的引领、与同行的交流学习、借鉴兄弟学校的经验等，加强校长反思能力，提高校长的课程领导力。

（二）深入教学课堂，提升教学指导力

课堂是学校教育细胞，学生在学校的大部分时间在课堂里度过，教师与学生的主要互动发生在课堂里，学校教育的教学目标也主要依赖课堂来实现，可以说课堂是学校教育中最为常见、最为平常，也是最为重要的基本组成部分。学校最核心的业务、教育最核心的环节就是课堂教学。所有的教育改革必须落实到课堂上。如果课堂没有发生变化，教师的教和学生的学没有发生良性的变化，师生关系没有变得更加民主，所有外在的改革和变化也就失去了意义。

校长要带领教师提高教学目标的科学性。每节课的教学目标从狭义上可以简单地看成这节课教学内容相关的知识与技能、方法与过程、情感态度与价值观这"三维"目标；从更广的范畴考察，一节课的教学目标还应该反映一门课程的目标分解，甚至在这节课中体现的学校培养目标。这就需要校长引领教师，提升教师在课堂教学中的领导力，体现作为教师在课堂教学设计与实施过程中的感召力、前瞻力、决断力、影响力和控制力，这样才能促使教师在课堂教学中更好地达成教学目标。

同时，校长还要引导教师研究学生，提高学生学习的积极性、主动性、参与性。有效教学需要学生的参与，因而要关注学生，突出关注的重点。注重四个方面：习惯、基础、方法、动力。培养三个能力：记忆能力——记性，理解能力——悟性，迁移能力——灵性。增设学生自主发展学习课，安排教师走进学生，将个别诊断、咨询、辅导融为一体；组织大样本学生心理调查，为教师全面

认识学生提供科学依据；开展学生综合评估，指导教师分类教学、有效教学。

（三）加强沟通合作，提升资源整合力

学校的课程改革，不仅要调动教师和学生的积极性，使教师主动参与学校的课程改革、课程的编制、课程的评价，学生要改变以往被动的局面，变被动学习为主动学习，不断地去发现问题，具有创新的精神和批判的精神，关注生活、关注社会、关心他人。这种变化不是一蹴而就的，是一个长久的过程，是一个与外界不断联系、不断沟通、不断影响的过程，需要不断坚持。富兰也指出："环境的影响一直表现为一种威力强大的制掣力量。在新时代，新环境的威力被看作是一种变革的动因。"①

学校是社会大系统中的一个子系统，它与外界存在着千丝万缕的联系，外界的各种因素都会对学校产生程度不一的影响。因此，学校不能将自身封闭起来，而应该以敞开的心胸与外界建立紧密的联系，从多种渠道赢得学校课程改革的力量与资源，充分利用一切有利的因素，来促进学校的发展，保障课改的有效进行。

（四）三力合而为一，实践中发挥效用

新课标实施要落实到具体的层面上，要通过一定的载体，将理念转化为行动。课程规划是学校实施的蓝图，校长是总设计师。② 在对课程有了正确的理解，对学校课程实施的现状有了客观的判断，对课程实施的氛围有了有效的营造之后，课改中还有重要的环节——课程领导力的建构。新课改是基于一个学校的实际，由课程专家、校长教师、学生甚至家长、社会一起参与的改革过程，校长在实践中要去探索和完善自己的教学模式。只有多方协同合作，承担各自的责任，才能有效地提升校长课程领导力。

① 富兰．变革的力量：深度变革［M］．中央教育科学研究所，译．北京：教育科学出版社，2004：39.

② 兰久富．社会转型时期的价值观念［M］．北京：北京师范大学出版社，1995：98.

农村初中阳光教育品牌建设的案例分析

赵海峰

学校品牌是一所学校在长期教育实践过程中逐步形成并为公众认可、具有特定文化底蕴和识别符号的一种无形资产。从社会的角度看，品牌主要表现为学校的认同度、美誉度和知名度；从学校本身看，品牌则是为培养学生所提供的教育服务的独特性、优质性，品牌是一所学校的形象标签，是学校教育理念、办学特色、教育质量等综合实力的体现。

学校的品牌建设是学校不断发展凝聚力和活力的源泉。随着教育均衡发展策略的实施，农村学校硬件设施不断得到改善，不少中小学校长在办学条件显著改善的基础上，开始思考学校品牌建设的问题。例如深圳、上海一些学校开展了相应品牌建设研究，并取得较好的效果。

2011年，密云县西田各庄中学开始了以阳光教育品牌理念引领的学校建设。经过近两年的探索，学校面貌发生了很大变化，成为密云县农村中学由薄弱学校转化为优质学校的典型。本文试图通过案例研究，阐述阳光教育品牌理念的内涵及其形成过程，从而揭示农村学校品牌建设的基本规律，为农村学校形成教育特色品牌提供借鉴和启示。

一、 农村学校品牌建设的背景分析

《国家中长期教育改革和发展规划纲要（2010—2020年)》提出"到2020年，全面提高普及水平，全面提高教育质量，基本实现区域内均衡发展，确保适龄儿童少年接受良好义务教育"。近年来，随着国家对教育投入的力度不断加大，教育均衡发展问题逐步由教育机会均衡转化为教育过程均衡问题。对学校发展而言，以学校办学理念更新，以文化建设为引领的品牌建设，成为教育高水平均衡发展的新课题。可以说，学校品牌建设问题的提出是扩大优质教育资源、促进区域教育高水平均衡发展的需要。

学校品牌建设问题也是学校内涵发展、持续发展的需要。创建特色学校、打造教育精品，是学校发展的理想境界，是每位校长的至高追求。在20世纪八九十年代，在办学制度及传统办学理念的指导下，在一个地区优质资源相对集中的条件下，通过重点校、示范校评估，使得这些学校成为该地区的名校。到了21世纪，随着城乡一体化以及教育均衡发展理念的普及，非传统名校的办学得到了国家更多的关注，这些学校办学条件不断得到改善，但是学校发展模式仍然走城市化的道路，要么过分追求短期效益，要么同质化，学校的办学效益没有得到有效提高。随着城市化进程的加速，这些学校教育质量与城区学校差距逐渐加大。究其原因，最重要的原因是非传统名校的发展忽视品牌建设，亦步亦趋地走"唯升学"老路，办学特色缺失。"优质学校教育强调多元性，要求学校根据自己的情况形成独特的办学特色。"① 学校要内涵式发展就是要坚持以人为本的发展理念，着眼于学生的长远发展、特长发展及全面均衡发展，着眼于学生适应社会能力的培养。这是区域服务的教育受众以及教育管理者、研究者关注的重要课题。

西田各庄中学位于京郊密云县县城西侧6公里的西田各庄镇，1956年建校，历经初高中完全中学办学、职业教育、普通教育联合办学等多种形式，有着悠久的办学传统。现有教职工近百人，学生600人，是服务于西田各庄镇义务教育初中阶段教育受众的纯初中校。随着教育均衡理念的落实，学校的办学条件得到极大改善，教职工工作认真、爱岗敬业。但是，学校没有真正形成品牌文化的核心，学校的办学目标尚待进一步明确；家庭教育的缺失、学校教育跟进乏力，部分学生的价值观偏差、学习目的不明确；课改进程中，教师角色的转换较慢，教学方法因循守旧，教学效益不高。在这个背景下，如何走出平庸，走出瓶颈？学校以阳光教育为切入点，从学校的顶层设计出发，开始了符合自己学校发展实际的品牌创建实践探索。

二、 学校阳光教育品牌价值观的确立

确立学校品牌的核心价值观是学校品牌建设的关键，因为它涉及学校教育的本质是什么和学校为什么存在的问题。传统学校发展模式同质化的根源在于学校价值观的同质化——功利化的学校价值观，要么服从于政治需要，要么服

---

① 林森，李朝辉. 发达国家和地区优质学校发展的经验及启示 [J]. 东北师大学报：哲学社会科学版，2004（3）：130-137.

从于现实的经济需要，学校发展脱离了教育的本质和人的发展需要。学校认为，学校价值观就是办能满足学生发展需要的学校，集中体现为学校的办学精神。学校品牌建设过程就是学校价值观的重塑过程，就是对全校师生价值观念的引领过程。学校品牌价值观的确立既要体现未来社会发展对学校教育的需要，也要体现学校的理论文化，更要体现师生的智慧与审美情趣。

阳光教育的价值观是在专家指导下，学校领导进行系统 SWOT 分析，广泛征询教职工的建议，各个层面干部教师反复研讨，在学生中开展大讨论活动的基础上逐步确立的。

首先，阳光教育是群体智慧的结晶。领导班子通过深入学习讨论认为，现代学校的本质是促进学生健康成长，为其终身发展奠基的生命教育，其核心就是公正与尊重、赏识与激励、责任与能力和谐统一的价值体系。"阳光"除基本意义"日光"外，《现代汉语词典》里还有"积极开朗，充满青春活力"和"公开透明"两种含义。在人们的心目中，阳光代表向上、温暖、活力、多彩等，当学校教育引入"阳光"这一品牌元素后，阳光更凸显教育、特别是现代教育的一些特征：向上——追求真、善、美的人生态度，温暖——博爱、合作、互助的生命体验，活力——自主创新、持续发展的生命方式，多彩——顺从天性、个性发展、成就最好的自我，等等。我们重点选取了向上、温暖、活力、多彩这些元素，形成了培养具有"阳光"素质的学生和教师，创造充满生命活力的现代学校教育体系的共同愿景。

其次，阳光教育理念是学校的历史文化的继承和发展，是对学校地理环境的直观反映。"如果不清楚学校发展史及其现实，便无法提炼学校精神和建构学校文化。"[①] 西田各庄中学地处农村，校园面积大，花草品种多，生机盎然；教室为平房，四面采光充足；校园周围比较开阔，空气清新，阳光充足。取名"阳光教育"，与环境十分切合。同时，学校有着悠久的历史，形成了以尊重、责任和爱为文化内涵的办学传统，当地居民一直对学校抱有很大的希望。阳光教育是传统文化内涵的扩展，也反映了大众对优质教育的期求。

最后，阳光教育是对现代学校品牌建设理论和实践反思的结果。教育家陶行知最早提出学校阳光教育的必要性："学校放在阳光中，必能生长，必能继续不断地生长。"华中师范大学周洪宇教授是阳光教育理念的直接提出者。他认为阳光教育是针对教育领域"灰色教育症"的反思、创新与开拓。阳光教育是一种让每个孩子走进阳光的教育，是倡导教师顺从天性、承认差异、追求阳光、宽容失败的教育，是引导学生相信自己、鼓励自己、超越自己的教育，是尊重每个学生的生命特质、挖掘每个学生的生命潜能的教育。阳光教育是用真爱和真知为学生的幸福人生奠基的教育。阳光教育已经成为学校品牌建设的一种重要的理论主张。许多学校也将阳光教育作为学校品牌的主题，如湖北武汉市第25中学、广东潮州市城南中英文学校、北京昌平区回龙观第二小学、重庆九龙坡区第一实验小学等都开展了阳光教育的实验。这些理论和实验研究为本研究提供了重要参考。但就目前对阳光教育的认识看，一种观点将其窄化为公正的教育（道德意义）、激励教育（心理意义）或主体教育（哲学意义），另一种观点将其泛化为素质教育、全面发展教育，更多的人将其作为优质教育的标签或幌子来经营教育。我们认为，阳光教育是使学生和教师具有阳光品质的生命教育。首先确立的是师生的阳光心态——以尊重、理解、赏识、激励为标志，其次才是阳光的行为——以勤奋、自主、合作、创新为标志。因此，阳光教育不仅仅是一种教育理念，还是一种知行统一、德智体美合一的教育模式。对教育工作者而言，阳光教育是用阳光之心育阳光之人的教育，"让每一位学生带着憧憬和希望走进田中，带着幸福和满意走出田中"，即通过积极有效的方式培养具有真善美气质和能力的现代公民，培养身心健康、阳光向上、勤学自律、博识善思、勇于创新、志存高远的阳光少年，让教育者和受教育者都过上一种美好的生活。

三、 学校阳光教育品牌建设理念的系统设计与推广

学校阳光教育品牌建设要求建立与阳光教育本质和价值相符合的一系列观念，如学校发展观、教师观、学生观、课堂教学观、德育观、教育质量观等。围绕品牌建设，学校通过专题研究、广泛讨论、大力宣传、大胆实验、不断反思，逐步形成了阳光教育的共同愿景与目标、充分依靠阳光干群队伍、一切为了阳光学子的发展、全力营建阳光的育人环境等教育核心价值理念。

（一）形成阳光教育的共同愿景与目标

愿景是一个团队前景和发展方向的高度概括，它是一种意愿的表达，愿景概括了未来目标、使命及核心价值。校长要让教师接受并深刻理解自己所信奉

的教育理念，从而转变成学校的教育理念，形成全校教职员工的共同愿景。①以阳光教育为核心的学校发展愿景从师生中来，借由团队讨论，获得师生的共识。

西田各庄中学依据所处京郊农村的地域特点，在总结学校文化传统、结合学校发展现状之后，在专家指导的基础上，经过班子成员酝酿、教师讨论，提出了以师生发展为本，创设生动活泼、教学相长的教育氛围，打造阳光校园，走可持续发展的道路的办学理念，制订了遵循教育规律，不断提高教育质量，努力把学校办成和谐发展、区域领先的人民满意的办学目标。其核心是教师（实施阳光教育举措）、学生（争做阳光少年）、家长（乐行阳光家教）三个层面，力行阳光德育、阳光课堂、阳光体育、阳光家教，逐步形成崇德崇文、尊重包容的校风。师生双方都以立德修身为个人修养的座右铭，朝着至真至善的方向努力。学校形成了敬业严谨、合作创新的教风和勤学自律、博识善思的学风。

（二）充分依靠阳光干群队伍

欲予学生阳光，教师必先阳光。建设和谐、勤奋、团结、互助的干部教师团队，使个体感受到温暖、积极、创新的氛围是阳光教育的前提和基础。为此，西田各庄中学提出了"争做阳光教师，享受阳光教育"的倡议，并且给阳光教师进行具体定位，要求是：面对生活，有阳光般健康的心态与体魄；面对教研，有阳光般积极的热情；面对孩子，有阳光般灿烂的笑脸；面对同事，有阳光般温暖的态度；面对发展，有阳光般不息的能量。那么阳光教师的特质是什么呢？

1. 向真、向善、关爱、乐观的美好心灵

"向真"是追求真理；"向善"是做事做人追求卓越，追求止于至善的过程；"关爱"是对学生、对同事、对世界的态度，爱心是教师必备的品质。"乐观"是人生幸福的源泉，是阳光心态的基本标准。

2. 崇德崇文、亲切儒雅的精神气质

阳光教师应当具有这样的精神气质：优雅的气度、自由的情怀、人文的理想、高尚的德行、开阔的视阈、独立的见识、宽广的胸怀、创造的心态。

---

① 郭娜，谢翌. 优质学校校长角色：学校文化的塑造者和领导者 ［J］. 教育科学研究，2006（11）：20－22，27.

3. 执着严谨、技能过硬的专业素养

阳光教师的特质必然是在工作中追求卓越，其基础是专业技能过硬。教师必须追求"人不能识之，我则识之；人不能为之，我则为之；人不好成之，我则成之"的目标。对教育事业的执着是教师意志的体现，是对正确目标的不懈追求。严谨不仅表现在课堂教学中不能出现科学性错误，更表现在工作的每一个环节中。严谨是对科学的尊重，是对教育事业的尊重，教师有了不懈追求与严谨的科学态度，在学校创设的各种平台中才能够达到技能过硬、专业不断发展的理想境界。

4. 尊重、包容、合作、创新的团队氛围

尊重与包容是团队建设的基础。团队建设中有了尊重和包容，就有了合作的基础，学习型组织的建设就会水到渠成。为鼓励合作，我们创建了各种教师团队，有以完成学科教学和教研任务为主要目标的学习型教研组团队，以教科研课题组为单位的阳光课题组团队，以骨干教师与中青年教师组成的阳光同伴互助团队，以及阳光班主任团队、阳光干部团队、阳光骨干教师团队等。

（三）一切为了培养阳光少年

学校的工作重心就是培养学生。学校必须把学生放在教育的主体地位。阳光教育的主要目标是培养阳光的少年学子。阳光少年必须具有以下特质。

1. 诚实守信、积极热情的阳光心态

墨子曰："言不信者，行不果。"公民基本道德规范是大家都应该遵守的社会主义基本道德规范，明礼诚信是其中重要一条。孔子认为，"信"是一个人的立身之本。他把"信"列为对学生进行教育的四大科目之一，强调要言而有信，孔子说："人而无信，不知其可也。"因此，诚信的品格是对学生教育的重要环节。"诚信"是讲信用、信用，不隐瞒自己的真实思想，不掩饰自己的真实感情，不说谎，不作假，不欺诈坑弱，不为不可告人的目的而欺瞒别人。做到诚恳待人，以信用取信于人，对他人讲信用。热情代表着一种积极投入的精神状态。热情是学业事业成功的基础，同时也是人生幸福、事业成功必备的心理素质。善加利用，可以使之转化为巨大的能量。学校要为学生积极主动的发展创造条件。

2. 自主管理、争先向上的集体氛围

实现班级自主管理、争先向上的集体氛围，建设阳光班级是阳光少年成长的重要途径。基本原则是干部能做的事，老师不做；普通同学能做的事，干部不做。班级事事有人做，人人有事做。主要措施有：一是确立班级愿景，制订班规班约；二是细化班级管理任务，建立班级自主化管理组织，如班干部竞争轮换制；三是完善机制建设，包括竞争机制、奖励机制、评价机制、协调机制、监督机制、自纠机制；四是开展丰富多彩的班级自主管理活动，如自创标语、定期公布竞赛成绩的展板、学生自创的板报等。

3. 勤学自律、博识善思的学习态度

阳光的教育，需要通过阳光课堂，养成学生勤学自律、博学善思的学习态度。勤学，是取得优异成绩的基础；自律，是勤学的前提。激励学生勤学，是以引领学生自律意识的树立为前提的。在信息时代，博学也是初中学生的发展方向之一，全面而有特长的学生目标，需要学生博识。学而不思则罔，思而不学则殆。提倡勤学善思，能够取得学习的最大效益。为此，教师要改革教学方法，改变课堂上满堂灌的呆板教学形式，运用自学、小组合作等教学方法，以启发学生积极思维。

4. 身心健康、多才多艺的个性特征

保持身心健康是教师对学生终生负责的态度。阳光的少年，必须有良好的自我意识，既对自己的优点和长处感到欣慰，保持自尊、自信，又不因自己的缺点感到过多沮丧，能正确对待生活中的缺陷和挫折，做到"胜不骄，败不馁"。保持正常的人际关系，控制自己的情绪，同时处事乐观，满怀希望，始终保持一种积极向上的进取态度。为此，首先本着"人人都活动，个个都阳光"的指导思想开展阳光社团活动，鼓励更多的学生发展个性特征，力争使每个学生掌握一项才艺。其次，强化教师学习心理学，善于研究和发现学生的心理变化特点。最后，学校建立心理健康咨询室，开展必要的心理辅导活动。

（四）全力营建阳光育人环境

校园应该彰显学校个性，显示学校独特的办学理念，体现学校的办学特色。阳光、健康的校园文化环境氛围，能发挥寓教于景、润物无声的作用。学校进行了环境文化的载体建设，包括校刊《阳光苑》、数字化校园、特色班级文化建设、校园电视台、校园景观等，具体包括以下几个方面。

1. 绿色人文、优美和谐的阳光校园

学校作为教育的主要场所，校园环境特别重要。创建阳光校园包括两个方面：一是要营建绿色的自然环境，为此，要重视和加强校园规划和建设，特别是要做好绿化美化工作，使校园的水、林、路等达到使用功能、审美功能和教

育功能的和谐统一，用优美的校园景观激发学生的爱校热情，陶冶学生关爱自然、关爱社会、关爱他人的美好情操，为师生营建一个优美的校园环境；二是要营造和谐的校园人文环境，创造良好的、健康向上的生生关系、师生关系、师师关系、干群关系。

2. 团结互助、激励进取的班级文化

充分利用每个教室后黑板、墙壁等立体资源，结合班级文化建设的特色与重点，学生自创板报，建设不同的班级文化板块，如文化墙、笑脸墙、承诺墙、荣誉墙等。班级文化建设做到每学期一小修改，每一学年进行一次大的修改，学校组织学生会以及教师评价团队对班级文化建设进行评比，形成激励机制。

3. 温馨典雅、活力亲和的办公室文化

创造舒适、整洁、有秩序、有标准的办公环境，工作有条理、有纪律性，人在工作中也会身心愉悦。有利于塑造组织形象，形成团队文化氛围。为此，学校开展建设阳光办公室活动，如利用花卉、工艺品装点办公室。整合学校有限的教学用房，开设教师活动室、阅览室等，让教师在紧张的工作之余有一个放松的空间。

4. 引领平等互动、积极健康的校园网络文化

学校加大投入，加强数字化校园建设，开放校园内有线网络、无线网络，使教师评价与管理平台、教育教学资源平台、学生综合评价平台使用得更加便捷，学校教育教学的管理与服务更加公开、阳光、透明。以德育活动为载体，引领学生树立网络安全与健康网络。

（五）努力营造阳光家教氛围

阳光教育应整合学校、家庭、社会等各方面的影响，为新一代的学习者创造一个开放的、充满活力的、促进人发展的、优质高效的现代教育。其中，青少年正处于心理和生理的急剧变化期，家庭对他们的成长至关重要。为此，学校要重点做好以下几个方面的工作。

1. 建立沟通流畅、目标一致的家教平台

利用家校互动平台，与家长沟通，使家长了解学校的阳光教育。学校成立家长教师协会，完善家长教师协会章程、文员聘任制度，交流家庭教育的经验，向家长宣传学校的阳光教育，使其监督学校的教育教学工作。同时，引导家长积极参与学校教育与管理，定期召开家长会，保持学校、家庭、社会的经常性联系，交流信息，监督、评价、考核、反馈学生在校内外的表现，配合家庭、社会，做好后进生转化工作。

2. 建立科学系统的家庭教育指导体系

家庭教育的缺失，是许多问题生产生的原因。学生家庭或因离异导致家教不完整，或因家教知识缺乏导致简单粗暴抑或溺爱宠惯，都会使问题学生出现。学校必须负起引领阳光家教的责任，通过家访、家长会，宣传学校阳光教育的理念，教师指导家庭阳光教育的方法，家长介绍家庭教育的先进经验，为学生创设良好的成长环境。

四、 农村学校阳光教育品牌的实践探索

进行学校品牌建设不仅要求观念的变化，也需有实践的创新。对农村学校来说，更是一个崭新的课题。借助于理论学习、专家指导和经验的借鉴，学校采取了以下策略。

（一）项目推进策略

品牌建设是一项系统的、长期性的工作。西田各庄中学品牌建设是以项目形式推进。在密云县教育委员会的大力支持下，学校成立了学校品牌建设研究项目小组，以科研促进学校品牌建设，其措施主要有以下几个方面。

一是明确实施品牌建设阶段及其目标。品牌建设可分为四个阶段。第一阶段为准备阶段，确立项目研究方向，草拟相关方案，收集积累相关资料。第二阶段师生充分动员，确立项目开题，制订学校品牌建设的实施方案。第三阶段按照方案推进实施校园文化等各方面建设，形成阶段性成果，包括研究资料的收集、案例的积累、阶段性研讨会及研究报告等。第四阶段为课题总结阶段，继续深化学校文化建设，撰写研究成果论文，收集有价值的资料，同时为完善品牌建设的下一个目标制订计划。

二是人力资源保障必须到位。校长是品牌的代言人，担任项目负责人并负责统筹规划；学校主要干部积极参与，为品牌建设措施的落实提供管理与服务，广泛征求师生意见，调动师生参与的积极性；专家引领更能不断地为学校的品牌建设注入活力。

三是必要的资金投入是品牌建设的保障。每年对教科研课题的研究经费列入预算，保证课题的顺利开展。

（二）全面参与、重点突破策略

阳光教育是涵盖学校方方面面的具有引领性的核心理念。学校各个部门、各个层面，都要紧紧围绕这个理念，有计划、有步骤地实施。处处开花固然可喜，但对于没有品牌建设经验的农村中学来说，过程中抓住推进重点和突破口，以点带面，才是品牌建设的最佳策略。西田各庄中学抓住阳光课堂和阳光德育体系的构建工作为突破口，取得了一定的成效。

1. 构建阳光课堂教学体系

阳光课堂是符合课改理念的课堂，要求教师主动把先进的教学理念融入日常的教学行为中，改变课程实施过于强调接受学习、死记硬背、机械训练的现状，倡导学生主动参与、乐于探究、勤于动手，培养学生搜集和处理信息的能力、获取新知识的能力、分析和解决问题的能力以及交流与合作的能力。阳光课堂必须是生动活泼、促进学生学科知识体系构建与能力形成的课堂，必须是学生活动积极的情感态度与价值观体验的课堂，同时还是教师获得价值实现与幸福体验的课堂。西田各庄中学在阳光教育理念的引领下，改革教师传统的单边讲授模式，探索以四步教学法为核心的教学改革。

四步教学法是落实自学、研讨、指导、检测为核心的课堂教学。培养学生的自学能力，就是交给学生一把金钥匙，去打开知识宝库的大门。[①] 四步教学法着力解决的是学生的自学能力和小组合作学习能力，其实施的基础和前提是教师教学理念的进一步更新，教师首先要相信学生能够自学并学会绝大多数知识，习得绝大多数技能，能够通过小组合作的形式互帮互查，其次要在指导实践中提升自己的课堂驾驭能力。

为了有效地推进课堂教学改革，学校将备课组和教研组整合起来，形成合作共同体，着力开展"基于问题解决"为核心的"三备、二课、二评"的教学设计、课堂教学、评课反思于一体的校本教研活动。"三备"是指三次递进备课。第一备是组长分工，搜集素材，形成初稿前提下的个人初备，力求教师个人备课细致，形成优质的教学设计。第二备是初备教师说课展示，备课组成员集体研讨，形成集体备课成果。备课组研讨的基本程序是：设计学习目标，预设难点，研究相关旧知，选择导入情境，撰写自学导纲，选择分层习题，研

---

① 朱吉政. 重温育才教改经验 传承育才学校文化［J］. 上海教育科研，2006（10）：76 – 77.

讨过关小题，精选小结炼句，商定课后作业。第三备是教师结合所教学生群体特点和自身教学特色，形成以细化程序、内容调整、课堂生成性问题处理、反思提升为主要内容的个性化教案。"三备"活动充分体现教备组团队合作精神，学校结合备课组工作与教师传统教案的改革，增强教研工作的时效性。教师在团队活动中感到合作共赢的快乐，感受到在互助中人际关系和谐带来的快乐，感受到共同进步、整体提升带来的职业幸福感，逐渐驱散职业倦怠、彷徨无助、个体竞争带来的挫折忧虑的心理阴霾。

为了推动以"教"为主向重"学"为主的教学模式发展，学校整体推进"两课教学"模式改革，即"新授课四步十环节、复习课四步六环节"教学模式，旨在短期内改变教师垄断课堂的局面，使课堂活泼起来，学生学习兴趣高昂起来。强调将学生置于教学活动的中心，促进学生的主动学习，深层理解学习主题；强调教师扮演咨询者、辅导者和学习动机激发者的角色。同时，学校倡导开展主题课教学、个性课教学、同课异构教学。主题课教学是指紧扣一个主题开展研讨活动；个性课教学是指根据各团队教学的研究方向和学科教学发展特色，开展个性化教学；同课异构教学是指教师同上一节课，旨在探索多种教学方法和特色教学。强调教师发挥创造性，根据学科特点和实际需要，打造促进学生生动活泼发展的至真至善的阳光课堂。在具体的课堂教学环节操作中，教师实施课堂教学有其自由度，如环节顺序可调、环节可重复、时间可调整等。学生在自主合作的课堂中，积极思维的品质得到提升，从紧跟教师思路学习过渡到自主主动思维，问题意识、创新意识、自我发展意识得到不断增强。同学之间互助意识得到不断提升，班级凝聚力在各个课堂小组既竞争又合作的氛围中得到不断加强。

课堂教学的评价，是实施课改的评价反馈环节。针对两种不同的课型，学校制订了相应的评价方案和评价量表。从课堂教学环节，到教师基本功和学生在课堂中的表现，抓住课堂教学中提升效率的关键点、阳光课堂关注点。总的原则是坚持以学生发展为本，坚持评教与评学相结合，侧重评学，体现开放性，以此来促进教师转变观念、改进教学。

学校的课堂教学改革，是教师从以先入为主的主观意识主宰课堂过渡和发展到以学生的怎样快乐、高效地学，以学生获得什么知识，发展了什么能力，培养了什么样的情感态度与价值观为课堂宗旨的生动活泼课堂的构建过程。课堂效率的提升，学生学习状态的改变，是师生共同享受阳光课堂的幸福体验。但反思我们的课堂教学模式，短期内可以使教师感受到课改理念更新、行动更新的魅力，感受到课堂效率提升的幸福，但随着教师教学观念与方法的不断提升，模式单一化的桎梏与制约必然显现。因此阳光课堂改革的长期目标是教师能够构建适合学生发展、适合学科特点、教师教学特色的多样化教学模式，使教师的课堂教学从"有法"到"无法"，课堂模式达到百花齐放、百家争鸣的地步，使学生在有限时间内得到更多收获。阳光课堂的探索，改变了课堂沉闷的气象，形成了充满活力的课堂教学氛围，为学校阳光教育的品质注入新的内涵。

2. 构建阳光德育体系

阳光德育体系的构建可以总结为一个德育课程体系、两项德育主题活动、三类实施主体和四个德育氛围。

（1）构建阳光德育课程体系

在充分考虑学生成长的自身需要、遵循品德形成发展规律的基础上，学校组织教师开发了具有针对性、实效性、可操作性的阳光德育课程。即学校按照初一至初三不同阶段，编写三本校本德育教材，围绕阳光心态、阳光目标、阳光行动等，通过班主任组织形式多样的班会实施。德育教材的内容包括：初一入学教育适应成长，设立中学的学习目标，对自我的认识，与家长、老师和同学的沟通，学习方法，职业规划等。阳光实践的内容包括：学校针对不同年级学生的身心特点，构建初中三个年级不同的阳光德育课程。如初一课程内容包括适应初中生活、学习方法指导、树立我的目标、和新同学交朋友、小组团队建设等多方面的内容。课程实施以班会、班团队活动、学校整体活动等多种方式展开，形成具有田中特色的德育体系。在德育教材编写过程中，学校充分发挥教师们的积极主动性，成立了包括德育干部、心理教师、班主任、任课教师的教材编写团队，征求调研学生成长中存在的问题，走出校门借鉴先进经验，聘请专家入校指导。阳光课程体系的构建，是学校阳光德育系列化、对孩子青春期问题实施前瞻教育的探索。

（2）开展阳光德育主题活动

调查发现，农村初中生普遍自控能力差、学习兴趣不足。为落实阳光德育目标，学校选择这两个方面为突破口，开展了两项主题活动。第一是"阳光少年我自律"。目的就是培养学生的自我管理意识，学校的学生会、学生社团等各种团队，学生是管理者。班级管理中，培养"人人有事做，事事有人做"的主人翁意识，形成班级自我教育的反省自纠与班级奖励机制（班委会或班级自纠委员会）。在学生的心目中，自律是人生成功的基本素质。第二是"阳光少年我好学"。引领阳光少年好学就是要解决学生的厌学问题。其目的就是教育学生上每一节课做到积极主动，写每一次作业做到清楚整齐，对待每一次考试做到诚实作答，掌握学习方法这个打开科学大门的金钥匙。

（3）充分发挥"三类主体"在阳光德育中的作用

阳光德育的主体既包括学校德育中的教师和学生，也包括家庭德育中的家长。教师在阳光德育中起着引导、示范的作用，学生在阳光德育中起着主体作用，家长在阳光德育中则起着潜移默化的支持作用；同时，三者相互作用、相互影响。教师只有心态阳光、厚德包容、无私奉献、勇于探索，学生才能在潜移默化中受到影响，心悦诚服地和老师交朋友，进而转化为自己的内在需要，走近老师，规范自己的言行，朝着阳光向上、志存高远的目标不断前行；学生只有心态阳光、尊重理解、勤学自律、不畏艰难，教师才能以豁达开朗的胸怀教育学生，相信每个学生都能做得比现在更好，给学生以信任和期待，使学生在教师的鼓舞下朝着积极的方向发展。家庭教育环境的改善，是学校德育工作中的一项重点探索内容。引领阳光家教是学校必须负起的责任。改变家长会、家长学校的组织形式，充分发挥家长委员会的作用，创新家访形式。家校的沟通，必须以引领家长正确的家教观念和行为为基础。学校整体构建阳光德育，必须以教师和学生为本，家庭教育相配合，为教师幸福快乐地工作、学生阳光快乐地学习打下了坚实的基础。

（4）营造"四个氛围"，创设阳光德育环境

第一，通过丰富多彩的活动，创设阳光行动氛围。利用一个载体（共青团）、两条途径（课堂教学、实践体验），有组织、有层次、有步骤地开展综合实践教育活动。如通过开展演讲比赛、举办读书节等实施阳光诵读工程；通过开展集体跑步、大课间活动，举办空竹、拔河等小型体育比赛，筹办体育节等实施阳光体育运动工程；通过法制讲座、安全教育、爱心助贫、爱心助残等形式开展"同在蓝天下　共享阳光暖"工程；通过走进资源单位开展社会大课堂活动，放松心情，收获知识，沐浴阳光；通过社团活动、红五月歌咏比赛、举办艺术节等实施阳光艺术工程；通过金鹏科技论坛、"未来工程师"、"我有一双灵巧手"等活动及比赛实施阳光科技工程；通过课前时事播报、中学生时事竞赛等活动开展阳光时政工程；结合清明节、国庆节等开展缅怀先烈共享阳光活动，全面贯彻"阳光德育——在阳光下生活，在自主中成长"的育人理念，变知识育人为活动育人、文化育人，实现物境之美向心境之美转化，他律向自律转化。

第二，树立榜样引领氛围。为营造自尊、自信、自主、自立的阳光氛围，学校实行阳光少年申报评选制度：学生根据自己的表现可以在班内申报某一方面的阳光少年，如孝亲之星、助人之星等，5名以上的学生也可以联名推荐某一同学为某一方面的阳光少年，还可以结合班内的学习进步榜评选学习之星、进步之星等，班主任在全体学生共同评议的基础上可以将其向德育处推荐参加校级阳光少年的评选，德育处根据其表现可向密云县教育委员会推荐参加县级"身边的道德榜样"、"学习习惯标兵"、"卫生习惯标兵"、"文明礼仪习惯标兵"和"锻炼身体习惯标兵"的评选。学校号召全体学生争做阳光少年，教师争当阳光教师、阳光班主任，所有小组争创阳光小组，所有班集体争创阳光班级，实现创先争优与阳光德育的有机整合。

第三，树立看优势、重激励的氛围。在对学生的评价上以激励为主，做到"四看"和"四重"，即看长处、看全面、看发展、看未来，重激励、重鼓舞、重唤醒、重感染；以肯定评价为主，鼓励"进步就是优秀"；倡导横向评价和纵向评价相结合，扬长和避短相结合。建立阳光少年激励体系，每学期设立自强自立阳光少年、科技创新阳光少年、爱心助人阳光少年、环保护绿阳光少年、才艺特长阳光少年、身强体健阳光少年等评选。

第四，树立既重结果更重过程的氛围。在常规管理上强化模式，在学生自查的基础上，做好"四小四查"。"四小"即小步伐、小角度、小细节、小尺度；"四查"即违纪随查、着装日查、指甲周查、发型月查。根据具体情况逐步完善《西田各庄中学班级日常管理百分赛评比细则》，制订了《阳光少年的基本要求》，实行周公示、月表彰，及时发现、及时纠正、及时整改，步步为营，注重过程，引导学生养成良好的行为习惯。工作中学校努力践行"在课程中互动，在互动中育德"的行动德育理念，创新德育思路，举办丰富多彩、寓教于乐、能够触动学生心灵的活动，让学生和教师在双向互动中感受道德、体验道德，学会自主选择行为方式，积极主动地提升自己的品行，落实学生发展品德方面的主体地位，增强德育活动的实效性，使阳光少年的标准和理念内化到学生心中。

（三）阳光者先阳光策略

教育者须受教育，阳光者须先阳光。功利、物质的刺激可以激起教师一时的积极性，但不是永久的，这只是第一层面的唤醒。关键是第二层面，即唤醒教师内在的激情①，激发其内在的工作动力。西田各庄中学党、政、工、团、教备组等各个团队，确立了尊重人、发展人、成就人的教师阳光关爱工程。学校把关注教师的生存质量和身心健康放在首要位置，通过"四个到位"，为教师积极创设阳光、和谐、温馨、乐观的阳光心态搭设平台，引领教师创设幸福人生。

一是关爱行动到位。采取开展干部邀约谈心活动、通过数字化校园网开通教师交流平台、召开不同层次的教师座谈会、适当的调查问卷、倾听教师的心声，接纳教师的意见、建议。努力创新工会活动的方式，增加其吸引力，与学校塑造阳光教师的文化氛围紧密结合。

二是心理辅导到位。定时印发、推荐心理辅导资料给教师阅读；组织教师参加心理健康讲座和心理辅导，提高教师自我减压和心理调节的能力。

三是休闲活动到位。随着课改的推进，"学生减负、教师增负"使初中学校的教师普遍压力大。学校努力整合各部门工作，减少重复、无效劳动，增加教师休闲的时间；认真组织教师健身工程，改扩建工会活动室，增加教师休闲的空间；利用工会小组开展休闲娱乐活动，让教师在平时的工作生活中能做到劳逸结合。

四是平台搭建到位。教师的阳光需要学校给每个教师搭建成长平台。结合学校"十二五"教师培训计划，每学期的专家讲座、校本研讨、外出学习、读书论坛，力求灵活多样，有声有色。参与式培训方式的引入，让教师的理论丰富起来、头脑灵动起来，阳光教育的理念深入到每一个教职工心里，使教职工在理念与行动上都有了根本性的转变。

五、 田中阳光教育品牌建设的初步成效

经过近一年的品牌建设，学校的硬件环境与师生精神面貌在逐渐发生变化。对家长、学生、教师的问卷调查，也印证了这一变化。

1. 校园面貌焕然一新

围绕阳光教育主题，以学校文化建设整体构建为依托，借助学校修缮工程，学校从校园外部主题教育景观到办公室、专室、教室等内部环境，构建了农村平房校特色的处处皆育人的阳光环境氛围。近两年投入 1000 万元左右进

---

① 叶澜. 学校文化的关键：唤醒教师内在的创造激情［J］. 教书育人：校长参考，2008（3）：15.

行了校舍内部装修、修缮以及校园文化建设，整体布局趋于人性化，整体色调温馨舒适。依据平房特点，学校划分为学生活动区、学习行政区等。学校根据校园环境特色，为提升校园档次，突出办学理念，在丘陵公园内建造主题雕塑，修建林荫小路，安放桌椅，营造学习氛围浓厚的文化园地，命名为"昕园"；教师宿舍区前打造连廊、日晷雕塑，形成教师、学生休憩的文化景观，命名为"惜时园"；操场南边公园命名为"昱园"；食堂前公园命名为"晟园"。同时在主甬路旁新建学生社团活动展示栏 6 块，展示学生风采，促进学生特长发展。校园中心位置，建电子显示屏 1 块，及时发布学校最新通知、会议以及听、评课时间安排等。学校工会活动室、校史陈列室资料收集、展室布置、设备配备、装修建设等皆围绕阳光教育主题展开。

2. 阳光教育理念深入人心

学校干部教师直接参与到阳光教育体系构建中，切身感到学校发生的变化，在诸多方面开始达成共识，阳光教育的理念逐渐深入人心。教师在座谈中谈到，"以人的发展为本"体现在师生教学相长的过程中，是师生共同发展的需要；"生动活泼"的教育不单纯是课堂上的教育，必须在德育整体构建、校本课程中有所突破；教师认识到阳光心态对教育教学的重要作用；认识学生是发展的主体，教师是学生道德品质形成的引导者，教师要尊重学生、关注学生、满足学生；教师把家长请进课堂，做公开课、开放课，家长参与学校的教学，听取家长的建议。两个学期分别对家长、学生、教师的调查问卷显示，三部分主体对学校办学理念的理解表现出明显的变化，对阳光教育和学校文化更加理解和认同。学校生活对学生更加具有吸引力，特别是家长的变化明显，他们对学校改革目标和办学理念高度认同（见表 1－2－1 和图 1－2－1），这得益于学校不断加强家校合作与沟通。

表 1－2－1　学校办学理念问卷对比

内容 　　　主体　时间	学　生		家　长		教　师	
	2012. 9	2013. 9	2012. 9	2013. 9	2012. 9	2013. 9
学校理念科学	0.86	0.98	0.25	0.95	0.95	0.96
全面发展程度提高	0.96	0.97	0.85	0.89	0.68	0.76
学生活动丰富	0.95	0.98	0.35	0.89	0.89	0.90
发展目标清晰	0.91	0.93	0.76	0.98	0.86	0.92

续表

主体 内容　　　时间	学　生		家　长		教　师	
	2012.9	2013.9	2012.9	2013.9	2012.9	2013.9
校园文化多样	0.85	0.90	0.23	0.76	0.56	0.86
阳光心态形成	0.82	0.83	0.23	0.56	0.66	0.76
对文化建设认同	0.92	0.95	0.63	0.78	0.98	0.96
学校吸引力	0.72	0.85	0.67	0.83	0.82	0.90

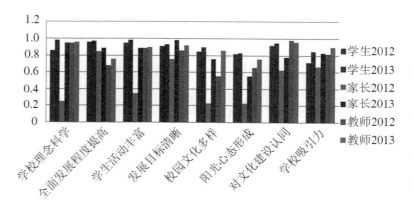

图1-2-1　学校办学理念问卷对比

3. 阳光课堂教学模式逐步形成

由于教师和学生对学校改革的认同度提高，激发了其参与改革的积极性，学校的课堂教学正在向高效、生动发展，一改封闭、呆板、教师传授为主的单一教学模式，课堂教学开始体现出生活化、开放性、活动性、实践性。学生感受最深的是课堂气氛的变化，家长感受最深的是学生的自学能力提升，教师感受最深的是课堂气氛比以前更活跃了。教师的备课方式、教案书写、课堂模式、教学评价等教学行为正在悄悄地改变，如教师敢于结合本校本班学生实际，对教材删繁就简，重新组合，创造性地使用教材；同一备课组教师的教学从问题入手，从学生的实际出发，同一教学内容使用多种教学方法同课异构，敢于探索不同教法的差异；教师开始关注学生的兴趣爱好，尊重学生人格，认可个体差异，努力满足学生的需要。教师开始更多地关注学生的学习感受，重视知识与实践的联系，注重用各种各样的方式帮助学生，通过想象、直接观察

和操作演练将知识与学生个人生活和社会实践结合起来，教学研究风气正在形成。（见表1-2-2和图1-2-2）

表1-2-2　学校课堂改革问卷对比

内容＼时间＼主体	学　生		家　长		教　师	
	2012.9	2013.9	2012.9	2013.9	2012.9	2013.9
课堂改革的认同度	0.64	0.81	0.75	0.76	0.53	0.78
学生自学能力提升	0.65	0.73	0.96	0.95	0.45	0.83
学生小组合作效果	0.63	0.76	0.85	0.85	0.53	0.78
课堂氛围活泼融洽度	0.83	0.94	0.51	0.53	0.79	0.89
教师参与研究积极性	0.76	0.81	0.59	0.69	0.75	0.86

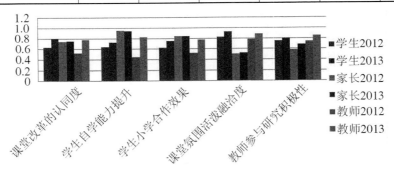

图1-2-2　学校课堂改革问卷对比

4. 师生关系更加融洽

教师在教育教学过程中学会了反思，学会了重新认识自己及自己的教育对象，学会了自我调整，心态更加阳光。一是教师重新认识学生和自己，努力实现自身角色的转换，教育行为更加有效，逐渐建立起积极参与、共同发展、平等的师生关系。二是重新认识主题教育活动与课堂中，学生发展主动性必须成为教师关注的重点，都应该是活跃的、宽松的、和谐的。从问卷中看到，师生沟通更加畅通，学生的自律意识也在逐渐提高。三是随着学校的团队建设加强，师生之间形成了团队合作氛围，师生冲突状况鲜有出现，除教师外，家长和学生都感觉学生违纪状况逐渐减少。（见表1-2-3和图1-2-3）

表1-2-3 学校师生关系问卷对比

主体 内容 　　時间	学　生		家　长		教　师	
	2012.9	2013.9	2012.9	2013.9	2012.9	2013.9
教师对学生的态度好	0.88	0.89	0.78	0.85	0.95	0.98
有教师团队合作氛围	0.91	0.92	0.36	0.84	0.86	0.84
学生团队建设有成效	0.66	0.86	0.56	0.75	0.81	0.88
学生违纪情况减少	0.85	0.89	0.85	0.84	0.68	0.55
师生交往的频次增加	0.92	0.96	0.70	0.81	0.66	0.87
师生冲突减少	0.85	0.88	0.55	0.68	0.92	0.95

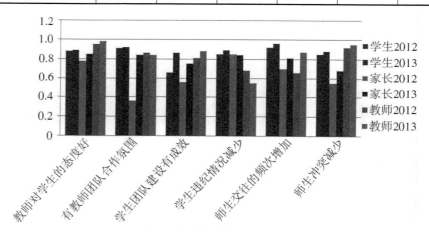

图1-2-3 学校师生关系问卷对比

5. 学校管理更加民主、高效

学校正在提升管理思想,调整管理模式,由传统的管事为主转向强调人的因素,调动人的积极性、主动性,从结果管理转向过程管理,由制度管理走向开放管理,由层级管理走向自我管理,力求为教师与学生创设"自主、宽松、和谐"的发展空间。学校力争通过和谐管理来创建阳光校园,给教师以宽松的工作空间,给学生以广阔的发展空间,学校二十几个学生社团的不断发展,为校本课程的进一步丰富奠定了坚实基础;"校志研究"、"校园文化研究"、"班级文化研究"、"友善用脑工作室"、"合作学习研究"等教师团队的建设,促进了教师参与学校管理与向科研型教师转变。家长和教师都认为领导作风更加民主、务实,干群关系更加融洽,教师参与管理的积极性正在增强,学生感

到活动的创新力度较大。（见表1-2-4和图1-2-4）

表1-2-4 学校管理问卷对比

主体 内容＼＼时间	学　生		家　长		教　师	
	2012.9	2013.9	2012.9	2013.9	2012.9	2013.9
领导作风	0.97	0.96	0.96	0.98	0.63	0.75
制度落实	0.91	0.91	0.87	0.92	0.82	0.96
干群关系	0.95	0.97	0.95	0.96	0.84	0.76
主题班会	0.85	0.87	0.23	0.86	0.87	0.9
自主管理组织	0.75	0.79	0.66	0.74	0.56	0.74
家校合作	0.78	0.80	0.72	0.75	0.68	0.75
学生纪律	0.87	0.86	0.88	0.87	0.87	0.88
活动创新	0.45	0.62	0.56	0.59	0.23	0.28
教师参与管理积极性	0.68	0.69	0.68	0.75	0.85	0.88

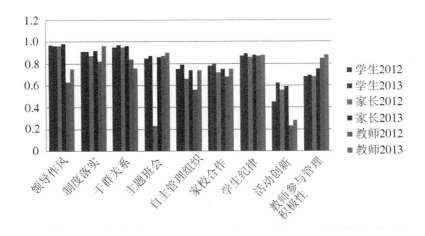

图1-2-4 学校管理问卷对比

6. 学校的教育质量稳步上升

在面向全体、特长发展的阳光教育理念引领下，经过教职工的不懈努力，学校办学声誉越来越好，学校毕业年级中考的及格率、平均分都有了近10个百分点的提高，从教学监控评价质量位于县内靠后的位置，逐步成为县内中学中上的位置。艺术体育类获奖学生逐年增多，2013年学校积极组织学生参加县内艺术节、体育节、科技节等活动，有近百名学生在全县各项比赛中获奖，其中学生合唱团、乒乓球获得县级一等奖的好成绩，科技创新大赛等项活动均有学生参加市级竞赛，取得一、二等奖的好成绩，中学生时事竞赛有多名学生获得加分奖励。学校体现出蒸蒸日上的良好发展态势。学生、家长、教师、公众等社会评价主体对学校的知名度、满意度逐年提升。家长送学生到校放心，对学校的办学质量满意，小升初转出择校的学生由前几年的几十名，2013 年下降为仅有几名因住房户口变动而转学的学生。师生的自豪感也越来越高，谈起学校变化时津津乐道。

在学校品牌建设中，尽管学校进行了一些有益的探索。但也应看到，阳光教育品牌学校建设是一个长期的过程。在这个过程中，西田各庄中学刚刚起步，家长、学生、教师还有许多地方对学校有着更高的期待。还需要全体师生更加努力，在实践中践行阳光教育理念，不断以创新精神充实阳光教育的内涵，打造出农村初中校阳光教育特色的品牌。

学校阳光教育文化建设的实践探索

郑金霞

本文以北京市昌平区回龙观第二小学为例，研究该小学的阳光教育文化建设。

一、 阳光教育文化的提出

（一）教育发展的需要

随着教育事业的蓬勃发展和素质教育的全面实施，学校文化越来越成为教育理论和实践工作者关注的话题，学校文化建设呈现出昂扬向上、生机勃勃的繁荣景象。因为学校文化建设既反映了学校办学水平和管理水平，更体现了学校内涵发展的精神底蕴。同时，学校文化又是实施素质教育的重要载体和广阔途径，是顺应教育事业发展和学校实际工作的需要。

学校文化比传统的教育教学更具有独特的效能。首先，它要求创设一个陶冶人们心灵的场所，以校风、学风、文化传统、价值观念、人际关系等方式表现出高度的观念形态，对学校的各方面，特别是育人起到指导作用。其次，它以优美、整洁、有序的整体环境对生活于其中的每个人起到规范、引导作用，这种濡化、规范作用是无所不在的、深远长久的。而且学校文化是个体社会化的过程与缩影，它以特有的精神活动和文化氛围，使生活于其中的每一个人都有意无意地在思想观念、行为方式、价值取向诸方面与既定文化发生认同，从而实现对人的精神、心灵、性格的塑造，达到社会化的目的。学校文化还担负着帮助学生建立起符合时代要求的社会价值观的重任，其正确与否，往往取决于学校文化是充分发挥正面的积极引导作用还是起到负面的消极影响。学校里的每个成员作为学校的文化载体，他们又将学校文化带入社会并作用于社会大文化。正是学校文化这些重要的价值功能，才促使了教育工作者对它的高度重视和积极实践。

（二）学校发展的需要

回龙观第二小学成立于 2009 年 8 月，由于建校时间短，各项管理在规范的基础上，必须要有一个新的发展目标作为引领。因此，在 2011 年，学校干部教师在多次调研、讨论的基础上，提出了"建文化校园　享幸福人生"的发展目标。2012 年，学校从学校文化建设着手，从师生健康发展着手，思考文化建设的主题。因为教育的本质是呵护生命，其最大的目的是为人类播撒幸福的阳光，所以，学校的教育事业应该是阳光事业，建设具有阳光内涵的学校文化，才能体现学校教育的阳光追求，而阳光是大自然赋予人类光明和温暖的使者，因此我们把"阳光教育"作为学校文化建设的主题。以此寓意，就是要让我们的校园充满光明和温暖，让阳光、爱与善充溢每一个人的心灵。阳光教育学校文化的核心旨在提升师生们在生活、工作等方面所呈现出的精神状态、使命感、责任感及幸福感。当一所学校拥有积极、向上的文化作为引领时，就会看到有意义的教师发展、成功的课程改革和学生学业成就的提高。而且良好的学校文化能给学生的身心发展带来良好的效果。

当前，我国社会经济发展进入了一个全新的时代，教育的公平化、均衡化、规范化、法制化、优质化和人本化呼唤着一种充满阳光的教育。所以这更加坚定了我们做好阳光教育文化的信心和决心。

二、 阳光教育的内涵与学校文化体系

（一）阳光教育的内涵

20 世纪 90 年代，国内有关阳光教育的实践和研究已见诸文字，但阳光教育作为一种现代教育思想和系统的教育理念，最早是由华中师范大学教授周洪宇等学者提出。他在《阳光教育论》一文中，阐述了阳光教育的主要内涵及其五个方面的具体体现和实施策略。随后，在以周洪宇教授领衔的专家组指导下，以武汉第二十五中学为代表的一些中小学，开展了阳光教育实验，2011年成立了阳光教育联盟，由湖北省阳光教育研究中心副主任范良慰教授任秘书长，每年在全国各地联盟学校开展"阳光教育"主题论坛。此外，各省市也有一些中小学在学校教育教学实践中，提出了各具学校特色的阳光教育论。

关于阳光教育的内涵，目前尚未形成一致的看法。不少研究者和课题组采用或引用周洪宇教授《阳光教育论》一文的阐述：就是教师和家长用爱心来关怀、理解、激励孩子，使他们成为性格活泼、自强 自立、合群合作的一代新人的一种教育。邹国志认为阳光教育就是要用阳光的理念，去创建阳光校园、培训阳光教师、培养阳光学生；就是要本着"健康、和谐、快乐、发展"的原则，还原教育的本质功能，尊重生命，关注成长。因此，阳光教育是一个象征性的概念，它能集众家之长，是在吸收和借鉴激励教育、爱心教育、赏识教育、生命教育等众多教育思想基础上提出的一种面向全体学生、面向学生发展各个方面、面向学生发展整个过程的教育理念，它是使自己阳光、给别人阳光、让大家共同阳光的教育。

回龙观第二小学在对阳光教育进行梳理的基础上，形成了对阳光教育的理解，并把阳光教育作为一种学校文化进行深入研究，也就是探讨以阳光教育为主题的学校文化建设的思路与方法。我们的阳光教育着眼于"以人为本"这一核心理念，强调人的全面发展、和谐发展、个性发展。我们认为，阳光教育是幸福教育的至高境界，就是要使学生在受教育的过程中真切地感受到教育的阳光，在教育追求的实践中享受阳光的恩赐，达到培养完整而丰满的人性这一目的，促进人的全面发展。公平性、全面性、实践性和关爱性是阳光教育的本质特征。阳光教育学校文化指的是学校教育的"阳光化"，主要包括三个方面：一是管理活动阳光化，即校务公开和民主决策，形成和谐、包容、高品质的阳光校园管理文化；二是教育教学活动阳光化，即多元教学和因材施教以及丰富多彩的师生活动，在活动中育人；三是校园环境阳光化，建设优美、有品

味的阳光校园环境，即美丽而温馨、育人而无声。因此阳光学校文化划分为"物质的"、"制度的"、"精神的"这三个层次，它们之间相互联系、相互影响，构成阳光学校文化形态的整体。

（二） 以阳光教育为标志的特色学校文化体系构成

1. 确定理念指方向

近年来，学校紧紧围绕"建有文化的校园、塑有理想的教师、育有特长的学生、办有特色的学校"这个目标，在行进中确立了主题文化——阳光教育，为学生的健康成长铺设阳光大道，为教师的专业成长搭建阳光舞台，为学校的可持续发展营造阳光环境，明确了"做阳光教师，育阳光学生，办阳光学校"的办学理念。

经过阳光教育大讨论之后，全校师生更加坚定地认为：阳光文化是教育的应然追求。学校不仅是一种客观的存在，更是一种精神和文化的存在。学校是一个充满精神感召力的学习型和发展性的文化组织。学校文化是立校之基，学校文化是育人之本。学校阳光文化的建设必须与学校的发展战略相结合，与学校管理相融合，以价值观为核心，以课程为抓手，以师生关系为突破口。通过人性化的情感关怀和人本化的教育措施，引导师生建立阳光的人生态度，打造阳光的校园文化，提升学校精神品位，促进师生身心健康、和谐发展。

在学校全面实施阳光教育的过程中，为了让师生真正了解阳光教育的内涵，学校通过班会、大中队活动，让学生理解内化；通过阳光教师讲坛、学校精神大家谈等方式，让教师理解内化；通过邀请首都师范大学专家教授到校指导，进一步梳理，逐步明晰了方向，坚定了信念。

2. 构建体系抓定位

阳光管理定位：以人为本、以情治校；阳光环境定位：美丽温馨、文化润泽；阳光团队定位：内外兼修、德艺双馨（教师），健康快乐、雅行自信（学生）；阳光课堂定位：生本导学、快乐高效；阳光评价定位：面向全体、彰显个性。阳光教育体系的构建，让我们进一步明确了阳光教育的实施路径和实施的目标。（见图 1－3－1）

图 1 - 3 - 1 阳光教育体系示意

三、 实施阳光教育， 建设学校文化

（一）"以人为本、以情治校"，阳光管理初见成效

回龙观第二小学阳光教育学校文化建设的实践研究，以阳光教育的实施为总抓手，建设优美、有品味的阳光校园环境；创建积极向上的阳光师生团队；打造适合学生的七彩教育教学活动；形成和谐、包容、高品质的阳光校园管理文化。力争使学校发展成为一所初具阳光教育特色的学校；"阳光二小"的形象初步确立，全校师生都能感受到阳光的温暖、感受到阳光文化的魅力，促进学校全面和谐的发展，努力创建一所洒满阳光的学校。

1. 以人为本，建设阳光制度文化

因为制度规范行为，行为形成习惯，习惯培育传统，传统积淀文化，文化润泽制度。所以着力打造学校阳光制度文化，以"暖人心、聚人心"为特征，以"情感＋制度＋人格"的管理模式为特点的二小阳光文化，使其贯穿到学校管理的整个过程，形成"阳光管理"的独特意境。阳光制度文化建设的目的是让学校在文化引领下走上内涵式发展的可持续性道路，所以阳光制度文化建设，首先是确保制度的优质生成，着力点主要是对制度文本的完善。全体干部和教师代表对学校制订的《学校管理制度汇编》逐篇逐项进行修改与完善，共完成 7 篇 231 项，涵盖了学校方方面面的工作要求。修改完善学校制度的原则包括：以人为本，充分地尊重人、理解人、帮助人、激励人、解放人；开放民主，鼓励全校师生积极主动地提意见建议，让他们从学校制度的执行者和服从者成为设计者和参与者，不仅有助于集思广益，而且传达了一种人文关怀，表达了对人的尊重；与时俱进，学校制度的生成必须在实践中不断与时俱进、动态完善和适时提升。

其次是确保制度的高效执行，此项工作的着力点主要是对人的行为的规范，为了力促制度执行落到实处，打造高效的制度执行力，更好地生发即时效应，不断地提升后续效应，除了公开民主的订立制度，以提高师生对制度的认同感和接受度以外，还重点做好如下工作。

一是加强教育培训，宣传造势，营造氛围，进一步提高学校成员乃至社会各界对学校制度文化的认同感和理解力。

二是树立制度权威，规范公正高效的执行制度。

三是刚性执行与柔性执行相结合，约束与激励相结合，执行与教育相结合，以提升执行实效，提高师生自我执行、自我管理的水平。

四是领导带头执行制度，同时大力表彰执行制度的先进典型，以增强对师生的说服力和感染力。

五是组建"师生阳光智囊团"，定期召开"师生智囊团"成员会，将师生对学校的建设与管理、教师的教育教学工作、学生的学习与管理以及后勤管理等方面的意见建议纳入阳光管理中，对收集到的"金点子"（建言献策书）进行评审，评选出最佳"金点子"建言人，并在工作中采纳实施。

阳光制度文化建设是学校文化建设的关键一环，重点是集中精力做好制度的优质生成和公正、规范、高效的执行两项工作，同时，在执行中注意把制度的刚性约束和人文关怀有机结合。只有这样，才能更好地促进学校精神文化的渗透和内化，学校才能在文化引领下走上内涵式发展的可持续性道路。

2. 以情治校，建设"大爱"管理文化

学校的发展、师生的发展是管理者的首要任务，而学校开展的阳光教育就是一种爱的教育。爱学生、爱老师、爱学校，爱身边的每一个人。以情治校、以爱育人就成为了我们的管理理念。

（1）管理者的大爱情怀

管理者必须要关注每一个人的生活实际、关注每一个人的专业成长，发自内心地给予他们关心和帮助，因为促使人发奋的往往不是道理或硬性的制度，而是情感。所以，在全体教师中，我们首先确立"缘分"观念，走在一起、成为同事，不是巧遇而是缘分，是缘分让大家聚到了一起，组成了一个新的"大家庭"——阳光家庭。全体师生必须同心协力，才能把我们共同的"家"装扮得更加美丽。其次是实施"感怀"行动，遇有本校教师及其直系亲人的婚丧嫁娶、生病等"家事"，管理者都要亲自到场进行慰问或祝贺；为教师过生日、共同庆祝节日等，这种情与情的交流，拉近了大家心与心的距离，产生了情感上的共鸣。生活上的关心、工作上的信任、人格上的尊重、事业上的帮助，营造了团结、关爱、互助的情感氛围，形成了民主、合作、向上的工作氛围，创建了和谐、文明、阳光的文化氛围。这些举措的实施，使学校处处充满了情，人人心中充满了爱，阳光的温暖洒遍了学校的每一个角落。

（2）教师们爱的真情流露

小学生正处在成长发育的关键时期，他们的心里有明显的向师性特点。如果老师是热情的、温暖的、鼓励的，学生学得会更好更快；如果老师缺乏和学生的互动以及情感的交流，学生只能模仿老师的机械行为，会导致情商发展的滞后和学习的枯燥。学校在实施阳光教育后，教师的心态逐渐阳光化，微笑时刻挂在脸上，学生更加阳光自信，良好的环境氛围助推了师生的快乐成长。

学校努力营造一个安全、自由、包容的管理氛围，把师生真正当作服务的对象，给予师生柔性化的、有人情味的鼓舞和激励，呈现出一派融洽、和谐的景象。更加坚定了我们"以情治校、以爱育人"的决心。

（二）"美丽温馨、文化润泽"，创设阳光校园环境文化

校园环境是学校无形文化的有形载体。学校大门取龙字形象，切合地域特点。进入大门首先映入眼帘的是八根文化柱，八根文化柱对"德"进行了诠释：道、善、信、美、诚、仁、勤、行。以德为魂的校园文化设计理念，生动形象地展现在师生面前。

穿过文化长廊，是一本打开的大型书型雕塑，刻有"建文化校园 享幸福人生"十个大字，下面又衬以《三字经》，让每一个进入教学楼的人都能感受到它的影响。书后配有层叠石、流水和喷泉，寓意生机盎然，同时山为仁、水为智、书为用，寓意以德育为中心、以教学为重点、培育人才为宗旨的办学理念。教学楼大厅的地面是抽象设计的世界地图，寓意二小的学子将从这里走向世界、走向未来。大厅顶部的太阳花、侧面墙壁的浮雕等都体现出学校的办学宗旨、办学理念。

教学楼一至四层，每层都有不同的文化主题，分别是德、智、体、美。学校努力追求并营造一种蓬勃进取、道德意蕴深厚的校园文化，达到文化育人"润物无声"的效果。楼内开辟开放式阳光书吧等思想、文化教育阵地；充分利用楼道、教室走廊展出学生书画作品，让墙壁成为学生舒展思维的阵地，展

示才华的舞台。就连卫生间也让它成为一种带有色彩的文化空间，男学生卫生间蓝、白两种色调，凸显男孩的宽广与豪迈；女学生卫生间粉、白两种色调，凸显女孩的淑女与清新。

阳光班级文化建设也是学校阳光特色文化的一个重要载体。班级设计，在统一中创新求变，让班级文化成为学生精神生活的乐园，各班都能亮出自己的特色，秀出自己的风采，充分展示和谐、优美的班级文化建设成果，极大地促进了和谐校园、阳光班级的建设，使班级健康向上的精神风貌与学校严谨的校风达到一定程度的结合，增强了环境育人效果，提升了班级文化品位。班主任的温馨寄语、班级的约定以及显示才华的七彩阳光展示墙等，都寓意着阳光下的每朵花儿都能尽情绽放。

办公室文化：净、美、温馨。教师办公室作为群体意义的团队形式，对于构建校园文化有着独特的意义。办公室文化需要精心营造，办公室要打造成一个温馨的家园，创设一个雅致而有情趣的工作环境，通过整齐的物品摆放、花草等植物的点缀使办公室充满生机。办公室里还应有一种乐观向上的精神，让每位教师都能感受到置身于集体中的温暖。

楼外的绿化美化设计也突出了阳光教育的主题。刻有"阳光校园"四个大字的文化石，建有供师生休息的阳光教育理念文化长廊、棋桌棋椅等，周边配以绿地、花、树，凸显生机与活力。充分发挥了每个景点的启智作用，让每个角落在美的基础上都洋溢着书香气息和人文底蕴，凸显了阳光教育特色。

（三）"德艺双馨、雅行自信"，努力打造阳光团队

学校把团队中每一个人阳光心灵的塑造作为首要任务，因为心灵的阳光才是永恒的阳光：如果你的眼中有阳光，你的心灵一定有阳光；如果你的心灵有阳光，我们的世界就充满了阳光。所以学校引导师生说阳光的话，办阳光的事，做阳光的人。

1. 创建阳光班子

干部是学校文化建设的领导者和倡导者，因此必须加强领导干部的思想作风、工作作风、领导作风和生活作风建设。把学习作为提高解决实际问题的能力，提高班子的管理水平、创新能力、服务水平的出发点和落脚点，自觉担当好三个角色：一是当好设计师，设计好学校文化建设的共同愿景，建立一个团结和谐、务实高效的领导班子，不断提升学校文化品位；二是当好教练员，指导和帮助全校教职员工共同建设阳光校园文化；三是当好服务员，领导班子充

分体现"以人为本"的阳光管理思想,为全校师生发展创造有利条件。做到:内化于心树理念,外践于行求实效。同时要有四位概念(找准定位、自觉到位、主动补位、不要错位)和四勤作风(勤走、勤听、勤思、勤学)。制订阳光干部的五项修炼:心系学校的大局意识、以人为本的服务意识、不进则退的危机意识、改革创新的发展意识、争创一流的领先意识。

2. 塑造阳光教师

鼓励教师做"自己成长的主人,让每个人成为最佳的自我",倡导"人在一起只是群体,心在一起才是团队",全力打造一支具有"阳光心态、魅力人格、责任人生"的阳光教师队伍。

制定"阳光教师宣言":为学生健康、快乐地成长"营造自主阳光空间、搭建立体阳光舞台、组织七色阳光活动、构建多彩阳光课堂",做内外兼修、德艺双馨的阳光教师。明确了阳光教师的行为规范。倡导阳光教师的六种心态——"积极的心态,开放的心态,正向的心态,正直的心态,公平的心态,感恩的心态"。制订了阳光教师的五项修炼:面对孩子,有阳光般灿烂的笑脸;面对家长,有阳光般真诚的交流;面对工作,有阳光般积极的热情;面对同事,有阳光般温暖的态度;面对发展,有阳光般不息的能量。

通过一系列活动树立学校阳光教师的良好形象。阳光教师应该是会教的老师,学校通过树立"培训是给教师终身的福利"这一观念,引导教师牢固树立"自身专业成长是最大的收获"这一思想,以"教师专业化发展"为主体,构建以校本培训、教研培训、课题研究相结合的教师学习培训模式,做到"掌握共性,发展个性,形成特色"。掌握共性是要练好基本功,发展个性是要求在继承传统的同时不断创新,最终形成自己的专业特色。

关注教师的生命质量及生活品位。将提高教师的生存状态、生命质量及生活品位,作为打造阳光教师的落脚点,不断提升教师的发展潜力和幸福指数。一是定期评选表彰阳光团队、阳光新秀等;二是开展教学随笔、专题征文、主题演讲、摄制学校自己的新年贺岁片《我爱我家》、开展"让生命多一分教育的感动"教育故事叙说等丰富多彩的活动,让教师享受生活、彰显才华、欣赏自己、悦纳他人、分享幸福。

一个正确到位的理念引领要比千百个手把手式的传授见效得多。为此,学校通过"学校精神大家谈"活动,交流思想、提高认识,从而推进阳光教师形象塑造工程的步伐。各部门还利用学习的时间,进行理念认同,通过开展阳光教师论坛、主办"用心思考、精心做事"讲座,宣传阳光学校办学理念的形成过程。提升教师的职业精神，形成共建阳光学校的合力。

3. 培养阳光学生

学校充分利用班校会、升旗校训、少先队大中队活动等时间，对阳光教育理念进行宣讲与解读，让学生明确如何去做一名阳光学生。同时，制订了阳光学生的五项修炼：学会做人、学会做事、学会学习、学会健体、学会生存。

学校围绕培养阳光学生，以《小学生综合素质评价手册》为依据，不断提高学生的综合素养，使其成为具有纯真、友善、健康、诚信、责任以及创新品质的阳光学生。少先队大队每月有主题，每周又有细化了的分主题，活动丰富而多彩。学校陆续把已开设的校本课程进行体系分类，打造七色阳光校本课程。校本课程作为素质教育前沿阵地，注重营造活动氛围，突出自主性、实践性、综合性，构建以学生为主体的阅读、摄影、舞蹈、合唱、轮滑、乒乓球、象棋等多种校本课程，激发学生的潜在智慧和思维能力。阳光校本课程的实施，全面提高了学生的学习能力、实践能力、创新能力，促进学生全面发展和个性发展。阳光教育尊重每一个孩子，尊重学生的个性发展和独特体验。学校校本课程就是七彩调色板，让孩子们在课程中找到属于自己的颜色，释放自己独特的光芒，为学生打造七彩人生。七色彰显自然之美，成就少年精彩。

学校的阳光教育顺应儿童天性，推崇学生快乐、健康、和谐、个性化的发展及阳光向上、团结合作的团队精神，让孩子像向日葵一样健康成长，成长为健康快乐、雅行自信的阳光少年。

（四）"生本导学、快乐高效"的阳光课堂初见成效

1. 反思教学，构建"互动、温暖"的初级式阳光课堂

课堂教学是阳光教师专业成长、生命价值体现的一方沃土。关注课堂，关注教学是打造阳光学校的突破口。寻找课堂中的"灰色"，立足于教师的自我反省和反思，是聚焦课堂、透视课堂、让学生充分感受阳光学习的重大举措。为此，学校组织教师开展手术式的教科研活动，寻找课堂教学中不协调的"灰色"，引导教师对自己的教学实践加以剖析，进行反思，从问题中寻找解决问题的办法，让课堂教学灿烂起来。以教研组为单位开展"课堂教学大家谈"活动，加强教学反思，拟订改进措施，不断交流完善。通过师生们的不断努力，课堂教学已初步显现出互动与温暖，"灰色"远离了课堂。

2. 深入研究，追求"生本导学、快乐高效"的终极式阳光课堂

在构建互助温暖式阳光课堂的基础上，我们明确了阳光课堂的终极目标：

生本导学、快乐高效。体现"五生"原则，即生命的课堂、生活的课堂、生态的课堂、生动的课堂、生长的课堂；拟定了阳光课堂评价的五个标准：激励的策略、积极的参与、温暖的氛围、成功的体验、目标的渗透。

为了更好地体现生本课堂，我们以激活课堂文化、展现课堂文化为出发点，做实课堂教学工作。因为教师的价值在课堂上实现，教育的活力在课堂上展现，所以进行课堂教学改革，就要激活课堂文化。教师在课堂上要做到"四个一"，即一句鼓励的话语、一个信任的眼神、一次理解的点头、一回亲切的抚摸。"三优化"，即优化教学内容，恰当挖掘教材的创造因素，让学生易于求新；优化教学环境，营造民主、宽松的课堂氛围，让学生敢于求新；优化教学结构，构建开放的课堂教学时空，让学生乐于求知。"两带进"，即把微笑带进课堂，用教师的微笑来激发学生的自我信任感，使学生在独特感受、体验、理解中激活已有知识与经验的联系，并萌发学习和创造的美丽想象，点燃学习自信心；把问题带进课堂，培养学生的问题意识，教给学生质疑的方法，让学生以"生疑—质疑—释疑"的过程激发自主学习和探究。激活课堂文化其目的就是提高课堂40分钟的效率，努力打造生本课堂，达到快乐高效的最终目的。

在高效课堂教学改革上，引进Pad，利用信息技术助推课堂教学改革。"互动反馈技术支持的课堂教学策略研究"被确定为北京市昌平区教育科学"十二五"规划课题，以科研引领的方式助推课堂教学改革。每学期的教学活动月成为阳光理念生长的土壤，教学活动月以构建有活动的阳光课堂为内涵，促使课堂成为学生收获的殿堂。打造阳光课堂，要求每位教师都能积极转变自己的教学方式，从"讲"的位置上撤下来，克服自己的教学欲，把课堂还给学生，把兴趣还给学生，把快乐还给学生，把能力还给学生，使课堂成为学生终身发展的素质培养中心和持续发展的能力形成中心。每位老师在实施新课程的道路上，都努力放慢步子，放下架子，成为学生的同伴、朋友，使学生在课堂上能够学有所得、学有所乐。平时加大培训的力度，让教师牢记：培训学习是最好的福利与奖励，每个人都要在阳光课堂教学改革上努力前行。目前，我们正在整理归纳属于我们自己的阳光课堂教学模式，通过打造阳光课堂文化，让师生享受幸福的课堂时光。

通过制订阳光课堂评价标准，要求每一位教师都能以阳光般积极的态度、阳光般灿烂的笑容走进教室、走近学生，以阳光般的热情去温暖每一位学生，以阳光般不息的能量研究每一堂课。认真实施"课业革命"，全力打造以学为中心的高效阳光课堂，让学生在快乐中健康成长，让教师在成功中体验幸福。

（五）"面向全体、彰显个性"，构建阳光评价文化

有怎样的评价就会塑造怎样的学生，所以我们以"立足发展、促进发展"为原则制订评价方案。因为评价是为了检查情况、发现问题、找出差距、明确方向，最终促进人的发展。

七彩阳光评价是学校开展阳光教育以来实施的一项评价方案。在实践探索中，我们运用学校阳光教育理念，精心设计赤、橙、黄、绿、青、蓝、紫七色阳光评价卡，每一种颜色代表一个方面的习惯。"阳光少年"设年度阳光少年、月阳光之星、单项阳光学子。学期之初，学生根据自身条件和特点，申报不同类别的"阳光少年"，制订相应的"闯关夺卡"计划，学生自备行动档案，老师和家长定期或不定期地对申报的学生进行阶段评定，分月、分学期、分年度评选"阳光少年"。在这个过程中，让每个学生都能找到至少一个单项阳光学子申请项目，寻找自己的优点，体会成长的喜悦。而月阳光之星和年度阳光少年，则要把自己的阳光故事通过不同的形式呈现，用榜样带动全面。"文明进社区"、"感恩情怀"、"诚信书吧"、"我的课堂我做主"、"我是爱心志愿者"、"各种学生社团活动"都是七色阳光卡争创过程中一道道朴实而又美丽的风景。与日俱增的良好习惯会使学生们的心灵飘扬起来，成长为真正的阳光少年。

学校在实行考核的基础上对教师也是进行"阳光"评价——全面建设教师成长档案，指导教师自主设计、美化自己的成长档案袋，及时记录学习培训后的心得体会、成功的教学案例、有价值的教学反思、课改中发现的问题及相应的对策，并把自己的教学论文、课题研究等资料也一并放入成长档案袋中，学校定期组织成长档案袋交流展评活动。实实在在的成长历程，真真实实的学习成果，一目了然，使评价起到促发展的功能，也加速了教师的专业化成长。此外，对教师的评价也是多维的，既面向全体，又彰显个性，让老教师、年轻教师，让班主任、科任教师，每一个人都有被评价与提高的机会。

在对师生的评价中，我们始终坚持评价的激励性、多元性和发展性原则，因为教育是赏识教育，教育是个体化的教育，好的评价制度促进师生的发展、促进学校的发展。我们力求让评价成为一种文化，既面向全体又彰显个性。

阳光教育已成为引领学校迅速发展的航标灯，每位教师在共同愿景的牵引下，审视自我，总结自身优势，寻找发展点，教师智慧的亮点得以闪现；每个孩子在和煦的阳光教育下，人格获得尊重，个性受到重视，成为身心健康、各具才能的人。回龙观二小的全体师生正昂首阔步行走在阳光教育的大道上。

"做最好的自己"的实践探索

王敬阳

本文以北京市昌平区史各庄中心小学为例进行研究。史各庄中心小学位于回龙观镇，毗邻京藏高速公路，交通便捷，属地人口密度非常大，中心下辖两所学校，共有 19 个教学班，54 名在职教师，550 名在校学生。学校办学有一定基础，能够平稳运转，常规管理基本到位，但学校缺乏特色；学校周边小区林立，生源充分，多为外来务工人员子女，生源素质一般，但有好的发展趋势；与周边环境相比，学校是闹市中的一片净土；学校面积不大，发展空间受到制约；回龙观地区所辖学校较多，相对于其他学校，史各庄中心小学教育质量的提升空间较大；教师较为年轻，有朝气、有干劲，但经验相对缺乏，骨干教师和有经验的教师较少。为了促进学校发展，我们就"做最好的自己"的相关问题进行了研究。

一、问题的提出

1. "做最好的自己"符合现代教育理念

一是符合教育的本质。人归根结底是认识自己，努力做最好的自己，教育的本质就是促进每一名学生都在原有基础上有提高、有进步，而且是积极主动地提高；每个人在原有基础上有所提高就是一种成功，我们能够把握的只有今天，今天不做，等于永远不做。二是符合积极心理学原理。积极心理就是使人不管面对什么情形，都有积极正向思维的习惯与品质，都能够积聚正能量，克服负面情绪，努力向好发展；人人都有美好的一面，即使那些被人们视作有问题的师生，也不是一无是处。坚持发现并放大每个教师的"最好之处"，他们的"最好"就会慢慢扩展出更多"最好"，个人的"最好"就会慢慢变成大家的"最好"，这样教师团队就能成为最好的团队。三是符合个性教育原则。"最好"是共性要求，"自己"是个性体现，"做最好的自己"是共性与个性要求相统一的结果。丰子恺先生有一幅漫画，一只大手用力把一个活生生的孩子往一个模子里按，孩子则在痛苦地挣扎着。我想，这样培养学生不符合教育规律，是无效和有害的。因材施教，必须建立多元的评价标准。

2. "做最好的自己"是一个系统工程

不仅是学生要做最好的自己，教师、家长、学校也都要做最好的自己。

3. "做最好的自己"有强烈的现实意义

根据前面的背景分析，学校面对着一系列问题与挑战，但发展才是硬道理。也就是说只有发展，才能解决发展中遇到的问题，如果只是关注问题，就会使学校畏葸不前。做最好的自己更有利于调动干部教师和学生的积极性，进而激发家长潜能，上下一致形成向上向前的合力，这样才可以推动学校不断向好的方向发展。

二、 对问题的界定与分析

（一）我们所理解的"最好"

"没有最好，只有更好"，对最好的理解从来都是相对的、个体的。我们针对学校现实状况提出"做最好的自己"，主要基于以下几个方面的考虑。

1. 基于对学校自身功能的重新审视

从功能上看，学校自古以来就是一个专门的场所，一个比较集中地对学生施以影响，并使之朝着教育者希望的方向改变的场所，其最本质的功能就是促进学生的发展。但随着社会的发展，学校的功能及价值越来越受到挑战，它不再是唯一对学生施加教育影响的场所，学校理应有更丰富的功能和更高的使命。但在社会功利大潮的影响下，学校却越来越成为一个选拔学生、给学生分等的场所，尤其是以高中学校为代表的基础教育，其教育功能已越来越异化为一种对应试技巧的培训，把"学生"演变成了"考生"。显然，教育在这种单向的、独白式的、见物不见人的过程中逐渐丢失了自己的灵魂，导致师生普遍难以体验到教化与发展的喜悦，难以促成双方获得更健康、更长远的发展。因此，还原学校的功能，让学校在社会大潮中坚持自我，做学校该做的事，让师生能顺应自我，得到全面发展，是我们的应然选择。

2. 基于对教育本质的深刻认识

教育的本质在于促进每个人的发展，要使培养出来的人既能得到最大限度的自身发展，也能顺应时代和社会的需要，获得可持续的发展。因此，我们的教育应既重视学生知识、能力和情感态度的生成，又促进学生社会化程度的形成和发展。学校是让学生在原有基础上有所发展，好的学校是能针对不同基础和特点的学生最大限度地促进学生发展，使每一个"我"都能成为最好的"我"。尽管"最好"永远是相对的，但让每个人都能永远处于追求最好的过程中，让他们不断完善自我、超越自我，让学校沿着正确的方向发展，让师生获得持续性的发展，这才是真正践行教育的本质。

3. 基于对教育规律的尊重和对时代呼唤的回应

正如莱布尼茨所说，世界上从来没有两片相同的叶子，同样，世界上也不可能有两个完全相同的"我"，每一个"我"都是独一无二的。尽管学校教育对学生的影响是巨大的，但也不是万能的，学校只能在尊重学生的认知特点和个体差异的基础上促进其发展，而不能一厢情愿地让所有学生统一步调地达到一种发展标准。因此，认同差异，尊重个体，不无限地放大教育的功能，尽我们所能让每一个"我"都能得到充分发展，走向最好，是对教育规律的尊重，也是在终身化、民主化、信息化、主体化等社会发展趋势下教育发展的真正方向。"最好"不仅是显现的、当下的，也是潜隐的和长远的。如此，我们深深地感到应该赋予"最好"更加丰富的内涵。我们认为：在一定理想、理念的感召和指引下，坚持以维护人的权利、尊重人的个性和差异、关注人的幸福为前提，研究师生需求的多样性和可能性，使他们的潜能得到科学地、最大限度地开发，使他们真正做到"了解自己，悦纳自己，发展自己，超越自己"，为社会做出积极贡献，那就是一种"最好"。具体而言，"最好"既包括学生的健康成才，也包括教师的事业成就，还包括促进学校的可持续发展。为此，我们对史各庄中心小学新的发展思路与定位是：学校办学条件不求多么奢华与富丽堂皇，但一定要追求处处清新自然、干净整洁，适宜师生和谐相处、教学相长。学校教育质量不求学生一时高分，但一定在既有的成绩基础上，鼓足干劲，力争上游，践行"好奇心比好胜心更重要"的理念，教师在引领学生求真、向善、崇美的征程中，共同幸福成长。学校在办学特色的追求上，一定要继承、发扬学校传统，无愧于教育的规律、时代的发展和百姓的期许，怀揣着教育的理想上路，追求理想的教育，努力做最好的自己。

（二）我们所追求的"最好"

自我心理学有一句名言：你认为自己是什么样的人，你才可能成为什么样的人。做最好的自己不在乎你昨天是怎样的一个人，不在乎你的底子有多薄、基础有多差，只要努力就可以比不努力的你更好，只要坚持就完全可以成为"最好的自己"。所以，做最好的自己主要是与自己的过去相比较，是与自己最大的潜能相比较，关键在于不断完善自己。学校通过明确各个阶段和方面的具体奋斗目标，让学校和师生共同追求"做最好的自己"。

"最好的学生"是身心和谐、内外兼修、不断进取的学生。我们认为，"最好的学生"应该是身心和谐发展、个性得到尊重和张扬、潜能不断得到激发、有良好的行为习惯和思想素质、能将自身的追求和社会的发展结合起来的学生。

"最好的教师"是胸怀大爱、教书育人、具有示范带动作用、在学术领域不断增强辐射和影响力的教师。对于中年教师，要充分发挥其在年龄、学识水平、工作经验方面的优势，通过制订个人专业发展规划等形式促进他们树立职业生涯规划意识，进一步激发他们的工作活力和发展动力。

"最好的学校"是定位准确、目标清晰、勇于超越自己的学校。一个学校倘要健康、持续、快速地发展，离不开清晰合理的目标导向和科学高效的过程管理。

我们认为，实现"最好"的关键是要让每个成员心中有"念头"，让整个群体有"奔头"，并通过人性化的过程管理，推动学校走上错位发展、特色发展和科学发展的道路。当然，所谓的"最好"，对于每一个发展过程中的学校来说都是具体和历史的。

三、 "做最好的自己" 实践研究的基本框架和研究方法

(一)"做最好的自己"实践研究的基本框架

一个目标：做最好的自己

两个支柱：读万卷书，行万里路

三个指标：求真、向善、崇美

四个原则：

个性化原则——大家不同，大家都好

主体性原则——好奇心比好胜心重要

发展性原则——更好就是最好

系统性原则——全面、全员、全过程

（二）"做最好的自己"实践研究的基本方法

1. 行动研究法

立足于校本研究，通过制订规划、分解目标、分步实施、跟踪指导、总结提升不断推动研究向更深程度、更宽领域拓展。

2. 叙事研究法

注重个案跟踪指导，通过教师制订个人成长计划、撰写成长反思、撰写班级日志、推广亲子活动等方式，积累成功案例，推广成功经验。各项活动注重细节，注重发展，注重现场感与及时性。

四、 具体实施路径

（一）理念上统一——"做最好的自己"是我们对教育的定义

这样说并不是不自量力，也不是哗众取宠，而是作为一名教育工作者，应该对教育有自己独到的理解，应该对教育有理性的、哲学的思考。否则，就像一个不知方向的人在沙漠中行走，哪怕走出了这个"世界"，结果还是"一头雾水"，如果以后再走进这片沙漠可能还是一片茫然。

学校是实施教育的阵地，对教育应有自己的校本追求。从一定意义说，每所学校只要存在，都应有自己的使命——培养什么人、怎样培养人，都应探究学校教育目的是什么、应该怎样实现这个教育目的。这些价值追求用学校自己的语言解答、概括和诠释便是"定义学校的教育"。

作为一名基层教育工作者，乃至一名教师，认同并能够用一种核心的教育价值观引领自己，会更清醒地认识教育的使命，从而站在更高视角审视教育工作，增强工作的主动性。就像尼采所说：如果你知道为什么生活，你就可以过所有的生活。

定义学校教育是学校发展的需要，是促进学校教育个性化的基础和前提。学校没有自己的关于教育的定义，这个学校的教育就是没有思想的教育，就是没有个性的教育。从这一角度来看，学校个性的教育价值追求，是高于教育技术层面的。学校以"做最好的自己"为追求，就能够把全体教师、学生以及家长的思想意识统一到这一愿景之下。当然"做最好的自己"是最终目标，重要的还是向这一目标努力的过程，但所谓的教育，就是怀揣着教育理想，不断向理想教育前行的过程。

（二）内容上统一——建构"做最好的自己"的教育

学校教育个性化的本质就是教育的校本化，教育的校本化源于学校教育定义的个体化。学校教育个性化不仅要有自己个性的教育定义，而且要围绕定义建构自己的教育框架，即设计个性化的教育环境、课程、课堂和活动等。

1. 建构"做最好的自己"的环境

学校的校舍、花草树木、景点等是一种自然环境，也是一种物化的教育资源。每所学校看上去是"这"，而不是"那"，其中一个重要原因就是学校自然环境迥异。学校环境的建构不只是美化，主要意旨是通过环境对人进行教育。在生活中并不是所有环境都对人起作用，只有人化的自然才能教育人。基于这种思想，在建构学校环境时，要从学校定义的教育理念出发，建构长久环境，即校舍的设计、花草树木的选种、路和景点的建设及命名都要凸显学校追求的核心价值。学校的橱窗、宣传栏等短时环境布置也要按照自己的教育目标分期分项选择内容，追求教育的序列化和系统性。史各庄中心小学校园文化以"做最好的自己"为主题，计划从"读万卷书、行万里路"两条线索进行考虑：读万卷书以时间为顺序，以中外经典名著为纲，引领学生一步步迈向更高的阶梯；行万里路不单单是指行走，而是用其引申义，寓意让学生注重实践探索，培养学生的动手操作能力，开启学生的创新精神，提高学生的创造能力，使整个校园充溢着陶冶师生成长的文化。

2. 建构"做最好的自己"的课程

课程是教育的载体，也是教育的特征。有什么样的课程就会有什么样的教育。学校教育的个性化主要是通过建构个性化的课程去实施的。个性化的课程建设不只是设计一些新颖独特的课程，而应根据学校自己的教育定义确定课程选择的理念、目标和内容。当前，史各庄中心小学正通过以下途径建构自己的课程体系。

一是对国家课程校本化。国家课程虽然是国家规定的课程，但是，无论是从目前实践的状况，还是从学校课程建设发展需要出发，无论是从学校教育的价值追求，还是从师生发展的需求出发，都需要结合学校实际进行实施。国家课程校本化实施可把一些对师生成长影响不大的课程整合到凸显学校自身教育定义的课程中去，亦可在课堂教学中强化学校自己定义的教育所关注的素养的培养。学校下辖的定福皇庄小学是一所回民小学，该校开发了校本教材《灿烂的京味儿回族文化》，已作为民族文化教育必修教材在学校使用。同时，开设民族文化兴趣班、组织丰富多彩的民族文化教育活动等也取得了一定成果。

二是校本课程人本化。校本课程的选择主要根据学校的教育追求和学生的成长需要确定，因为课程要为人的发展服务。史各庄中心小学努力使国学经典进入课堂，浸润学生心灵，《弟子规》诵读在有序推进。

三是生本课程个性化。史各庄中心小学周边教育资源丰富，华北电力大学、北京农学院、生命科学园、北京航天城均在学校周边，学校正积极与之联系，共享其优质的教育资源，为学生的个性成长提供支撑，力求通过生本课程培养兴趣，张扬个性，锤炼能力，提高智力，彰显智慧。

3. 建构"做最好的自己"的课堂

课堂是学校教育的主阵地，学校教育的价值追求主要通过课堂这个主渠道实现。因此，我们应该围绕所定义教育的核心价值观建构自己的课堂，即根据学校自己的教育定义确定教学哲学，再按照自己的教学哲学建构课堂教学方式和教与学的行为方式，形成课堂文化。课堂教学的理念追求是：要尊重差异，不要漠视"差生"；要挖掘潜能，不要忽视可能；要随学调教，不要照搬程式；要启迪多元，不要束缚创造；要欣赏进步，不要吝啬鼓励；要共享成长，不要孤芳自赏。课堂教学的教师行为追求是：要为学生学，不要只想着教；要引学生问，不要无度设问；要让学生做，不要错失探究；要等学生思，不要急于揭示；要听学生说，不要草率定论；要给学生评，不要妄加褒贬，其意旨就是教师为成长而"导学"，学生为成长而"自学"。

据此，建构"做最好的自己"的教学方式如下。课前，引导学生自主预习。教师根据学生的原有知识和能力、课程标准要求和教材内容、自己对教材的理解和把握等设计"预习指导"。这个"预习指导"既体现教材知识点，也关注智慧生长点；既有阅读教材，也有动手操作，还有社会实践；既有共性指导预习，也有个性自主预习。通过"预习指导"引导学生预习，把学生能"学会的"和"会学的"都让他们自己学习，"学不会的"和"不会学的"带到课堂共同探究。课上，引导学生自主探究。为了促进真正探究，在具体操作方式上，重点践行"自问自探"教学法。让学生自己提出问题，自己解决问题，在问题的建构和解决中成长。课后，引导学生自主实践。课堂学习不是教学的全部，每节课后，根据教学内容引导学生链接生活，引发学生再生问题，让他们带着问题走进生活，走入书海，走向实践，在生活实践中成长。

4. 建构"做最好的自己"的活动

活动是课堂教学的补充和延伸，也是实施教育价值的重要途径。学校各项活动应围绕自己的教育追求设计，即根据学校的教育定义、校本课程与生本课程、学生的成长需要等确定学校活动。从目的上看，学校活动的宗旨是实现关于人的培养目标，丰富和发展教育定义。从内容上看，学校应选择提供人成长所需要的营养的活动，可对校本课程和生本课程在内容上予以加深，让其特色更加张扬；也可对校本课程和生本课程进行补缺，让其营养更加全面。从方式上看，学校活动应倡导科学、捷便、有效，可与品德与社会、综合实践活动、劳动、艺术等课程相结合，也可通过业余竞赛形式来实施。总之，学校活动要有自己的目的、意义、特点和品牌。

建构"做最好的自己"的教育就是要围绕学校的教育定义建构学校自己的教育框架、思路和模式。这是实施教育的路径，是实践教育的基础。

（三）策略上统一——实践"做最好的自己"的教育

学校有了个性化的教育框架，便应围绕已经建构的路径进行实践，通过实践不断验证和修正自己建构的教育，最终走向教育定义所追求的境界。

从方式上看，影响学校个性化教育实施的要素很多，关键应抓好以下两个方面。

1. 在执行中创新

定义教育是为学校教育描绘愿景，建构教育是为学校教育构思思路。有了愿景和思路，接下来便是执行。可以这样说，执行力是决定学校教育改革成败的关键，是能否形成学校文化的核心。在实践自己建构的教育时，首先，应该切实执行自己设计的理念和目标；然后，结合实践不断调整、充实和完善自己的教育内容和方法，使自己的教育定义不断丰富和发展。

2. 在创新中执行

学校教育的建构本质就是教育校本化的自我尝试，无论内容和方法都需要进行科学验证。教育科学实验虽然也允许失败，但是学校教育个性化的探究从某种意义上说不能失败，因为他关乎一代人的培养。因此，在实施校本教育时，每个人都不能教条地照搬预设的方案，而应结合自己的智慧在创新中丰富和发展。

从本质上说，"做最好的自己"核心是通过培养做最好的自己的教师来培养做最好的自己的学生。

培养做最好的自己的教师。教师做最好的自己，可从两个层面理解，一是充分张扬每个教师的个性，让其个性得到发展；二是围绕个性教育挖掘每个教师的特长，让其特长得到发展。就学校而言，在尊重教师个性发展的基础上，围绕学校的个性化教育，挖掘教师个性化教育需要的潜能，让其得到充分发展，为个性化教育服务。引导教师做最好的自己，关键是要尊重教师成长需要，建构教师成长机制，搭建教师成长平台。尊重教师成长需要，就是按教师个体成长需求为他们提供个性成长需要的营养，即满足他们学习、实践、表现的需要，促进其更好地发展。建构教师成长机制，就是建立引领教师个性化成长的制度，通过制度文化引领他们自主成长。

培养做最好的自己的学生。主要策略是：尊重生命自然的差异，依托生命自然的潜能，发展生命自然的灵性。"尊重生命自然的差异"，在教育内容上，语文、数学和英语之外的国家课程允许学生根据自己的学习状况提前或推迟学习；校本课程可作为"自助餐"，让他们根据成长需要自由选择。在教育评价上，让学生不去横向和同学比成绩，而是纵向和自己比成长。在和同伴相比时，看发展，比谁的进步大；看潜力，比谁的努力程度高。"依托生命自然的潜能"，就目标而言，应以让人的生命成长为目标，不只是关注知识与技能、过程与方法、情感态度与价值观，而是以人的生命成长为宗旨，以"原生命体"的身心、情感、智慧和道德为基点，在此基础上引发他们依靠自己内部潜力主动"生长"。就方法而言，教育者通过启蒙、组织、帮助，激起学习者的情感、思维和创造力，让他们最大限度地延续自然学习的核心行为——自主学习，因为这种学习的动力依托了生命自然的"天力"，且体现了人成长的天然需求。就方式而言，引导学生自己的事自己做，通过让每个学习者依托自己的生命潜能提升自己的实践能力。"发展生命自然的灵性"，在理论上，通过顺应天性的方式发展自然赋予人的一切才能，从而培养人全面发展的且不受任何压制的个性。教育是一种实践活动，实践才是教育的本质。实践学校定义的教育不只是开展教育实践活动，也不只是为了验证这种教育，而是促进学校教育使命的完成、教育目标的实现和学校教育个性化的形成。

教师队伍建设

　　教师是学校发展的关键资源，教师队伍建设对京郊学校来说，显得尤为重要。如何促进京郊学校教师的专业发展，下面三位校长从各自学校的实际出发，进行了有益的探索。

　　曾文桂校长撰写的《城乡接合部初中教师需求现状及激励策略研究》，根据需要理论将初中教师的需要分为报酬需要、权利需要、尊重需要、工作环境需要、个人发展需要五个方面，通过问卷调查发现教师的这五个方面需要没有得到满足的原因是缺乏相关的激励措施。为了有效激励教师，学校提出了整体激励与分层激励结合、物质激励与精神激励结合、外部激励与自我激励结合、个人目标激励与学校目标激励结合、激励效率与激励公平结合的措施。研究表明，基于教师需要的激励策略对城郊中学是非常有效的。

　　左春云校长撰写的《基于教师整体生命成长的专业发展路径探索》一文，从生命哲学视角出发，以北京市贡院小学作为研究对象，采用问卷调查的研究方法，揭示了教师的生存状态，反思以往促进教师专业发展措施的弊端，进而提出探索适合教师专业化可持续发展的途径，指出应站在生命的高度，寻找教师内在发展的原动力。研究的可贵之处还在于，通过实践证明了基于教师整体生命成长的专业化发展路径的可行性。

　　张晓光校长撰写的《农村中学青年教师课堂教学跟踪的实践研究》一文在对西集中学 8 名工作 5 年以下的青年教师的专业发展需求进行问卷调查的基础上，将改进课堂教学实践，提高课堂教学能力作为青年教师专业发展的突破口。学校成立课题组，有计划地对青年教师的课堂教学进行连续诊断性听评课活动，帮助教师解决实际教学当中的问题。通过两年多的实践，促进了青年教师的专业发展，他们的教学业务水平得到较快提高。这种基于问题改进的青年教师培养方式值得学习和借鉴。

城乡接合部初中教师需求现状及激励策略研究

曾文桂

一、 问题的提出

当前，随着我国城镇化进程的加快，城乡接合部学校日益增多。这类学校具有鲜明的区域特点，其发展规律也具有其他学校所没有的一些特质。第一，兼具城市、乡村土地利用性质的城市与乡村地区的过渡地带，又称城市边缘地区，或者是接近城市并具有某些城市化特征的乡村地带。第二，它是不同所有制土地、不同行政管理体制交汇的区域，是流动性强、利益关系错综复杂的区域。城乡接合部既不同于单纯的城市区域，又区别于纯粹的农村区域，是既有城区风貌又有乡村特点的一种经济地理空间。第三，城乡接合部初中的学生绝大多数是外来务工人员子女，生源情况较差，学生流动性大，同时这一区域的教师多数经历过拆迁，经济状况较好。第四，这类学校存在的问题往往是特殊问题，又称边缘化问题，常常引不起大家的重视。但在全市，这样的学校却很多，城市越大这样的学校就越多，城市化进程越快出现的问题就越多。其中，教师流失、教师专业化程度不高、教师积极性不高等，成为了制约学校发展的关键因素。

笔者选取了一所典型的城乡接合部的 A 初中学校。A 校地处经济发达地区，发达的地方经济为学校发展提供了充足的物质保证，但也导致学业优秀甚至中等的学生全部外流，占学校总数三分之一的本地学生其学习成绩处在及格边缘或不能及格的水平，借读生中有部分学习优秀者，但初二结束后，大多转回老家学习。较差的生源和教学成绩，让该校教师缺少自豪感。

而与相邻区县的教师相比，该校教师薪金偏低，各种福利待遇相去甚远。但由于城市化进程的加速和附近机场扩建，57.1% 的教师享受拆迁带来的经济收益，还有 10% 的教师住地处于待拆迁状态，经济较富足。不平等的待遇与无忧的生活，以及生源的低数量与低质量，使教师心理失衡，工作热情不高，进取精神不足，整体素质偏低，这成为制约 A 校发展的一个严重的现实问题。

教师是学校办学理念和育人目标的具体贯彻者，也是课程教学计划和教学目标的具体实施者。教师高效而富有创造性的劳动，是改变 A 校现状，实现高质量教育和"打造德艺双馨的教师队伍，培养品学兼优的毕业生，走内涵发展之路，把学校办成一所高品质、现代化的新型中学"这一办学目标的基本保证。因此，探索如何通过实施科学有效的激励策略来激励教师，通过满足教师的需要来激发他们的积极性，从而引导他们产生合乎学校需要的工作行为是学校管理领域研究的重要课题。

本研究试图通过调查研究，了解影响城乡接合部初中教师工作积极性的主要原因，找出城乡接合部教师激励机制方面存在的主要问题，探索符合城乡接合部初中教师需要和个体行为规律的教师激励措施，提出具体的、可操作性强的激励策略，最大限度地调动教师的工作积极性、主动性和创造性，激发教师心理动机和潜能，强化其行为，以唤起他们对工作的高度责任感，激发他们对工作的主动性和创造性，使其在工作中处于积极状态，进而提高学校管理效能，提升学校教学质量。同时，本研究试图通过对 A 学校教师激励的个案研究，找到更加合理的城乡接合部初中教师激励策略，为城乡接合部初中教师激励研究提供丰富的案例，丰富和发展关于城乡接合部初中教师激励策略的研究。

二、 文献综述

关于人们的需求，国外很多学者进行过研究，最有影响的需求理论是马斯洛的需求层次理论和麦克利兰的三种需要理论。

马斯洛的需求层次理论认为人主要有五种需求，从低到高分别是：生理需求，如衣、食、住、行等，这是最基本的需要，也是级别最低的需要；安全需求，如摆脱不公正待遇，解除对年老、生病、职业危害、意外事故的担心；社交需求，如希望属于某个群体，不希望在社会上成为离群的孤鸟等；尊重需求，属于较高层次的需求，包括对成就或自我价值的个人感觉，也包括他人对自己的认可与尊重；自我实现需求，是最高层次的需求，希望自己从事与自己能力相称的工作，希望成为自己久已向往的人物等。

麦克利兰认为人们有三大需要，分别是：成就需要，人们希望自己把事情做好，希望自己成功，希望取得成就；权力需要，人们希望自己有不受他人控制但是影响他人的力量；友谊需要，人们希望自己与他人建立友好亲密的人际关系，希望友好相处。

国内关于教师需要及其激励的研究成果，大多介绍或运用国外的需要与激励理论。如《中国激励理论及模式》（俞文钊）、《激励·活力·凝聚力：行为科学的激励理论》（俞克纯等）、《马斯洛论管理》（马斯洛）、《教师职业生涯周期：教师专业发展指导》（费斯勒等）、《学校人力资源领导——中小学校长手册》（韦勒）等著作；《教师需要与教师激励的现状及相关研究》（周彬等）、《中学教师的需要现状和中学管理的激励策略研究》（施文龙等）、《优化教师激励机制与约束机制的制度分析》（康宁）等论文。其基本的观点有：基于需要来进行激励，激励的手段和方式是多种多样的，对不同年龄、不同学历、不同职称的教师的激励措施不一样，要将激励和约束结合起来。已有的研究成果对本课题的研究有很重要的借鉴意义。

从已有研究来看，在研究方法上，以往有关激励的研究多以文献法为主，大多进行思辨性的阐述，实证性研究的成果还不是很丰富。在研究内容上，介绍西方激励理论的较多，比较抽象的认识论方面的研究较多，对一般意义上的激励机制阐述较多，很少对实践的具体策略进行研究。再有，从研究对象来看，多为高校、农村中小学、城市中小学教师的研究，接合部初中教师的研究不多见。不同经济、文化背景对不同地区的教师行为会产生很大的影响，因此，教师激励的研究侧重点应该是建构和完善适合当地背景因素的科学有效的激励策略。

三、 研究设计

（一）研究假设

1. 城乡接合部初中教师具有特殊的需要结构

根据需要内容理论及对 A 学校教师们的访谈发现，教师的需要主要集中在报酬需要、权力需要、尊重需要、工作环境需要、个人发展需要五个方面。

（1）报酬需要

报酬需要是指教师对完成学校布置的工作所获得的相应回报和答谢的要求，是教师为学校提供劳动而得到的货币报酬与其他形式报酬的总和的要求。满足教师的报酬需要是保证教师工作充满积极性的基本条件，是学校实施教师激励的保障因素。教师在工作中要享有获得与工作相适应的报酬和提出相关诉求的权利。

（2）权力需要

教师的工作性质决定了教师拥有权力是工作本身的需求和重要保障。教师需要的权力具体包括：进行教育教学活动；开展教育教学改革和实验；从事科学研究、学术交流，参加专业的学术团体，在学术活动中充分发表意见；对学校教育教学、管理工作提出意见和建议，通过教职工代表大会或其他形式，参与学校的民主管理；参加进修或者其他方式的培训。

（3）尊重需要

教师不仅有丰富的专业知识和教学技能，而且具有比较高的学历，担负着传道、授业、解惑的重任，社会地位比较高，又因为教师具有高独立性、高自我价值感，所以形成了教师强烈的自尊心。在工作中表现为对尊重和认可的强烈需要，这种尊重更多的是来自学校领导、学生及同事。

（4）工作环境需要

学校工作环境包含显性环境与隐性环境两类。显性环境是指供教师进行教学的办公设备（建筑、电教设施、图书等）以及安静优雅的校园自然环境；隐性环境是指教师凭借主观判断，在工作中学习、继承、影响而形成的工作氛围和校园文化，体现在教师能按照自己的方式安排工作，拥有更多的自主权限和更广阔的发展空间，教师能在工作中获得满足感、成就感。满足了教师对良好工作环境的需要，就能激励教师的积极性、主动性和创造性，因此满足教师的环境需要是激励教师的不竭动力。

（5）个人发展需要

教师要发展，这不仅是学校发展的宏观需要，更是教师个人发展的需要。学校要重视教师个人发展机会需要的满足，制订与之一致的激励政策，保证教师在个人发展的内在驱动力的激励下努力工作，在教学过程中得到专业上的发展，获得晋升职称和岗位的机会。

2. 满足需要是有效激励的基础，需对不同需要提供不同的激励

激励是一种手段或心理过程，强调激发人的动机，调动人的积极性，以及为实现所期望的目标而努力工作。本研究的激励，也就是教师激励，是指在教师管理中，以综合的教育手段和方法为刺激诱因，根据个体积极的心理需求，激发个体的内驱力，促使其把外部刺激内化为个体自觉行为的过程。本研究中的激励策略是指在学校管理中为实施有效的教师激励而采取的措施和手段。

（二）研究对象

本研究对象是北京市 S 区 A 校的全体教师，共计 61 人。

（三）研究方法

为了准确把握 A 校激励现状，大面积地了解教职员工的需求情况，我们进行了问卷调查和访谈调查。

调查问卷共分为三个部分。一是教师基本情况，包括性别、年龄、最高学历、职位、专业技术职称、本校工作年限、任教学科七个方面内容。目的在于调查不同个人特征的教师对于学校激励措施的认同是否存在显著差异。二是教师激励现状，问卷以教师本人日常观察下的学校激励状况为主题，从报酬需要、权力需要、尊重需要、工作环境需要、个人发展需要五个方面设计了 29 个题目，每个题目从完全属实、比较属实、属实、不太属实、完全不属实五个维度供教师进行选择评判。目的在于调查出教师对已经实施的激励措施的认同情况，了解学校对教师的激励现状。三是教师需要现状，问卷仍然从报酬需要、权力需要、尊重需要、工作环境需要、个人发展需要五个方面进行判断，设计了 29 个题目，每个题目从"很重要、比较重要、一般、不太重要、很不重要"五个维度供教师进行选择评判。目的在于调查清楚教师的真实需要，为构建城乡接合部教师激励措施提供相应对策。

本研究发放问卷的对象是北京市 S 区 A 校的全体教师，共计 61 人，发放问卷 61 份，回收 61 份，有效问题 61 份。

访谈对象为 A 学校的部分教师。访谈类型分为正规型访谈和非正规型访谈。正规型访谈主要采用半开放型访谈。在访谈前研究者和被研究者双方事先预定好时间和地点，并且制订一个粗线条的访谈提纲。根据要获得的信息简单设计了一些问题，作为访谈的一种提示，根据这个访谈提纲进行提问。非正规型访谈主要采用开放型访谈。具体访谈前没有事先预定时间、地点，而是在与对方一起活动时，根据当时情况进行交谈。

四、 调查的基本结论及分析

基于报酬需要、权力需要、尊重需要、工作环境需要、个人发展需要这五个方面，我们对 A 学校全体教师进行了问卷调查。现将调查结果分析如下。

1. 报酬需要及其满意度对比分析

关于报酬需要及其满意度情况，采用了如下 6 个题目进行了解，教师对这 6 个题目选择的频数分析见表 2 - 1 - 1。

表 2 - 1 - 1 教师报酬需要满意度的频数分析（%）

序号	题　　目	完全属实	比较属实	属实	不太属实	完全不属实
1	个人报酬福利与同行相比偏低	16.4	24.6	31.1	16.4	11.5
2	所得报酬与贡献相差较大	37.7	14.7	19.7	14.7	13.1
3	没有提供必需的住房保障	31.2	8.2	4.9	0	55.7
4	享有与工作相称的薪酬	22.9	27.9	16.4	21.3	11.5
5	工作目的就是获取报酬	4.8	27.9	11.5	27.9	27.9
6	认为工作提供退休保障非常重要	73.7	14.8	4.9	6.6	0

表 2 - 1 - 1 的数据说明，在"个人报酬福利与同行相比偏低"选项，选择完全属实的占 16.4%，比较属实的占 24.6%，属实的占 31.1%，不太属实和完全不属实加起来占 27.9%。由此可见，教师中 72.1% 的人认同个人报酬福利与同行相比偏低。

在"所得报酬与贡献相差较大"选项，选择完全属实的占 37.7%，比较属实的占 14.7%，属实的占 19.7%，不太属实和完全不属实的占 27.9%。由此可见，教师中 72.1% 的人认同所得报酬与贡献相差较大。

在"没有提供必需的住房保障"选项中，选择不太属实和完全不属实的占 55.7%；选择完全属实、比较属实和属实的占 44.3%。由此可见，教师中大部分不认同没有提供必需的住房保障。

在"享有与工作相称的薪酬"选项，选择完全属实的占 22.9%，比较属实的占 27.9%，属实的占 16.4%，不太属实和完全不属实的占 32.8%。由此可见，教师中 67.2% 的人对享有与工作相称的薪酬表示认同。

在"工作目的就是获取报酬"选项，选择完全属实的占 4.8%，比较属实的占 27.9%，属实的占 11.5%，不太属实的占 27.9%，完全不属实的占 27.9%。由此可见，教师中 55.8% 的人对工作目的就是获取报酬表示不认同。

在"认为工作提供退休保障非常重要"的选项中，选择完全属实、比较属实和属实的占 93.4%，不太属实的占 6.6%，完全不属实无教师选择。由此可见，教师中大部分认为退休后应该有保障。

通过上述教师的报酬需要与教师对学校关于报酬方面的激励现状评价的对比分析可以得出：学校在满足教师报酬需要方面，仍有完善、改正之处，因此，制订相关激励措施有可为之处。

2. 权力需要与其满意度对比分析

关于教师权力需要及其满意度情况，采用了如下 7 个题目进行了解，教师对这 7 个题目选择的频数分析见表 2 – 1 – 2。

表 2 – 1 – 2　教师权力需要满意度的频数分析 （%）

序号	题　目	完全属实	比较属实	属实	不太属实	完全不属实
1	学校学习和培训机会少	6.6	24.6	27.9	23.0	17.9
2	学校没有或很少提供进修机会	4.8	23.0	23.0	27.9	21.3
3	教师参与学校管理的机会少	13.1	16.4	13.1	37.7	19.7
4	学校管理层很少听取教师意见	11.5	16.4	13.1	42.6	16.4
5	认为享有学习和培训机会很重要	37.7	44.3	18.0	0	0
6	认为享有晋升的机会很重要	44.3	37.7	18.0	0	0
7	认为享有学校决策参与权很重要	31.1	27.9	29.5	11.5	0

在"学校学习和培训机会少"选项，选择完全属实的占 6.6%，比较属实的占 24.6%，属实的占 27.9%，不太属实和完全不属实的占 40.9%。由此可见，教师中 59.1% 的人对学校学习和培训机会少表示认同。

在"学校没有或很少提供进修机会"选项，选择完全属实的占 4.8%，比较属实的占 23.0%，属实的占 23.0%，不太属实和完全不属实的占 49.2%。由此可见，教师中 50.8% 的人对学校没有或很少提供进修机会表示认同。

在"教师参与学校管理的机会少"选项，选择完全属实的占 13.1%，比较属实的占 16.4%，属实的占 13.1%，不太属实和完全不属实的占 57.4%。由此可见，教师中 42.6% 的人认为学校没有或很少提供进修机会。

在"学校管理层很少听取教师意见"选项，选择完全属实的占 11.5%，比较属实的占 16.4%，属实的占 13.1%，不太属实和完全不属实的占 59.0%。由此可见，教师中 41% 的人认为学校管理层很少听取教师意见。

在"认为享有学习和培训机会很重要"选项，选择完全属实的占37.7%，比较属实的占44.3%，属实的占18.0%，不太属实和完全不属实的无。由此可见，教师百分之百希望享有学习和培训机会。

在"认为享有晋升的机会很重要"选项，选择完全属实的占44.3%，比较属实的占37.7%，属实的占18.0%，不太属实的和完全不属实的无。由此可见，教师百分之百希望享有晋升的机会。

在"认为享有学校决策参与权很重要"选项，选择完全属实的占31.1%，比较属实的占27.9%，属实的占29.5%，不太属实的占11.5%。由此可见，教师绝大多数希望享有学校决策参与的机会。

通过上述教师的权力需要与教师对学校关于权力需要的激励现状评价的对比分析可以得出，在权力需要满足方面，学校目前的激励措施没有满足教师需要，学校应该完善教师在权力需要方面的激励措施。

3. 尊重需要及其满意度对比分析

关于尊重需要及其满意度的情况，采用了如下6个题目进行了解，教师对这6个题目选择的频数分析见表2-1-3。

表 2-1-3 教师尊重需要满意度的频数分析（%）

序号	题　目	完全属实	比较属实	属实	不太属实	完全不属实
1	不能从学校发展中获得精神满足	14.8	14.8	22.9	26.2	21.3
2	未能实施弹性工作制或自主教学	16.4	14.8	24.6	27.8	16.4
3	得到了学生的尊重与爱戴	27.9	29.5	24.6	18.0	0
4	享有领导尊重、关心、理解很重要	32.8	16.4	26.2	14.8	9.8
5	享有与同事和谐的人际关系很重要	36.1	29.5	29.5	4.9	0
6	得到家长对工作的支持很重要	27.9	27.9	22.9	16.4	4.9

在"不能从学校发展中获得精神满足"选项，选择完全属实的占14.8%，比较属实的占14.8%，属实的占22.9%，不太属实的占26.2%，完全不属实的占21.3%。由此可见，教师中52.5%的人对不能从学校发展中获得精神满足表示认同。

在"未能实施弹性工作制或自主教学"选项，选择完全属实的占16.4%，比较属实的占14.8%，属实的占24.6%，不太属实和完全不属实的占44.2%。由此可见，55.7%的教师对学校未能实施弹性工作制或自主教学表示认同。

在"得到了学生的尊重与爱戴"选项，选择完全属实的占27.9%，比较属实的占29.5%，属实的占24.6%，不太属实的占18.0%，完全不属实的无。由此可见，教师中82.0%的人对学校应该加强学生教育，创建尊重教师氛围，让教师得到学生应有的尊重和爱戴表达了希望。

在"享有领导尊重、关心、理解很重要"选项，选择完全属实的占32.8%，比较属实的占16.4%，属实的占26.2%，不太属实和完全不属实的无24.6%。由此可见，教师中75.4%的人希望享有领导的尊重、关心、理解。

在"享有与同事和谐的人际关系很重要"选项，选择完全属实的占36.1%，比较属实的占29.5%，属实的占29.5%，不太属实的占4.9%，完全不属实的无。由此可见，95.1%的教师希望享有与同事和谐的人际关系。

在"得到家长对工作的支持很重要"选项，选择完全属实的占27.9%，比较属实的占27.9%，属实的占22.9%，不太属实的占16.4%，完全不属实的占4.9%。由此可见，绝大多数教师希望得到家长对工作的支持。

通过上述教师的尊重需要及教师对学校关于尊重需要的激励现状评价的对比分析中可以得出，在尊重需要满足方面，教师表达出了十分强烈的渴求。学校目前尊重教师需要的激励措施没有满足教师需要，学校应该在学校管理尤其是领导对教师的尊重、教师与教师之间的和谐关系、教师与家长和学生之间的关系三方面进一步完善教师在被尊重需要方面的激励措施。

4. 工作环境需要及其满意度对比分析

关于工作环境需要及其满意度情况，采用了如下6个题目进行了解，教师对这6个题目选择的频数分析见表2-1-4。

表2-1-4　教师工作环境需要满意度的频数分析（%）

序号	题　目	完全属实	比较属实	属实	不太属实	完全不属实
1	学校缺少良好的文化氛围	11.5	14.8	9.8	34.4	29.5
2	学校工作条件不能满足于教学工作	3.3	14.8	16.4	47.5	18.0
3	学校生活条件很重要	50.9	31.1	18.0	0	0
4	学校有优秀校园文化	49.2	31.1	19.7	0	0

序号	题　目	完全属实	比较属实	属实	不太属实	完全不属实
5	享有更多的工作自主权限很重要	47.6	40.9	11.5	0	0
6	能按自己的方式安排工作很重要	45.9	44.3	9.8	0	0

在"学校缺少良好的文化氛围"选项，选择完全属实的占11.5%，比较属实的占14.8%，属实的占9.8%，不太属实和完全不属实的占63.9%。由此可见，教师中36.1%的人对学校缺少良好的文化氛围表示认同。

在"学校工作条件不能满足于教学工作"选项，选择完全属实的占3.3%，比较属实的占14.8%，属实的占16.4%，不太属实和不属实的占65.5%。由此可见，教师中34.4%的人希望学校改变现有工作条件来满足教学工作。

在"学校生活条件很重要"选项，选择完全属实的占50.9%，比较属实的占31.1%，属实的占18.0%，不太属实、完全不属实的无。由此可见，教师百分之百希望学校生活条件能够满足教学工作和生活需要。

在"学校有优秀校园文化"选项，选择完全属实的占49.2%，比较属实的占31.1%，属实的占19.7%，不太属实和完全不属实的无。由此可见，教师百分之百希望学校有优秀校园文化。

在"享有更多的工作自主权限很重要"选项，选择完全属实的占47.6%，比较属实的占40.9%，属实的占11.5%，不太属实和完全不属实的无。由此可见，教师中88.5%的人强烈希望享有更多的工作自主权限。

在"能按自己的方式安排工作很重要"选项，选择完全属实的占45.9%，比较属实的占44.3%，选择属实的占9.8%，选择不太属实和完全不属实的无。由此可见，教师中90.2%的人强烈希望能按自己的方式安排工作。

通过上述教师的工作环境需要及教师对学校关于工作环境需要的激励现状评价的对比分析可以得出，在工作环境需要满足方面，学校目前的激励措施没有满足教师需要，学校应该在显性环境和隐性环境两方面，尤其是在隐性环境方面进一步完善教师在工作环境需要方面的激励措施。

5. 个人发展需要及其满意度对比分析

关于个人发展需要及其满意度情况，采用了如下6个题目进行了解，教师对这6个题目选择的频数分析见表2-1-5。

表 2 - 1 - 5　教师个人发展需要满意度的频数分析（％）

序号	题　目	完全属实	比较属实	属实	不太属实	完全不属实
1	缺乏良好的晋升机会，晋升无望	14.8	13.1	19.7	27.9	24.5
2	学校内部分配与奖励不公	1.6	16.4	18.0	39.4	24.6
3	学校业绩评价不合理	0	18.0	19.8	37.7	24.5
4	认为能承担挑战性工作很重要	3.3	13.1	24.6	36.1	22.9
5	认为能力在工作中可以得到发展很重要	21.3	24.6	36.1	11.5	6.5
6	认为明确职业发展设计很重要	22.9	22.9	37.7	9.8	6.7

在"缺乏良好的晋升机会，晋升无望"选项，选择完全属实的占14.8％，比较属实的占13.1％，属实的占19.7％，不太属实和完全不属实的占52.4％。由此可见，47.6％的教师认为对学校缺乏良好的晋升机会，晋升无望。

在"学校内部分配与奖励不公"选项，选择完全属实的占1.6％，比较属实的占16.4％，属实的占18.0％，不太属实和完全不属实的占64.0％。由此可见，教师中39.1％的人认同学校内部分配与奖励不公。

在"学校业绩评价不合理"选项，选择完全属实的无，比较属实的占18.0％，属实的占19.8％，不太属实和完全不属实的占62.2％。由此可见，教师中37.8％的人认为学校业绩评价不合理。

在"认为能承担挑战性工作很重要"选项，选择完全属实的占3.3％，比较属实的占13.1％，属实的占24.6％，不太属实和完全不属实的占59.0％。由此可见，教师中41.0％的人希望能承担挑战性工作。

在"认为能力在工作中可以得到发展很重要"选项，选择完全属实的占21.3％，比较属实的占24.6％，属实的占36.1％，不太属实和完全不属实的占18.0％。由此可见，有82.0％的教师希望能力在工作中可以得到发展。

在"认为明确职业发展设计很重要"选项，选择完全属实的占22.9％，比较属实的占22.9％，属实的占37.7％，不太属实和完全不属实的占16.5％。由此可见，有83.5％的教师希望有明确职业发展设计。

通过上述教师的个人发展需要及教师对学校关于个人发展需要的激励现状评价的对比分析中可以得出，在个人发展需要满足方面，教师有着强烈的发展需求，学校管理者应该特别重视教师的个人发展。但是学校目前的激励措施没有满足教师个人发展需要，学校管理者应该在教师评价、任务分配、奖励制度、职业发展设计指导等方面进一步完善教师在个人发展需要方面的激励措施。

综合上面的问卷调查对比分析，我们认识到目前学校实施的激励措施效果并不理想，与教师的需要有较大差距。因此学校应在报酬需要、权力需要、尊重需要、工作环境需要、个人发展需要五方面改进激励措施，缩小与教师需要之间的距离，让学校的激励措施服务于学校发展、教师发展、学生成长，发挥出更大的激励作用。

五、 城乡接合部初中教师有效激励策略探索

为了合理满足教师对报酬、权力、尊重、工作环境、个人发展五个方面的需要，让学校的激励措施服务于学校发展、教师发展、学生成长，发挥出更大的激励作用，A 校在制订新的激励措施时采取了以下五项策略。

（一）整体激励与分层激励结合

教师的需要虽然呈现出一定的整体性特征，如具有较强烈的个人发展需要、被尊重的需要、权力需要等，但是不同学历、年龄、职称、岗位的教师在需要的具体内容上也呈现出显著差异性。因此，在构建城乡接合部学校教师激励机制时应注重整体激励，凸显分层激励，这样才能对不同情境下、不同个体特征教师进行有效的激励。整体激励是指对全体教师的激励和对教师集体的激励。分层激励有两层意思，按职称进行分层激励及按年龄进行分层激励。

1. 按职称进行分层激励

根据马斯洛的需要层次理论可知，当一种需要得到满足后，另一种更高层次的需要就会占据主导地位。教师在获得相应的职称后，就会产生对更高职称的需求。由此可见，想要达到良好的激励效果，首先必须对激励对象所处的需要层次有所了解，然后通过满足这一层次或更高层次的需要达到激励作用。

对于已经获得初级职称的教师，因其需要教学经验和教学能力，所以学校应制订满足他们希望能够有学习和培训的机会、不断更新知识和技能、尽快适应新职称职责的需要的奖励措施。

对于已经获得中级职称的教师，因其具备一定教学经验和教学能力，需要展现自我、获得尊重，所以学校应制订满足他们希望能够发挥自己的专长、取

得被人认可和尊重的工作成果、获得更好发展和地位的需要的奖励措施。

对于已经获得高级职称的教师，因其具备了丰富的经验和较高能力，达到了最高的职称，对需要看似无所谓，实则希望发挥更大价值，所以学校应制订激励他们撰写文章、总结经验、帮助年轻教师从而获得更高的发展和尊重的奖励措施。

从访谈调研情况来看，职称问题关系到经济待遇、地位认可、受尊重度等，因此成为绝大多数教师最为关注的事项，也是绝大多数教师努力的重要目的之一。因此，学校从 2010 年起，广泛征求教师意见，通过教代会拟定了晋升各级职称的详细规则，得到表决通过后已开始实施。

2. 按年龄进行分层激励

对于教师个体而言，处在不同年龄阶段，其需求是有差异的。

刚参加工作时的年轻教师最希望能处在一个互助合作的教师团队中，得到同事的帮助、领导的关心；熟练掌握教学技能后的中年教师就会希望承担更多的任务和职责，能够获得更大的成就，获得专业上的发展；老年教师可能受尊重的需要比较强烈。即便是同一位教师在一段时间或环境下，需要也会有所不同，如在经济比较困难时，可能更需要物质激励；在受到挫折时，更需要人性关怀等。

制订激励措施只有考虑教师在不同年龄阶段的不同需求才能够取得良好的效果。作为学校管理者，要注重整体激励，凸显分层激励，因人、因时、因事实施激励。

因此，学校领导班子专题会议进行了研究安排，将全校教职工分成 7 个组，每一名干部负责一个组的教师。在日常工作中，由这些干部负责追踪本组教师的发展以及遇到的瓶颈，提交专题会议研究之后，由负责的干部教师依据组里教师的年龄特点，结合其职称和业务水平，提出改进意见和鼓励目标。学校同时建立教师发展档案，将每一名教师的发展轨迹予以记录分析并存档。

（二）物质激励与精神激励结合

物质激励和精神激励既有区别，又相互联系。一方面，物质激励对精神激励有基础性作用，没有物质激励的充实和支持，精神激励会减效甚至失效，变成空中楼阁；另一方面，精神激励对物质激励也有主导作用，即对物质的需要进行调节控制，避免物质欲望的过度发展而带来的种种不良后果。研究中期通过运用行动研究法、经验总结法、个案研究法，认真开展课题研究发现，教师群体在物质需要和精神需要方面呈现一定的特性——教师还是以精神需要为主。

A 校所在地区，经济高速发展，人们因为拆迁获得丰厚的经济补偿，生活水平显著提高，教师在注重物质待遇提高的同时更加渴求精神待遇的提升。因此学校在制订激励措施时应注意及时引导教师的精神需要，提供覆盖面广、形式多样的个人发展机会，营造宽松自由的教研环境，构建和谐融洽的人际环境等，使激励措施注重物质激励，凸显精神激励，以达到较好的激励效果。下面的案例 1 就是一个很好的说明。

案例 1　"我从来没有这样开心过"

2011 年中考结果刚刚揭晓，英语组 49 岁的宋老师就一头闯进了我的办公室，于是有了以下的对话。

宋：校长，今年又丰收了，您得请客！

我：呵呵，当然。你们干得那么好，我请客算什么啊。

宋：我们英语组十多年没有得过区学科教学成绩优异奖了，今年拿到了，太高兴了，我从来没有这样开心过。我们英语组明天要庆祝一下，您得参加。

我：好的。回头学校还要给你们奖励呢。

宋：校长，奖励不重要了，教学成绩上去了，我们英语老师在全区同行里也能站直腰杆了。这比奖励更重要。同样还是我们这些老师，但是干劲比以前足了。我们组 9 个老师，7 个都是拆迁户，还有两个家里都在效益很好的单位上班，物质上的奖励对我们不是很重要，我们需要的是荣耀和尊严。

说实话，从去年开始，学校每逢升旗仪式，都要在主席台上给获得校级以上荣誉的老师和学生隆重颁奖，这让我们上台领奖的老师很自豪。原来那些工作不太积极的老师，现在也积极多了，不少老师课下还免费帮扶学生呢。咱们学校的英语魔棋比赛这两年总是能拿到北京市的冠军和特等奖，您想想是怎么来的？

我：哦。有人说，现在的人全看钱，事实证明这是错误的。认可和尊严才是最主要的。谢谢你们的辛勤工作和付出。

（三）外部激励和自我激励结合

外部激励是指学校管理者通过多种手段对教师进行的激励，效果明显但时间短暂。自我激励是教师本人在自我意识、情感、意志调节下的一种能动的心理状态，效果比较持久，并具备较大内驱力，能促使教师对自己的行为保持经常性的实事求是的反思与评价。①

单纯地通过外部激励或自我激励，并不能达成良好的激励效果。学校管理者只有将外部激励与教师的自我激励结合起来，才能既在短期内实现激励的目标，又激发教师对工作产生发自内心的认同感，促使教师不断反思自我以保持与工作目标的一致，并产生巨大而持久的内驱力。下面是外部激励与教师的自我激励相结合产生效果的一个案例。

案例 2　"多累我都愿意坚持"

魏老师是一名化学教师，2010 年之前，因为某种原因被调离了化学教学岗位。学校经过深入调研之后，发现这名教师有着很强烈的上进心，也有很执着的个人发展欲望，于是，2011 年大胆起用她重新担任化学教师。面对失而复得的岗位，魏老师十分珍惜，把全部的精力都放在了化学教学上。同时，校长发挥自己的职责，经常去听她的课，和她一起探讨课堂教学问题，不断鼓励她。刚开始的一个月，她压力巨大，满嘴起泡，声音都嘶哑了。校长又找她谈心，减轻她的压力。在以她为骨干的化学组的共同努力下，学校化学学科一跃成为全区优势学科，连续夺得全区学科成绩优异奖。

魏老师在担任化学学科教师的同时，2011 年主动请缨，担任了全校心理辅导教师。经过自己的刻苦学习，她于 2012 年顺利通过了全国心理咨询师二级考试，成为该区少有的几个拥有专业心理咨询资格的心理教师。

在学校里，魏老师的教学任务是繁重的，但她从来就没有推脱过学校安排的其他工作，也从来没有过怨言。有人劝她不要这样卖力，她说："是学校给了我发展机会，我就要努力工作，不让学校失望。我个人累点没什么，只要能把工作干好，多累我都愿意坚持。"

（四）个人目标激励和学校目标激励结合

针对城乡接合部初级中学制订激励措施要考虑将教师自身发展与学校发展有机统一起来，激发教师内驱力，以实现教师和学校的可持续发展。

麦格雷戈说："管理部门极为重要的任务是，使得人们能够通过使自己的

---

①　周彬，吴志宏，谢旭红. 教师需要与教师激励的现状及相关研究 ［J］. 教育理论与实践，2000（9）：31 - 37.

努力符合组织的目标而最好地实现自己的目标。"① 由此可见，教师激励不仅要解决教师短期的工作动力问题，而且要解决长期的发展后劲问题，以实现学校和教师个人的可持续发展。

激励措施如何做到注重个人目标激励，凸显学校目标激励呢？其实很简单，学校在制订激励措施时组织广大教师参与制订，充分吸纳各方的建议。教师参与激励措施的制订，与学校领导一起讨论，这样既能发挥每一个教师的智慧与特长，又能为每一个教师直接参与学校管理创造机会。激励措施由教师制订，代表的是广大教师的利益，教师必将更加认真地执行，每一位教师都将以主人翁的姿态出现在学校管理和各项工作中，其工作的积极性就不言而喻了。

（五）激励效率与激励公平结合

教师的积极性不仅受收入的影响，而且受公平的影响。

中国有句古话"不患寡而患不均"，在制订激励措施时一定要考虑充分每一个因素、每一位教师；在执行激励措施时一定要有一个公平的态度———一视同仁。② 因为教师一旦感觉到了不公平，就会影响其工作情绪和工作效率，就会采取各种行动来纠正这种情况以使自己产生公平感。因此，对取得同等成绩的教师，一定要给予同等层次的奖励；对犯同等错误的教师，也应给予同等层次的处罚。管理者在处理教师激励问题时，一定要有一种公平的心态，不应有任何的偏见和喜好，只有这样才能达成良好的激励效果，案例3就是一个证明。

案例3 "公平让我们有了动力"

A学校的数学组是一个由教学水平相当高的老师组成的教研组，但是全校学生的数学学业水平却处于全区中等水平，主要原因是教研组的老师积极性不高，尤其是组长王老师虽然业务能力很强，做事又认真，但是潜力没有发挥出来。2010年之前，由于学校职评、评优和评先，主要依靠评议做出决定，随意性较强，人为因素干扰较大，因此对她的工作积极性影响很大。

① 施文龙，吴志宏. 中学教师的需要现状和中学管理的激励策略研究［J］. 教育理论与实践，2001（2）：17－21.

② 康宁. 优化教师激励机制与约束机制的制度分析［J］. 教育研究，2001（9）：23－26，38.

从 2010 年起，学校将对教师评价的重点放在了教师的师德和成绩上，并且标准公开，实行标准面前人人平等。每逢职评、评优和评先，参评人员必须要在规定范围内述职，晒晒自己的师德和成绩。这种评价机制，彻底改变了以往的"皇帝轮流做"的评选办法，更是杜绝了人情评议的现象。

这种公平、透明的评价机制获得了教师们的赞扬，调动了教师们的积极性。数学组组长王老师积极带领组内老师进行教学改革，充分发挥每个老师的个人优势，该组老师精神面貌焕然一新，形成了团队优势。自 2010 年起，该校学生中考数学学业成绩连续三年闯入全区前十名，连续夺得学科成绩优异奖，成为该校的一个强势科目，受到区教研员的交口称赞。

该区教研员张主任讲道："A 校数学组，已经在 S 区处于领先地位，数学学科可以成为该校的王牌学科了。"

经过了该校数学学科三年的连续跨越发展，数学组王老师深有感触："学校数学学科近三年的发展，得益于学校公开、公正、透明的教师评价。在这个前提下，我们知道只需要去干好自己的本职工作就可以了。我们不怕辛苦，就怕得不到公正的评价。可以说，是公平给让我们有了动力。"

在上述策略指导下制订出的激励措施，赢得了教师的认可，发挥了更大的激励作用。自 2010 年起，A 校不断实施切合城乡接合部初中教师特点的激励措施，大幅提高了学校办学水平，师生竞赛获奖人次逐年攀升，获奖级别逐年提高，各类优秀学生逐步涌现。特别是教学质量方面，从 2010 年至 2012 年，该校连续三年夺得该区中考成绩优秀集体奖，每年均有 80% 以上的中考学科获得中考学科成绩优异奖。尤其是 2012 年，该校将该区中考优秀集体奖、会考优秀集体奖和中考目标管理奖全部收入囊中，标志着该校教学质量已经发生了质的飞跃，成为一所教学质量优良的初中学校。

基于教师整体生命成长的专业发展路径探索
——以北京市贡院小学为例

左春云

一、 研究缘由及其目的

贡院小学是一所百年老校，兴建于 1903 年，在百年的发展进程中逐渐形成了自身特有的文化基因。近 10 年由于城市建设重点的转移，贡院小学生源逐年减少，经历了靳家小学、北关小学的合并，教师队伍整体老化，自我发展意识淡薄，专业素养较低，学校发展相对滞后。2010 年，随着通州国际新城总体建设规划的实施，贡院小学又迎来了新的历史发展机遇。区委、区政府高度重视贡院小学百年积淀下的厚重历史文化，决心在通州核心区建设一所具有深厚文化底蕴的高标准的现代化贡院小学。

区委、区政府对文化的高度重视，使贡院小学面临着一次转型性变革。这是学校面临的重大发展机遇，但同时也让学校面临着巨大的挑战。人是学校变革、持续性发展的决定性力量。在转型性变革时期，学校教师能否完成自我超越、实现转轨，直接决定着学校未来发展目标的实现与否。

为此，笔者尝试提出在人学视域下，以重建教师生命内涵为出发点，从而追寻教师专业化发展的原动力，最终实现教师整体生命成长的研究问题。本研究旨在解决的一个关键性问题是，如何从生命的角度推动教师专业化可持续成长，最终实现教师整体生命的成长。主要从以下两个方面进行探究：一是从生命的角度探究如何通过外在机制解决该校当下教师自我意识缺失、专业素养低下的问题；二是探究如何唤醒教师内在自我可持续发展的原动力。

二、 研究综述

1. 国外关于教师生命的研究

关于教师生命专业化的发展，西方理论界的研究由来已久，起步早于我国，从历史的角度看，国际上关于教师专业发展的研究是一种不断"赋权"于教师的研究。

从 20 世纪 60 年代起到 80 年代，主要成果是关于教师专业地位的讨论和确立。联合国教科文组织和世界劳工组织在文献《关于教师地位的建议》中定位教师是一份职业。这一时期的研究主要通过外部刺激推动教师专业知识和专业技能的增长，认为教师这个行业是工业操作模式下的教师职业"训练所"，过分强调对教师在课堂中的表现进行测量和评估，通过量化指标进行评估。这一阶段的研究主要关注的是教师群体的地位、发展阶段和发展途径。所以该时期的研究主要是在"操作"和"训练"的主道上行驶。

从 20 世纪 80 年代开始，各国对于教师质量重要性的认识进入一个新时期，1985 年美国著名的教育基金会"霍尔姆斯小组"连续发表《明日的教师》《明日的学校》《明日的教育学院》三份研究报告，强调教师教育不是一个简单的、一次性受时间约束的训练活动，而是一个持续发展的终身教育过程。这意味着此时的研究方向朝着"内引式"转移。

2. 国内关于教师生命的研究

20 世纪中叶以来，关注人生命的存在状态、关注自我价值已经成为时代的主旋律和时代的最强音。随着教育研究的发展，学生生命和教师生命的发展，越来越引起专家的重视，"关注生命"成为教育研究领域的流行语。这折射出我国教育研究领域向生命研究方向的转变，同时也反映出学生生命和教师生命在此之前没有引起教育界的足够重视。对教师生命发展进行研究开始于叶澜教授，她在《让课堂焕发生命活力——论中小学教学改革的深化》一文中提出，教学授课是教师生命发展中最重要的历程、最有价值的组成部分，应该让教师在课堂中尽情绽放生命的魅力。[①] 这是长期以来社会伦理学视野下教师作为职业人观念的重大突破，引发了人们开始对教师个体生命价值、教师生命本质需要和高级需求的关注和思考。

《让教师诗意地栖居在教育中》一文指出了当下关于教师生存境况的研究主要集中在心理调查分析、实证调查以及专业领域的发展这三大方面，提出了关注教师生命本体的价值和现实意义。[②]《教师专业化的现代性困境》一文指出了教师专业化过程中的生命异化现象。教师专业化实际上是现代性意义上的

---

① 叶澜. 让课堂焕发生命活力：论中小学教学改革的深化 [J]. 教育研究，1997 (9)：3 – 8.

② 张培. 让教师诗意地栖居在教育中 [J]. 教育理论与实践，2006 (13)：34 – 38.

技术型专业化，无论是技能熟练模式还是反思性实践模式，走的都是以教学技能的完善来实现教师专业化的道路。这不仅难以使教师职业发展成为专业，反而会使教师职业和教育活动异化。①

《论教师主体生命意义的消解的重构》一文认为教师生命的意义体现在职业生涯中，教师首先是一个活生生的"人"，然而实际教学中对教师本身需要、自我价值实现和教师工作的创造性很忽视，学历追求的功利性使教师主体选择消解，而重构教师生命意义，需要从社会环境、制度文化、教师自身职业活动等方面入手。②

从以上的国内外研究中不难看出，国内外关于教师专业化发展的研究主要集中在教师专业发展的变化过程和促进方式的研究上，其中关于教师专业发展的过程居多，包括生命周期理论、认知发展理论、社会化理论和"关注"理论等。教师生命研究经历了从对教师专业化模式反思、对教师生命本体意义的认识，到教师个体生命价值与其职业生活、专业发展的内在关系研究的转变，但如何促进教师整体生命成长的实践研究不多，这就为本研究提供了更多的空间。

三、 促进教师整体生命成长的认识论基础

（一）教师整体生命成长及其专业化发展的内涵

1. 生命的内涵

生命可以说是世界上最为神圣的，也是最为复杂的。人的生命具备有限性、向生性、自主性、创造性和共生性的基本特征。作为高级动物，人的生命区别于其他生物的生命是因为其具有自主性，创造性是人类生命的本质属性。人类的意识具有主观能动性，人的生命又具有内在主体性价值，毋庸置疑，人具有创造性和创生性。这种创造性使人不仅仅能改变自己，还能进行再创造，完善自我，建构新的自我。③

在本课题中，生命具有三种形态：自然生命、精神生命和社会生命。

2. 教师整体生命成长的内涵

按照狄尔泰的观点，教师所从事的是精神科学的事业。从生命的视角促进

① 朱新卓. 教师专业化的现代性困境 [J]. 高等教育研究，2005（1）：47 - 52.

② 覃兵. 论教师主体生命意义的消解与重构 [J]. 教师教育研究，2005（3）：39 - 43.

③ 钟启泉，李雁冰. 课程设计基础 [M]. 济南：山东教育出版社，2003：165.

教师专业化的可持续发展，不仅将教师看作独立而抽象的个体，更是将教师这个职业看作是实践生命的一部分。

本研究中对教师"整体生命"是这样界定的：整体生命主要是指教师自然生命、精神生命和社会生命三者和谐发展，具体体现在教师的专业素质、业务能力、情感、人格建构方面。笔者探究促进教师生命整体成长的策略起点是站在教师生命发展的高度，终极目标依然是推动教师整体生命的成长。

叶澜教授认为生命的内涵指的是尊严和快乐。她运用马克思的话进行论证：能给人以尊严的只有这样的职业——在从事职业的时候，我们不是做奴隶的工具，而是在自己的领域内独立地进行着创造。

3. 立足教师整体生命成长的专业化发展内涵

教育部部长袁贵仁认为，教师专业化要求教师具备学科的专业性，同时还必须具备教育的专业性。教师专业化的发展是可持续发展的历程，同时也是不断深化的过程。王长纯认为，教师发展最重要的环节就是教师的专业发展。教师专业化发展是一个持续的过程，是教师理想、师德、情感和使命感在实践中不断进行历练、不断走向成熟的过程。① 由此看来，教师专业化是教师全面提高自己专业素养和专业技能，将自己转变成一个专业研究者的过程。教师专业化在广义上指的是教师专业素养，本研究中的专业素养主要包括专业理论知识、专业技术能力以及职业基本道德规范。

本研究是立足教师内在整体生命成长所追求的教师专业化发展，教师的专业化发展具有生命品性，专业发展意味着生命整体发展的双赢。专业化发展既包括教师专业教育领域内的教育理论、业务能力、研究能力获得进一步的提升，也包括教师生活的发展、生命的体验，在此过程中教师的情感获得了健康的发展，同时树立了自我发展的专业信念，在研究中感受到了生命的成就感。

（二）促进教师整体生命成长的理论基础

1. 人性理论

任何专业管理的精髓都是尊重人格，尊重人性。人具有自我实现这一理论建立在马斯洛的需要层次学说的基础上，他认为，人的需要具有层次性，自我实现是人类最高级的需要，工作追求可以使人变得成熟，人可以进行自我激励和自我控制，职工有可能将个人目标和组织目标相统一。管理者的主要职能是

---

① 王长纯. 教师专业化发展：对教师的重新发现 [J]. 教育研究，2001（11）：45–48.

为发挥职工的才智创造适宜的条件，然后让职工实行自我控制和发展。这种假设将人的高层次需要的满足作为主要的激励手段，有利于激发职工的主动精神，鼓励职工的参与和自我管理，也体现了尊重职工主体地位的倾向。面临当下的转型，我们必须挖掘教师自我发展的原动力，让他们珍视自身的独立性。

2. 关怀理论

关怀理论是美国斯坦福大学的内尔·诺丁斯在海德格尔人本主义思想的基础上提出的，他认为这是人类区别于动物的一个重要标志。关怀理论为构建新型学校人际关系奠定了坚实的基础。关怀，本质上是一种关系，最简单的解释就是两个个体之间的交往和联系，当你真正想去关心一个人的时候，你就会愿意去聆听他内心深处的所思，去观察他、了解他，进而去接受他的观念和为人处事的方式。关怀是个体性的言行，不是群体化行为，如果用程序化的方式去关心别人，也许会适得其反。在解决关心问题时，必须注意个性和差异性。

诺丁斯的关怀理论让我们看到要关心教师的社会生境和职业生境、社会生存方式和职业生存方式，不是孤立地强调教师的专业化成长，要促进教师在精神世界和幸福指数上不断得到提高，消除教师的职业倦怠感，学校要努力为教师创建自由、宽松、和睦的环境，让教师在专业化发展的同时体验生命的快乐。

四、 基于教师整体生命成长的专业发展路径探索

（一）人性化管理——整体生命成长的前提和保障

关注个体生命的完整建构和发展关键在于对教师实行人性化管理，各类教育管理制度、措施的针对性都必须以人为本，在关注教师专业素养提高的同时，更要重视教师作为人所具有的生命属性。为此，学校采取以下措施实行人性化管理。

1. 管理重心下移，扩大教师自主权

在管理中我们不仅要讲究科学严格的管理，更要讲究充满情感的人性化管理，坚决摈弃管理就是监督、控制、束缚和命令的传统意识，努力做到管理重心下移，扩大教师自主权。不断深化民主管理，充分发挥教师代表大会的作用，尊重教师主人翁的地位，让教师有话语权。在教学中不断扩大教师专业自主权，教师在教学中有做出重要决策的权力：在教学人员的聘任、教学活动的组织安排、学生的作业以及物资的分配使用等方面具有决策权。宽松的环境能

充分发挥教师本身的专业潜能和创新能力，唤起他们内在发展的兴趣。

2. 完善激励体制，促进教师自主发展

激励机制是推动教师整体生命成长的重要外在驱动力，是人性化管理的重要手段。美国心理学家威廉·詹姆斯研究发现一条管理原则：绩效 = 能力 + 激励。这条法则表明绩效是能力和奖励的函数变化。为此，学校提出了"主动适应，自主发展"的口号，工作中一方面利用各种机会做好宣传动员工作，一方面采取多种激励手段，激发教师主动参与。如：我们通过表扬，实行情感激励；通过认定骨干、评选先进，实施荣誉激励；通过制订《贡院小学教育教学奖励办法》等制度，实施制度激励。这些激励措施比较有效地调动了教师积极性，让教师有一种"我要学，我要改，我要做"的强烈参与意识，求创新，求进取。

3. 帮助教师体验成功，提升教师内在尊严

在不断完善奖励机制的前提下，学校充分帮助教师认识自我、发展自我。我们提出了"学校搭台，教师唱戏；学校出钱，教师出名"的指导思想，实施名师塑造工程，帮助教师成名，使教师在工作中能够充分享受到教育的快乐和生命的愉悦。如：我们积极创造条件，为教师提供施展才能的舞台，开展多种竞赛比武活动，让教师各显其能；坚持"因材择岗，以优促短"的原则，鼓励教师结合自身的优势，寻找自己的最近发展区，制订符合自己的切实可行的方案，学校为教师设计了成长记录袋。在承认差异的基础上，学校帮助教师寻找适合自己的工作岗位，做到人尽其才，才尽其用，促进教师的可持续发展。

（二）改变教师心智模式——探寻教师自我发展的内驱力

心智模式是人们在长期的生活、工作中形成的相对固定的一种思维模式，是人们思维习惯、思维风格和心理素质的综合反映。任何一个个体都具备自己独特的心智模式，在看待问题时，会自觉不自觉地用自己喜欢的模式去思考问题，并用习惯的方式去解决问题。在生活中，我们要通过各种途径改变教师那些消极的心智模式。

1. 畅"贡院梦"——树立共同愿景

百年贡院，百年文化，百年追梦。翻开百年贡院的历史，所有贡院人无一不对古老的贡院感到骄傲。曾经为国家不断输入贤才的贡院，今天面临着新时代的挑战，我们作为当代贡院人要敢于放飞梦想，让贡院再次在历史的长河中

起航，踏上新时代追梦的航道。为此，我们在教师中以"我的贡院梦"为主题开展论坛活动，真正让每位教师内心深处树立"贡院荣我荣　贡院耻我耻"的意识，让教师在自觉中将学校作为自己的精神家园，形成对学校价值观的认同感和归属感，形成"因为和谐而幸福，因为幸福而热爱，因为热爱而更加投入"的良性心智模式。

2. 创书香校园——文化润泽教师生命

教师职业幸福的流失，很大程度上源于教师长期对自己职业优势的漠视乃至放弃。商人的优势是金钱，政客的优势是权力，而教师的优势是精神，即正直的道德标杆与深厚的文化底蕴。一个教师一旦以追逐金钱或窃取权力作为自己职业的第一诉求，其精神的荒芜便为期不远了，其痛苦郁闷的潜滋暗长便也理所当然了。

一个教师如果不好好读书，只教一辈子书必然是无比痛苦的。因为他既要周期性地克服无限重复自我带来的枯燥乏味，又要以一生的时光苦苦对抗着无比强大的世俗社会的裹挟侵蚀。读书则能加固教师的精神小屋，重建失落的职业幸福。读一辈子书并与学生分享才是幸福的。因此，我们抓住校园重建的有利契机，制订《书香贡院行动计划》，通过开展丰富多彩的读书活动，建立教师学习组织，完善读书奖励机制等，创设浓郁的阅读氛围，让阅读成为教师的生活方式，用书引领教师，用文化润泽教师的生命。

3. 建多彩社团——丰富教师的生活

教师的工作很辛苦，同时也面临着巨大的压力，为此，我们充分考虑教师的兴趣爱好，给教师提供充分释放压力的空间和时间。我们成立了教师乒乓球俱乐部、教师书友社、教师书法社、教师乐队、教师舞蹈队等多个社团，积极鼓励学校教师至少参加一个社团，通过参与社团活动让教师在这个团队中充分释放自己青春的活力和魅力，真正感受到生活的愉悦，促进教师乐观、快乐心智模式的形成，激发自我发展的内在动力。

4. 讲心理知识——引导教师感悟幸福

学校利用教师的业余时间，定期请著名的心理学专家对全校教师进行心理健康教育或开展课题研究。同时利用继续教育的形式让教师接受专门的心理健康教育，定时进行专栏宣传，帮助教师了解心理科学知识，掌握一定的心理调节技术，还要对其进行心理上的调适和训练。组织教师进行互动体验式培训，让教师阅读《人生三件事》，向教师推荐"国学应用与人生智慧"讲座，让教师在日常的工作生活中"对他人的事情、自己的事情、上天的事情"有正确的态度，并请教师主讲"幸福密码红花"，让教师亲身去体验幸福的快乐。

（三）专业引领——教师整体生命成长的外驱力

教师生命能否实现真正的成长，专业化发展占据举足轻重的作用。为此，我们大力开展校本教研，强化校本教研核心要素，引领教师专业成长。

1. 注重实践反思——自我提高

著名教育家叶澜说，一个教师写一辈子教案不一定成为名师，如果一个教师写三年反思可能会成为名师。反思是教师成长和自我发展的基础，教师通过反思，自觉地探索教育教学过程，在学中教、教中思、思中改，这是教师自我提高的最佳途径。为此，在教研活动中我们重点加强教师反思能力的培养。具体做法如下。

一是强化教师的反思意识。要求教师在努力加强理论学习的同时，还要加强行为学习，从教学实践中发现问题、研究问题，每学期至少写 15 篇反思。学校还通过录"家常课"，让教师自己观摩自己的课堂教学，促其反思意识的形成。

二是指导教师学会反思。在强化意识的同时，我们更注重指导教师学会反思。多次组织"如何进行有效反思"的辅导，使教师明白为什么反思、反思什么、怎样反思。各教研组以课例为载体，以行为跟进为主要方式，通过"确定研究内容—集中听课—课后反思—对比听课—再次反思"的形式开展活动，使教师边反思、边实践、边进步。

三是采取保障措施。为保障反思的质量，我们采取了一系列的保障措施，如每月一查、榜样示范、定期交流、评价激励等，确保了反思活动的实效。

几年来，老师们写下数万字的教学反思，他们以"教后记"、"教育随笔"、"教育日记"、"课堂偶得"等为形式，直面课堂，透视自己的教学行为，真实地记录了自己的观察、感受和思考。这些反思长的达千言，短的只数语，有经验之得的总结，有败笔之处的思考，有问题原委的分析，有补救措施的制订，还有课堂上机智亮点的捕捉。我们把这些优秀反思汇集成优秀集锦，在广大教师中宣传学习。

2. 倡导同伴互助——横向拓展

教师成长不仅需要教师个人的学习与反思，更需要教师之间的专业切磋、协调合作、经验共享。鉴于此，我们以"对话、协作、帮助"为主要方法，改变了以往教师各自为战、孤立无助的状况，让广大教师在同伴互动中得以成长。

一是开辟交流空间，营造宽松的对话环境。在抓好每周一次正式教研活动的基础上，充分发挥非正式教研活动作用。采用随机随时式、聊天式、网上教研式等多种多样的教研活动的辅助形式，拓宽教研活动的时间和空间，保证教师的参与面，努力为老师们营造宽松自由的研究氛围，让老师能够真实地交流、自由地碰撞。在交流碰撞中发现更深刻、更精彩的见解，从而形成更加正确的共识。

二是加强协作，在互补共生中成长。在校本教研中，我们将教研的立足点放在解决课改实验中所遇到的实际问题上，将着眼点放在新课程理念与教育教学实践的结合上。坚持教学行为相互观摩与教学问题相互研讨相结合，坚持教学行为反思与同伴互助引导相结合，通过开展合作备课、反思型说课、参与式评课、精彩教学案例分析等项目的专题活动，加强教师间的协作，使教师在互补共生中成长。

三是开展"一帮一"助教活动。坚持以老带新、以强带弱的原则，让具有丰富教学经验和教学成绩的教师指导教学能力需提高的教师，形成"一帮一"的助教形式，使他们尽快提高教育教学能力。

如今，教师同伴之间的互动交流已是学校一道亮丽的风景线，尤其是刚参加工作没多久的青年教师，通过同伴交流，在教研组这块肥沃的土地上茁壮成长。学校已有9名青年教师成长为区骨干教师。在此基础上，我们进一步拓宽同伴互助的领域，与研修中心实验学校建立"手拉手学校"，以此进一步横向拓展教师之间的交流与互助。

3. 寻求专业引领——纵向延伸

教师成长有专家的参与指导才能向纵深发展。因此，我们采取"走出去，请进来"的办法寻求专家引领。一方面积极创造条件派教师参加各类培训、课堂教学观摩；另一方面把专家请进校园，亲自指导课改工作。我们还把特级教师张钧簸、吴正宪、武琼等专家请到学校带徒弟、开讲座。专家们系统的理论、前瞻的观点、丰富的经验对教师们转变观念，改变教学行为起到了重要作用，使教师受益匪浅。

此外，学校还坚持科研带动的思想，在问题中寻找课题。校长亲自带领大家搞研究，围绕中心课题，人人参与，各学科每位教师都有相关的子课题，课题组一月一例会，定期组织交流、诊断、剖析并解决实验中遇到的问题，共享研究的经验。通过课题研究的引领，使校本教研活动更加有针对性和实效性，促进了教师的专业化发展。在课题研究中，教师的理论素养，业务能力都得到了很大提高。

（四）发展性评价——教师生命可持续发展的支撑力

评价不是目的，发展才是最终的目标。要使教学评价成为高效内涵发展的助推剂，就必须确立发展性教学评价理念，构建以教师专业发展和教学艺术水平提高为导向的教学评价体系。在教师评价体系建构中，学校遵循五个原则：以人为本，坚持实施发展性评价；全面发展，坚持教师评价的系统性；自我发展，坚持教师评价的主体性；合作发展，坚持教师评价的互动性；可持续发展，坚持教师评价的激励性。用发展的眼光发现教师教学中出现的问题，促进教师不断反思、改进、提升和完善自身的素质，促进教师树立自我发展意识，激励教师自我内在发展动机。

1. 教学反思评价

教师反思评价是发展性评价的起点和重要手段之一。学校的发展性评价尤其注重教师的反思能力，如听课记录重评析；参加学习培训重体会、交流；备课重教学反思；每学期的随笔内容包括"教学一得、理性思考、真情流露、灯下拾豆"四大板块。通过反思评价，教师们充分发挥自己在评价中的主体作用，逐渐能以研究者的眼光审视、反思、分析和解决自己在教学实践中遇到的问题。

2. 访谈评价

访谈评价是我们人性化管理指导思想下的一个重要评价方式，学校制订的访谈提纲如下。

这一年的工作中，你的主要任务和职责是什么？这一年的工作中，在教学和班主任工作等方面，你对自己最满意的方面是什么？如何才能使这些方面的工作做得更好？你对这一年的工作，最不满意的地方是什么？今后打算怎样改善这方面的工作？是什么原因导致这方面工作做得比较失败？为了改善当下这方面工作的缺陷，你需要学校为你提供哪些帮助？你还有哪些长处没有得到学校领导的认可？在新的学期你的发展规划是什么？你愿意获得专业发展的机会吗？你对学校的发展或者自我的发展还想说些什么？

在这份和领导平等的对话访谈中，增强了教师的参与意识，使教师看到领导对教师自我的尊重和理解，心情得到最大程度的释放和放松，情感得到正常的宣泄，压力得到缓解，最终激发教师内在可持续发展的原动力。

3. 教师成长评价

教师成长评价是以鼓励教师主体主动参与、积极主动反思的全新评价方法。结合学校目前的状况和教师发展性改革评价的方案，学校为每位教师建立了成长记录档案袋，收集教师专业学习的成就和进步的材料，真实地反映教师专业成长的历程，主要包括教育格言、个人基本信息（个人资料、个性特长等）、个人记录（教学计划、随笔、优秀教案、论文、获奖证书）等方面的内容。

成长记录档案袋是为了更加公正、公平的评价，但是无论多么客观的评价，总免不了情感的介入，记录的东西或多或少有些偏差，例如，教师记录自己的课堂实录时，可能过多地侧重自己对本堂课所期望达到的效果，对于本堂课产生的实际效果，自己可能无法全部感受到。所以，教师的记录只是成长档案袋中评价教师的一个侧面，不是整个客观事实的呈现，这个任务需要第三者来完成，即学生和校领导的效果评价，在综合各方记录下，对教学行为能力的记录，收集到了较为客观、真实的评价信息。这些是学校配合教师成长记录档案袋而设置的，为教师自评和他评提供了更为科学的依据。

4. 课堂教学评价

在发展性教师评价中，课堂听课也是一种常用的教师评价方法。我们制订了随堂听课制度，由学校领导、教研组长、同年级教师、同学科教师对课堂教学进行评价。课堂教学评价的一般步骤是：课堂教学的文字记录，听课者与执教者的对话，执教者的自我反思。课堂教学评价的重点是：教师教学设计的创造性与思考的深度、广度，学生学习的兴趣、感情投入、参与度，学生思考的深度。值得特别强调的是，由于教学活动的复杂性，尊重被评价者的发展现状和自觉状况是保证评价发展功能的基本条件。

5. 可持续发展评价

发展性评价的终极目标是实现学校和教师的和谐统一发展。学校在推动教师专业发展的过程中，重点是将教师个人发展需要与学校管理和发展的需要紧密结合起来，以激发教师个体的内驱力和积极性，培育教师的凝聚力和合作精神，促进教师的全面协调可持续发展。

为了挖掘教师内在发展的本源，学校从 2010 年启动了名师工程，这一工程包括市级骨干教师、区级骨干教师、校级教学能手、校级学科带头人等，呈现出金字塔的形式。为此，学校制订详细的评定标准，标准是以一学年的教师成绩来记录的。所有教师站在同一起跑线上，如果一次没通过，下一学年仍可努力，继续参评。同样，并不是评上"星级"或者"骨干"就可一劳永逸，两年的跟踪评定如果不能通过的话，就只能再回到原点，重新起步。动态的评定有利于激发教师继续创新、不断发展的动力。

对教师专业发展的研究或政策的制订，更多的是从促进学生发展和社会进步所需要的角度出发，教师自身的生命容易受到忽视。从生命视角研究教师专业成长问题，从"人"的角度关注教师专业成长的生命意蕴，追寻内源性的增长，通过学校人性化管理变革的外在刺激来唤起教师内隐的持续发展的本源，提高教师生命的幸福指数，最终实现教师整体生命的成长和教师专业的可持续发展。这是时代赋予研究者和管理者的共同使命。

农村中学青年教师课堂教学跟踪的实践研究

张晓光

一、 研究背景

大力推进素质教育，促进义务教育均衡发展，深化新课程改革，提高学生的全面素质，办人民满意的教育，是时代的要求、中华民族发展振兴的要求，也是人民的现实要求。实现这一要求的前提就是我们的教育，必须要以"批判继承、广采博收"的精神努力开创适于当今和未来国家发展培养人才需要的课堂教学，因为课堂教学中的"课堂"是人们有计划地开展教育活动的时空集合体。

我国教育工作者在借鉴国外有效课堂模式和总结自己教学经验的基础上，对课堂教学模式的探索和研究付出了艰辛的努力，吸取国外教学模式之长又兼具我国特色的课堂教学模式，可谓雨后春笋。其中影响较大的有效教学模式有"指导—自学"教学模式、"引导—发现"教学模式、"目标—导控"教学模式、"情境—陶冶"教学模式等。有效教学朝着建构多元化、情境化、个性化教学模式的方向发展，人们更加关注教学实践的丰富性和教学模式的灵活应用。目前国内影响力比较大的、能体现学生的主体地位的高效课堂教学有杜郎口中学的"336"模式，昌乐二中的"271"模式，洋思中学的"先学后教、当堂训练"高效课堂，东庐中学"讲学稿"教学合一的课堂教学，文汇中学的"自然分材"课堂模式，兖州一中的"循环大课堂"，江苏灌南新知学校的"自学交流"学习模式等。

但总体上看，新课程的理念更多停留在教师的口头上，并没有落实到日常课堂教学中。课堂教学中仍然普遍存在着一些突出的共性问题，影响着课堂教学效益的提高。如：平铺直叙多，创设情境少；教师讲得多，学生活动少；随意提问多，激发思维少；低效互动多，当堂落实少；重复作业多，分层布置少；课堂讲授多，课下延伸少；粗放讲授多，课型研究少；继承传承多，自主创新少。为了更好地实施新课程改革，改变当前新课程实施的肤浅状态，促进新课程的实施由"边缘"到"核心"，我们必须加强对课堂的研究和探索，努力改变现行课堂存在的问题和不足，着力构建自主、高效、优质的课堂，实现课堂教学的"真正革命"。①

北京市通州区西集中学，位于北京通州区东南部与河北交界处，是一所具有 58 年历史的农村初中学校。2012 年 9 月，在区镇两级政府投资指导下喜迁新楼房校，配备了先进的现代化教学设备，使学校办学硬件条件得到了很大的改善，能够满足日常的教学工作。但是学校的教育质量还不能令当地人民群众满意。近年来，随着新老交替，青年教师的队伍越来越庞大，2012 年 9 月，学校专任教师 41 人，其中 35 岁及以下青年教师 26 人，占专任教师的 63.4%，参加工作 5 年及以下教师 8 人，占青年教师的 30.8%；随着普通师范的取消和高等师范学校体制的改革，新聘教师出现了高学历、低能力、专业不对口等问题，教师的专业素养、技能较低，城乡教师的各种差异也越来越大，导致部分农村青年教师不安现状，反映到现实中就造成了青年教师课堂教学效率不高，平时表现得较为浮躁，基本功欠扎实，对于工作认真程度有待提高，教学行为落实不到位。

面对青年教师初期任教困难和问题，学校对 8 名工作 5 年以下的青年教师的专业发展需求进行问卷调查。调查发现，他们在业务发展上的愿望是改进课堂教学实践，提高课堂教学能力，提高理论水平，提高学历，提高科研能力。其中，8 位教师首选改进课堂教学实践，提高课堂教学能力。关于培训形式，他们更愿意接受听评课、交流研讨的方式。根据教师们的需求，学校决定对参

---

① 黎奇. 新课程背景下的有效课堂教学策略［M］. 北京：首都师范大学出版社，2006：114.

加工作 5 年以下的青年教师的课堂教学进行跟踪研究，帮助教师解决实际教学当中的问题，使教师教学业务水平得到提高。

二、 研究基本思路

（一） 选择研究对象和方法

本研究中的"青年教师"是指 35 岁以下入职 5 年以内，处于准备体验期、适应探索期和专业成长期的教师。

为了促进青年教师的专业成长，学校决定采取课堂教学跟踪研究的行动方法。课堂教学跟踪研究是指学校有计划地对青年教师课堂教学进行连续诊断性听评课的活动，聚焦课堂，关注细节，寻找和诊断青年教师课堂教学中的问题，帮助青年教师夯实教学基础，不断提升教学水平的过程。

（二） 确定研究目的与意义

提出"农村中学青年教师课堂教学跟踪的实践研究"这一课题，旨在培养青年教师课堂教学能力，提高农村初中青年教师课堂教学水平，建立和谐开放的有效课堂，进而提高农村初中的教学质量。具体体现在以下几个方面。

1. 创新农村青年教师管理策略

在此方面，我们的具体目标是探索出青年教师有效课堂教学的基本策略、渠道、方式和方法，构建有效青年教师课堂教学评价标准，提高农村学校教育教学质量。

2. 有效促进农村青年教师专业发展

一是帮助青年教师夯实教学基本功。通过对青年教师课堂跟踪，引导青年教师深入分析课标、教材，精心设计教学目标、教学内容，合理安排教学环节和时间，使得青年教师能够根据教学目标、教学内容以及教学对象合理运用多媒体，提高青年教师语言表达能力，使其教学语言清楚明白，并充满激情与活力。

二是引领青年教师转变课程角色。长期以来，我国的教育一直推行所谓的"模仿模式"，在这种模式中，教师往往扮演"权威的代言人"、"课堂的主宰者"和"知识的灌输者"等诸多角色。随着课程改革的发展，这种角色定位，已不适应现代教育。教师必须建立新的角色观，特别是青年教师，由于青年教师有接受新事物快的特点，所以，我们力求通过本次研究，使青年教师完成从

"权威的代言人"到"问题的引导者",从"课堂的主宰者"到"共同的探究者",从"知识的灌输者"到"平等的对话者"的转变。①

三是促进青年教师快速向"精、巧"发展。青年教师发展一般分为三个阶段:①初为人师,感到新鲜,课堂内容成流水,基本为背诵内容,往往讲半堂,空半堂。这个阶段就有"短"、"快"的特点。②教师上课冗长,往往下课还没讲完。内容无主次,学生抓不住重点。这个阶段具有"长"、"冗"特点。③仔细研究学生,剖析自身,抓准考点,精讲巧练。这个阶段具有"精"、"短"特点。通过研究,缩短达到最后阶段的时间。

(三) 总结已有的研究成果

提高青年教师课堂教学的有效性,前提是促进教师的专业发展,为此,必先了解关于教师专业发展的研究现状和课堂教学有效性研究成果。

1. 教师职业发展研究

20世纪60年代末,美国学者傅乐以其编制的《教师关注问卷》揭开了教师发展理论研究的序幕,直至今日教师发展的相关理论研究已成为一个蓬勃的研究领域,俨然成为欧美乃至世界各国教育界关注的新焦点。教师专业发展理论是一种以探讨教师在历经职前、入职、在职以及离职的整个职业生涯发展过程中所呈现的阶段性发展规律为主旨的理论。该理论以成人发展理论为基础理论,吸取了心理学、教育学、社会学等学科领域的研究方法与研究成果,建构了一套系统的理论体系。在此理论体系中,研究者对教师专业发展阶段的研究都十分关注,并基于不同的研究角度,对此做了具体的描述与精当的分析,由此产生了异彩纷呈的教师发展理论。对于初中青年教师在职培训需要、帮助青年教师专业成长等诸多方面也有参考和实用价值。

青年教师想成为专家型教师大体要经历新手教师、熟练新手教师、胜任型教师、业务精干型教师和专家型教师五个阶段,教师发展理论是促进新手青年教师有效发展的合理参照。

本文借鉴了美国学者斯德菲建立的"预备生涯阶段、专家生涯阶段、退宿生涯阶段、更新生涯阶段、退出生涯阶段"五阶段理论,我国学者傅树京提出的"适应期、探索期、建立期、成熟期、平和期"五阶段理论,以及国内有些中小学实际工作者提出的"发展基础阶段(适应期、巩固期和成长

---

① 程曦. 关于提高青年教师思想政治课课堂教学效果的思考 [J]. 高等教育研究(成都), 2009 (2): 65 - 66.

期)、主动发展阶段(熟练期、高峰期)、发展成熟阶段(成熟期)"教师成长发展三大阶段6个时期学说。以教师群体专业发展为假设,以教师职业年龄变化为依据,同时参照学校教师人事职称管理现行制度,建立一个和教师职称评定体制有效结合的教师专业发展阶段划分体系,使教师的职称制度能有效地促进其专业发展,这也是目前学校管理中促进在职教师专业阶段化发展的有效办法。因此,学校将青年教师专业发展划分为:准备体验期(入职前实习阶段)、适应探索期(工作1~2年的教师)、专业成长期(3~5年的教师)。

2. 关于课堂教学有效性研究

课堂教学的理念源于20世纪上半叶西方的教学科学化运动。随着研究的深入,大家普遍认为,教学也是科学。也就是说,教学不仅有科学的基础,而且还可以用科学的方法来研究。如杜威以儿童为中心、以经验的重组为教学本质、以活动和练习为基本教学组织方式等实用的教学观,布鲁纳的结构主义教学,巴班斯基的教学最优化和布鲁姆的目标分类等,从中我们可以发现对教学有效性的探寻。赫斯特认为有效的教学应该保证学生有兴趣,能自我激发动机,有自主权。美国教授鲍里奇基于25年的课堂教学研究,著成《有效教学方法》,采用谈心式的方法描述一些有效教学实例,融教育学、心理学、社会学等学理于教学实践,为世界范围内教学实践的有效改进,提供了宝贵的理论解释和指导。

对课堂教学有效性的国内研究,从20世纪50年代就开始,只是研究的焦点不同而已,从文献反映出,20世纪五六十年代,国内大多数的研究都将注意力放在如何综合提高教学质量上,还没有专门地研究课堂教学的有效性问题。到了70年代,便有了提高教学效率、效果的提法,但研究谈不上深入。到80年代后期,开始关注课堂教学策略的研究。进入90年代中后期一直到现在国内已非常注重课堂教学有效性的研究。比较有代表性的有崔允漷教授写的《有效教学:理念与策略》。崔教授对有效教学的内涵、核心思想做了清晰界定,提出有效教学的理念:关注学生的进步或发展;关注教学效益,要求教师有时间与效益的观念;更多地关注可测性或量化;需要教师具备一种反思的意识等。建构这样的学习方式对教师教学行为提出了新的要求。此外,教育新课程改革专家组核心成员余文森教授从专业的角度回答了什么是课堂教育的有效性问题,也为广大教师进行课堂有效策略的研究指明了方向。[①]

① 杜萍. 有效课堂管理:方法与策略 [M]. 北京:教育科学出版社,2008:25 – 29.

本课题研究以这些研究成果为基础，设计青年教师课堂有效性的指标，诊断青年教师教学问题和提出有效的改进措施。

（四） 确立研究课题

学校在深入研究教师专业发展规律基础上，抓住青年教师特点，根据教育教学的实际需要，从夯实教学基本功，到关注学生发展，最后形成有效教学模式，对青年教师进行课堂教学跟踪实践研究。学校于 2010 年 11 月申请立项"农村中学青年教师课堂教学跟踪的实践研究"课题。以青年教师课堂教学活动有效性的研究为主线，以聚焦课堂，关注教学效果为基本研究点，试图探讨学校青年教师课堂有效教学机制。

三、 研究过程

（一） 确立青年教师课堂教学跟踪对象、目标和内容

西集中学根据不同阶段教师的发展特点，将教师分为实习教师、参加工作 1 年教师、参加工作 2 ~ 3 年教师、参加工作 4 ~ 5 年教师，并确定不同的跟踪目标和内容，然后，对四类青年教师进行课堂教学跟踪指导。（见表 2 - 3 - 1）

表 2 - 3 - 1　青年教师课堂教学跟踪对象、目标及内容

跟踪对象	跟踪目标	跟踪内容
实习教师	端正态度、树立新型学生观、教学观、教师观	师德培训
		教学常规培训
		听骨干教师课
参加工作 1 年以内教师	夯实教学基本功（以新授课为主）	课堂教学秩序管理
		教学环节与时间安排
		教学目标设计
		教学内容及过渡设计
		教学语言设计
		教学板书设计
		多媒体教学手段运用

续表

跟踪对象	跟踪目标	跟踪内容
参加工作 2～3年教师	关注学生学习效果	教学方法（教学方法选择和学法指导）
		教学效果（课堂反馈、课堂气氛、学生参与、学习效果）
参加工作 4～5年教师	创建教学特色或模式	有效教学模式

（二）精心组织过程

如何有效跟踪，需要时间、地点、人员的统一安排，还要对跟踪的结果进行及时反馈。

1. 时间和内容安排

每学期教务处会在开学初定好听课的具体时间。（见表2－3－2）

表2－3－2　听课时间大致计划与安排

9月、3月	10月、4月	11月、5月	12月、6月	1月、7月
新授课	复习课	试卷讲评课	汇报课	听课总结

每学期前两次听课教务处统一安排时间，后面两节课各位任课教师结合自己的授课进度自己定时间。12月和6月为学期展示活动，1月和7月是召开青年教师课堂教学跟踪座谈会，要求所有的青年教师和听课领导、师傅、教研组长全员参与，教务处对于一学期的听课工作进行总结，并对于一学期授课中涌现的优秀教师、进步教师进行表彰。

2. 确定听课人员

校长、主任、教研组长、备课组长、工作不到五年的青年教师组成了强大的听课阵容。听课后采取立刻评课的形式，使授课教师能够立即得到自己授课情况的反馈。备课组长、教研组长以及同学科的教师主要是从专业层面对于所授课进行评价。教务处主要是从授课的环节、授课中出现的问题予以点评。两位校长主要是从全校或是全区的角度高屋建瓴地提出建设性的意见和期望。每一位听课的领导或教师对于所听的课都要予以打分，教务处综合每一位听课者给出的分数，评定出每一节课的等级，一个学期结束后给出该教师的授课等级。

3. 建立评价与反馈机制

一是对于三次授课评定为优秀的青年教师，结合其工作实际效果，在第二学期开学召开青年教师经验交流活动，使他们成功的经验得以推广。为优秀的授课教师在评优、晋级和各种学习、展示活动中搭建平台，为教师"走出去"创造条件。

二是结合学校和研修中心的基本功测试工作，加强对于青年教师的业务培训。每一次授课后青年教师需要上交本节课的说课稿、教学设计、教学反思，通过以上训练内容使教师打下扎实的理论功底。

三是结合研修中心的听课视导和联片教研的良好机会，把优秀的青年教师推出去，听取兄弟学校同学科教师、领导的意见和建议。

四是创造条件青年教师到其他兄弟学校进行听课，通过比较提升自己的业务素质和水平。

四、 研究效果、存在问题及未来展望

（一）青年教师课堂教学跟踪效果

通过近 3 年的青年教师的课堂教学跟踪，青年教师对于本学科授课的基本框架有了更为深入的了解；通过对授课的环节、备课、说课、板书设计、多媒体使用的磨炼，使得青年教师的教学基本功有了极大提升，下面的案例便充分说明了这一效果。

丁老师于 2008 年 9 月到西集中学任教，至今已经有四个年头了。在校接受岗前培训的时候，她积极参加学校安排的各种培训活动，表现突出，曾被评为"岗前培训能手"。

工作的第一年，她能够按照学校的要求完成自己的教育教学任务，基本能够驾驭课堂。从跟踪听课的情况看，能够把每一节课的教学目标落实，虚心跟自己的师傅学习，但成绩一般，没有突出的表现，在教学中也没有关注到学生的学习效果，还只是停留在教师教的水平。工作的第二年，她任初二的数学老师，教两个班的数学课。从听课的情况看，较第一年对于课堂的驾驭能力更强了，对于个别生的管理有了自己的方法；从课堂授课来看，显得比第一年更为成熟。另外对于教材的研究较为深入，不足之处还是缺少方法，没有达到事半

功倍的效果。第三年，她任教一个班的初一数学课，可以说她的课堂授课已经有了质的飞跃，在原有两年的授课基础上，她在课堂上注重和同头教师的合作，发挥集体的智慧。课堂上利用讲学稿进行授课，使学生上一节课就有内容可抓，课下便于复习。在授课中她能够考虑到学生的需求，从中考的角度对初一数学进行讲解，把知识的学习提到了更高的境界。她关注课堂上个别学生的掌握情况，课下对于这部分学生进行知识的再度过关，做到了知识的堂堂清，消灭了授课的死角。由于课堂的效果好，她所教班的数学成绩一直遥遥领先于同备课组其他教师。初一年级的四次统考中，她所教班的"三率"均超农村水平，其中平均分和及格率超区值水平，这对于学校数学学科来说是一次历史性的飞跃，也为数学组带来了勃勃生机。今年是她任教的第四个年头，担任初二年级两个班的数学教学工作并担任一个班的班主任工作。从听课情况看，她的课已经很成功了。几何对于学生来说很枯燥、很难，但是她在课上不是枯燥地讲解而是让学生利用手中的纸片来活学几何，为学生扫除了认识的障碍，使课堂成为学生探究的天地。正是由于有了这样的设计，她的课堂没有学习的死角，不让一名学生掉队是她努力要做到的。在授课中，她向学生传递一种信息：数学很好学，数学还可以这样学，可以在玩中学数学。每一名学生的表现她都十分清楚。小组合作学习、探究式学习已经引入她的教学之中，对于多媒体的使用她更是得心应手。正是由于课堂授课水平的提升，她的成绩在本学年的抽测中还是三超农村水平，其中有一项超区直水平，她本人也获得了"优秀青年教师"、"授课优秀奖"等光荣称号，在基本功测试中她成为区数学学科优秀测试教师。更可喜的是，今年9月开学，学校聘请她担任新上岗的两名数学教师的师傅。

她在介绍经验时，对于学校的跟踪听课做了如下评述。"由于教书刚刚有三年半，可以说经验不足，并不能清楚地认识到自己在平时上课中存在的问题。通过跟踪听课的形式，根据每次听课领导反馈的意见和建议，我更加清晰地认识到自己讲课时的样子和状态，便于继续发扬自己的优势，改进自己的不足。我会继续保留自己平时课上的小组合作，坚持让学生以合作交流的形式归纳新知，以老师引导的形式归纳定理，体现学生的主体地位；我会继续保留自己课上面批习题的形式，了解每位学生对本节知识点的掌握程度；我会继续坚持课上使用导学案，有效地提高课堂效率。同时我会尽量使自己语速放慢，吐字清晰，便于学生更好地理解知识内容；我会注重教学环节的齐全，也会注重课后对本节知识检测的重要性。将近四年的听课，使我从一名大学毕业生逐渐成长为一名合格的青年教师，希望这样的活动今后继续开展，为我提供更多的学习机会，促我早日成才。"

丁老师的成功为我们提供了一个很好的启示：教学的核心工作在课堂教学，只有使每一位青年教师站稳、站牢这个课堂，教师才能够得到最好的发展，我们的教学质量才有保障。[①]

几年来，学校其他青年教师在学校领导的指导和帮助下，通过自己的努力，取得了一些荣誉，同时提高了学校的教育教学质量，学校也赢得上级和家长的好评。例如，2012 年 11 月，初二年级二部被通州区团委评为"青年文明号"，其中，王卫新、丁杰、黄海艳、刘岩晶四位老师为本部主要成员。2012年学校被通州区教委评为"中考优秀校"。

（二）存在的问题

这些青年教师均为"80 后"。从接触的环境来看，他们中个别教师吃苦奉献精神较为淡薄，缺少老教师那种甘于奉献、严谨治学的精神，表现得较为浮躁，基本功欠扎实，对于工作认真程度有待提高，所谈落实不到行动上，缺乏自我提升的意识，多停留在学习层面，自己缺乏创新，没有做到高屋建瓴地看待知识体系，只是在勤方面下功夫，忽视了巧劲儿。

（三）可进一步改进之处

一是听课的人员一定要注意校级领导、备课组和教研组相结合，并为说课评课提供充足的时间，使活动能够长久有效地开展下去，使青年教师树立一种正确的思想，以优质的课堂授课、优质的教育教学水平求得自身的发展。

二是走出去，讲出去。帮助青年老师在学校搭建的平台上尽情展示自己的才华，通过与先进教师的近距离接触，使他们能发现自身的不足，进而努力提升自己。

三是鼓励青年教师树立问题意识，申报立项课题，从教书型教师向研究型教师转型，提升自己授课的水平，并擅于总结教学中的得与失，撰写案例、论

---

① 韩瑞瑞，方应森．新教师如何站稳大学讲台：读"恰到好处教学法"之感触［J］．科教文汇，2012（9）：8.

文，积极参与论文的评选活动。

四是通过党支部、团组织开展各种主题的教育活动，从精神上多教育，树立正面的学习榜样，进一步激发青年教师的工作热情。

课程建设

当前我国课程改革建设如火如荼，一系列学校在实施好国家课程和地方课程的前提下，主动开发适合本校实际的、具有学校自身特点的校本课程。更详细地说，校本课程主要是学校根据国家制订的教育目的，在分析本校外环境和校内环境的基础上，针对本校特定的学生群体，编制、实施和评价的课程，属于课程管理方面的课程。开发校本课程在当前的课程改革建设中具有重要的意义。对国家而言，有利于全面落实教育方针；对三级课程体系构建而言，有利于弥补国家和地方课程的不足；对教师而言，有利于促进教师专业能力的持续发展；对学生而言，有利于张扬学生个性，提高学生能力；对学校而言，有利于形成办学特色，打造学校优质品牌，实现学校跨越式发展。以下三位研究者结合所在学校特点，从法制教育校本课程开发、内地新疆高中班预科阶段校本教材建设和心理健康教育校本课程开发三个不同的角度进行校本课程建设的深入研究。法制教育是培养合格公民，促进学生健康成长的客观需要。北京大兴区孙村中学具有重视法制教育的传统，该校结合传统，开展了法制教育课程化的探索，形成了较系统的法制教育校本课程，并开展了一系列旨在提高学生守法意识和综合能力的系列法律教育课程活动，实现法制教育系统化，提高法制教育的实效性。学校据此进一步促进教师专业发展，强化特色。北京昌平二中以近几年学校内新疆高中班预科阶段教学实施现状为基础，以促进新疆学生初高中知识衔接为目的，进行了校本教材建设的研究，研究的主要内容包括内高班学生初中知识掌握情况与内地毕业生水平的差异、内高班学生高中阶段的学习困难点等，从学生发展的需求出发，结合日常教学资源的积累，对内高班预科阶段教材进行完善、补充，试图编写一套适应学校教学实际和学生学习状况的校本教材。北京百善学校结合学校特色，进行了有关心理健康教育校本课程的开发，此课程借助当前课程改革的新形式，结合新理念，综合利用资源，以课程开发为主渠道，以整合学科、社会资源为手段，以活动为主形式，将心理健康教育落实到课程中。通过优化心理健康教育的内容与目标、整合各学科资源、开设心理健康教育课程、以心理健康教育为主题的综合实践活动课程、学科教学中渗透等课程的实施模式，以实践中学、体验中学为主要教育教学组织形式，学校、家庭、社会三位联动，帮助师生获得心理健康教育知识，培养健康积极向上的态度，使师生成为健康、快乐、幸福发展的人。

农村初中法制教育校本课程建设实践研究

聂福来

一、 问题的提出

（一） 加强初中生法制教育是公民教育的基本内容

我国正逐渐步入法治社会，法律素质已成为合格公民的一项基本素质。在初中阶段，培养学生基本的规则意识、法律意识，掌握基本的法律知识，学会知法、守法，增强自我保护能力，对于他们健康成长是非常重要的一项工作。对此，国家有关文件、法律法规都明确强调了中学阶段法制教育工作的重要性。教育系统的有关文件也都将法制教育作为学校德育的一项重要内容。

（二） 农村地区学生的法制教育面临新的挑战

近些年，未成年人犯罪、校园暴力以及学生严重违规行为持续成为社会的热点问题。在农村地区，由于家长普遍素质较低、家庭教育方式不当、对孩子缺乏有效的监管和指导等原因，这些问题显得更加严重。孙村中学是一所农村初中校，地处城乡接合部，历史上周边治安情况较差，家长整体素质和生源质量不高。据近两年学校的统计，有70%以上的家长学历层次仅为初中，从事普通工人、个体商贩、务农等职业的家长占到75%以上。由于社会影响和家庭教育的不到位，很多学生规范意识较差，学生违纪、违法现象也比较突出。近些年，随着外来务工人员的增多，学校借读生数量也不断增加，近几年借读生比例已经达到50%以上。这些学生由于家庭监管不到位、生活环境变化较大、无法升入普通高中等原因，容易产生迷茫、失望等心理，容易出现严重违纪、违法行为。而这些学生的家长也大多学历层次不高、家庭收入偏低，主要从事个体商贩、农业种植等工作。学校设计了专题调查问卷，分别对家长、学生进行访问，了解家长的基本情况、家庭教育状况及对学校发展的期望，了解学生对教育内容的需求、发展中面临的问题，并对学生的发展状况进行分析。从对家长的调查中发现，91%的家长表示对法律知识了解很少，而不多的法律知识也是从电视或身边发生的案例中获得的；87%的家长表示没有听说过《中华人民共和国未成年人保护法》。与此相对，几乎所有的家长表达了对学校开展法制教育工作的支持。对学生的调查主要体现在对基本法律知识和公共安全知识的了解上。调查发现，几乎所有学生对《中华人民共和国未成年人保护法》规定的不良行为和严重不良行为知之甚少。51%的学生对于"夜不归宿"、"携带管制刀具"等不良行为仅认为家长不允许，但并不是大问题。17%的学生经历过或听说过强行索要财物的事情，但只要数额不多就认为并不是违法问题。在公共安全问题上，多数学生表示对具体的规定、法规和相关技能不清楚。总体来说，学生对法律法规知识、对涉及自我保护的知识和技能的了解很不乐观，而家长们由于自身知识的局限也很难给孩子提供更多的指导和帮助。

（三）农村学校法制教育缺乏有效的课程指导

由于各地的法制环境和法制教育资源不同，国家课程没有对法制教育做出统一的安排。这一方面有利于各学校发挥主观能动性，有针对性地开展法制教育，但另一方面，因苦于没有标准和可借鉴的成熟经验，大多数学校的法制教育工作都处于摸索阶段。

孙村中学一直把法制教育作为学校德育的一项重要内容，开展各种活动，普及法律知识，增强学生知法、守法的意识，并逐渐形成了学校德育的特色。同时，在实践中我们也发现，学校的法制教育工作还存在不少问题。比如，学校开展的法制教育活动缺乏系统的设计，内容不固定，且存在形式化倾向。初中阶段的思想品德课程虽涉及法制教育内容，但内容偏少，缺乏有针对性的设计。在实施过程中，教师因为考试的要求和自身知识结构的局限也往往偏重知识和理念的宣传，难以贴近学生实际生活经验，使其效果受到了不小的影响。可见，为了适应复杂的社会环境，提升德育课程校本管理能力，有效进行农村中学的法制教育，校本化的法制教育课程建设是学校发展的客观需要。

二、 研究的目的和意义

（一） 研究的目的

1. 提高法制教育的实效性

初中生正处在长知识、长身体、学做人的阶段，世界观、人生观、价值观正处在逐步形成时期，可塑性很大。由于他们的思想不稳定性，容易受社会的负面消极影响，一些少年经不起不良现象和消极腐败思想的侵蚀，容易误入歧途，甚至走上违法犯罪道路。因此，加强开展初中阶段法制教育，提高他们的法制意识，引导他们从小学法、知法和守法；提高他们的自我保护意识，自觉抵制不良思想和不良文化的侵袭；提高他们辨别是非的能力，减少并预防青少年犯罪；培养他们的法制理念和法律思维，使他们恪守社会公德，树立远大理想。可见，开发法制教育校本课程，是学校公民教育的责任，也是对学校思想品德课程的补充和拓展，它不但可以使学校的法制教育工作走向系统化、常规化，进一步发展学校法制教育特色，更可以提高学生的综合素质，促进学生的健康成长。

2. 系统总结法制教育的成功经验，促进法制教育课程化、校本化

1998 年，大兴区在孙村中学成立了青少年法制教育基地。多年来，学校开展了多种多样的法制宣传教育活动，通过专题讲座、主题活动、网站建设、社会实践、创办刊物等形式，普及法律知识，提高学生知法守法的基本素质和能力，取得了很好的效果。本次课程开发活动的目的在于，总结、梳理学校法制教育方面的成功经验，整合相关活动资源，使其在内容上更系统、更有针对性，在过程上更常规化，避免法制教育活动由于各种原因导致的形式化倾向，在形式上强调学生的主动参与和多样化的组织方式，使学生更容易接受，并获得更多的亲身体验。同时，对思想品德课程的补充和拓展，目的在于使其更贴近学校学生的实际情况，更具实效性。

（二） 研究的意义

1. 形成学校法制教育校本化课程体系

法制教育校本课程研究与开发，也可以从学校实际情况出发，系统设计法制教育的内容，整合学校法制教育各方面的资源，弥补思想品德课程的不足，可以丰富农村学校德育工作的模式，也可以提高初中学生的法律素质，促进学

生全面发展，促进学校德育特色的深入发展。

2. 为农村学校校本课程开发提供经验借鉴

本次课程开发活动，力求从农村学校的实际情况出发，深入思考，在梳理已有的经验、做法和认识的基础上，尝试构建适合初中学生特点的、以法制教育为核心的、有效的校本课程体系，形成对农村学校法制教育课程开发的系统认识和课程产品。这种以课题研究为组织形式的校本课程开发将为农村学校德育校本课程和其他校本课程开发提供有益的经验借鉴。

三、 研究相关概念的界定

（一） 青少年法制教育

青少年法制教育是对青少年（主要是未成年人）进行以预防违法犯罪为目的的一切教育活动，既包括预防刑事犯罪行为的法制教育，又包括预防一般违法行为的法制教育，还包括维护青少年合法权益内容的教育，甚至还包括寓于公民道德教育和民族精神教育之中有关于法制教育的教育等。《中华人民共和国预防未成年人犯罪法》专设第二章"预防未成年人犯罪的教育"（第六至十三条），明确了有关预防未成年人犯罪教育的法律依据。这种预防犯罪的教育是以预防犯罪为目的的法制（宣传）教育。预防犯罪的教育应指，对受教育者进行以预防刑事违法犯罪为目的的一切教育活动，主要包括预防刑事犯罪的法制教育。本文提到的初中阶段的法制教育还包括中小学公共安全教育，其主要内容包括预防和应对社会安全、公共卫生、意外伤害、网络和信息安全、自然灾害以及影响学生安全的其他事故或事件。重点是帮助和引导学生了解基本的保护个体生命安全和维护社会公共安全知识和法律法规，树立和强化安全意识，正确处理个体生命与自我、他人、社会和自然之间的关系，了解保障安全的方法并掌握一定的技能。这不仅是因为公共安全教育涉及对很多法律法规、行为规范的了解，更是为了应对目前公共安全方面出现的很多问题对学生的伤害，使他们掌握自我保护、危机自救等方面的技能。

（二） 校本课程开发

校本课程是在学校现场发生并展开的，以国家及地方制订的课程纲要基本精神为指导，依据学校自身的性质、特点、条件及可利用或开发的资源，由学校成员志愿、自主、独立或与校外团体或个人合作开展的旨在满足本校所有学生学习需求的一切形式的课程开发活动，是一个持续和动态的课程改进过程。校本课程开发的具体方式包括课程选择、课程改编、课程整合、课程补充、课程拓展、课程新编等。

校本课程开发是随着新一轮课程改革逐渐为大家熟悉的一个名词。很多学者对其进行了深入研究，理解上也各不相同，但比较一致的一些观点是：第一，校本课程开发涉及课程管理体制的重大变革、课程管理权力及责任的重新分配的问题；第二，从学校和学生实际情况和需求出发；第三，强调课程开发是一种过程，是一种促进学校发展的策略；第四，校本课程主体是学校，同时注重家长、教师等各方的权力分享及专家的参与。

四、 课题相关文献综述

（一） 相关法律法规

1995 年颁布的《中华人民共和国教育法》第六条规定："国家在受教育者中进行爱国主义、集体主义、社会主义的教育，进行理想、道德、纪律、法制、国防和民族团结的教育。"

1999 年颁布的《中华人民共和国预防未成年人犯罪法》第六条规定："对未成年人应当加强理想、道德、法制和爱国主义、集体主义、社会主义教育。对于达到义务教育年龄的未成年人，在进行上述教育的同时，应当进行预防犯罪的教育。预防未成年人犯罪的教育的目的，是增强未成年人的法制观念，使未成年人懂得违法和犯罪行为对个人、家庭、社会造成的危害，违法和犯罪行为应当承担的法律责任，树立遵纪守法和防范违法犯罪的意识。"第七条规定："教育行政部门、学校应当将预防犯罪的教育作为法制教育的内容纳入学校教育教学计划，结合常见多发的未成年人犯罪，对不同年龄的未成年人进行有针对性的预防犯罪教育。"

2001 年颁布的《基础教育课程改革纲要（试行）》中关于课程改革的目标有六项，其中包括要培养学生"具有社会主义民主法制意识，遵守国家法律和社会公德；逐步形成正确的世界观、人生观、价值观"。

2006 年教育部《中小学幼儿园安全管理办法》第三十八条规定："学校应当按照国家课程标准和地方课程设置要求，将安全教育纳入教学内容，对学生开展安全教育，培养学生的安全意识，提高学生的自我防护能力。"第四十一条规定："学校应当对学生开展安全防范教育，使学生掌握基本的自我保护技能，应对不法侵害。"

《中央宣传部、司法部关于在公民中开展法制宣传教育的第六个五年规划（2011—2015 年）》规定："要有针对性地开展青少年法制宣传教育，引导青少年增强法治意识，养成遵纪守法的行为习惯。""深入开展青少年法制宣传教育。根据青少年的特点和接受能力，结合公民意识教育，有针对性地开展法制宣传教育，引导青少年树立社会主义法治理念和法治意识，养成遵纪守法的行为习惯，培养社会主义合格公民。各级各类学校要根据学生特点进一步明确法制教育的地位和目标，完善法制教育的内容和体系，创新法制教育的方法和途径，发挥课堂教学的主渠道作用，努力实现学校法制教育的系统化科学化。深入推进中小学校法制教育课时、教材、师资、经费'四落实'。"

《义务教育思想品德课程标准（2011 年版）》在课程三级目标的说明中明确规定课程要使学生"遵纪守法，追求公正，自主自立，增强公民意识"，"领会法律的意义，初步学会运用法律自我保护、维护合法权益"，"知道基本的法律知识，了解法律的基本作用和意义"，并且分年级对法制教育的具体目标和内容做了详细规定。

综上所述，在有关法律法规和文件中，中学阶段的法制教育的地位、目的和内容都有明确阐述，这是学校开展法制教育工作的政策和法律依据。

1999 年《中共中央国务院关于深化教育改革，全面推进素质教育的决定》中规定："调整和改革课程体系、结构、内容……试行国家课程、地方课程和学校课程。"2001 年《国务院关于基础教育改革与发展的决定》中规定："实行国家、地方、学校三级课程管理……在保证实施国家课程的基础上，鼓励地方开发适应本地区的地方课程，学校可开发或选用适合本校特点的课程。"2001 年《基础教育课程改革纲要（试行）》中规定："学校在执行国家课程和地方课程的同时，应视当地社会、经济发展的具体情况，结合本校的传统和优势、学生的兴趣和需要，开发或选用适合本校的课程。"

以上文件为学校开发校本课程提供了政策法规的支持。

（二）课题相关研究成果

近些年，中学阶段的法制教育已引起了很多人的关注。很多地区和学校开展了许多有益的工作，他们利用主题活动、专家讲座、参观访问等形式普及法律知识，取得了很好的效果。很多地方还建立了以法制教育为主题的德育基地。但我们也发现，很多地区和学校还未形成系统的工作模式，校内的法制教育主要依靠不定期的专题讲座、主题宣传、参观访问等形式展开，从效果上看或流于形式或成为可有可无的工作，特别是相关的研究成果、规律性的认识很少，多停留于总结"成功做法"的经验层次，而专家、学者的研究多倾向于青少年违法犯罪方面。从学校德育的角度，研究青少年法制教育的内容比较少，特别是以法制教育为主要内容的校本课程目前还没有看到。

鲁洁教授在《德育社会学》一书中，系统论述了学校德育与社会的关系，分析了社会环境对当前学校德育的影响，从社会学的角度对学校德育的目标、内容、途径进行了研究。特别是，该书专章论述了学生越轨犯罪问题。对青少年越轨犯罪的成因进行了详细分析，阐述了学校德育在减少和预防青少年越轨犯罪中应该发挥的作用。这是比较少见的从学校德育角度对预防青少年犯罪的研究。它对指导学校法制教育工作有很重要的意义。

近年来，华东师范大学叶澜教授倡导的新基础教育论在全国基础教育领域引起了广泛、深入的影响。叶澜教授对传统的课堂教学模式进行了深入分析，从更高的层次——生命的层次，用动态生成的观念，重新全面地审视课堂教学，构建了新的课堂教学观，它所期望的实践效应就是让课堂焕发出生命的活力。其观点主要包括三个方面。首先，课堂教学应被看作师生人生中一段重要的生命经历，是他们生命的有意义的构成部分。对于学生而言，课堂教学是其学校生活的最基本的构成部分。它的质量直接影响学生当前及今后多方面的发展和成长，课堂教学对于参与者具有个体生命价值。其次，课堂教学的目标应全面体现培养目标，促进学生的全面发展，而不是只局限于认识方面的发展。无论是教师还是学生都是以整体的生命，而不是生命的某一方面投入到各种学校教育活动中去。因此，每一项学校教育活动都应顾及学生多方面的发展。课堂教学，作为教学的基本活动形式更应该关注这一点。最后，课堂教学蕴含着巨大的生命活力，只有师生的生命活力在深堂教学中得到有效发挥，才能真正有助于新人的培养和教师的成长，课堂上才有真正的生活。叶澜教授的观点对于我们的课程设计和实施提供了很好的启发。

卓高生、曹亚琴对广州市部分中学法制教材使用情况进行了调查，认为应该修订思想品德课中的法制教育内容，优化各种资源，强化课程的实践性，并提出了任课教师在法律方面的专业发展问题。[①] 丛洲在对上海市某中学进行调查的基础上，提出应该将学校法制教育课程化，并提出了法制教育课程应遵循

---

① 卓高生，曹亚琴. 关于初中法制教育教材的调查与思考：以广州市若干中学为例 [J]. 课程·教材·教法，2008（10）：68-73.

生活化的原则。① 虽然以上研究仍局限于对中学思想品德课改革的范围内，但他们都认为中学法制教育课程应该加强。上海市建平中学西校以"东方时空"为载体开发了校本法制教育课程，精选其中的案例，引导学生分析交流，引发思考，拓宽了学校法制教育的资源，也是法制教育校本课程开发的有益尝试。② 类似研究虽少，但至少说明中学阶段的法制教育课程应该强化，开发法制教育校本课程是可以选择的途径，法制教育校本课程应从学生生活经验出发，贴近生活，注重实效。

五、 研究内容和方法

（一） 课题研究内容

本次课程开发强调对已有的工作经验和成功做法加以总结提升，在此基础上进行新的尝试与思考，以农村初中校为定位，开发以法制教育和公共安全教育为核心的校本课程。其内容主要包括：第一，从学校特色发展和学生实际需求出发，整体设计初中阶段法制教育的目标和内容，并以课程形式正式化；第二，协调学校法制教育与思想品德课之间的关系，对其加以补充和拓展；第三，梳理学校法制教育活动，使其课程化；第四，通过课程开发，提高教师对校本课程开发的认识，加深对新课程实施的理解；第五，课程内容设计上增加公共安全教育内容，提高学生自我保护及危机自救能力。

（二） 课题研究方法

本课题主要采取行动研究法。在对以往法制教育、安全教育工作以及校本课程开发情况进行总结反思的基础上，针对国家培养目标、学校办学理念和学校具体情况，发现问题、解决问题，整体设计初中阶段法制教育和安全教育内容，将之课程化，并形成规律性认识，确定新的工作目标，力求将研究与工作相结合，提高学生法律素质，促进学校工作水平的提高。研究过程中还将采用文献法、调查法、个案分析法等研究方法。

---

① 丛洲 . 论法制教育课程化与法制课程生活化 ［J］. 青少年犯罪问题，2006（6）：36－38.

② 上海建平中学西校 . 以"东方时空"为载体，开发校本法制教育课程 ［J］. 中国德育，2010（8）：64－65.

六、 课题研究过程

（一） 确定课程开发的目标

根据孙村中学的办学特色以及办学的整体规划，进一步强调学生行为规范的养成教育，强化学生的规则意识，并以法制教育基地、公共安全宣教基地为依托对学生进行较为系统的法制教育和公共安全教育，提高他们的自我保护能力和安全防范意识，增强他们的法制观念，预防违法犯罪行为的发生。在此基础上以法制类校本课程开发为突破口，尝试建构有特色的学校校本课程体系，用以满足教师专业发展的需要，满足学生个性差异的需要，增强课程对促进地方社会、经济发展和学生发展的作用，优化学校教育教学秩序，发展学校办学特色。

（二） 以课题组形式开发校本课程

1. 组建课程开发小组

2009 年 9 月，课题研究正式启动。学校专门成立了法制教育校本课程开发小组，校长亲自任组长。成员主要包括德育处、政治教师及部分班主任。为加强理论指导，我们还邀请区里有关专家、进校教研员参与课程开发，并组织有关教师进行专题培训，学习有关新课程的基本理念、课程开发的基本程序，以求统一思想、提高认识。

2. 对校内外情况进行调查、分析

我们对学校近几年开展法制教育工作积累的经验进行了总结、梳理，分析了学校的物质条件、教师队伍的现状、课程资源的情况。经过充分的调查分析，我们明确了课程开发的基本目标并由此制订了《法制教育工作实施大纲》（以下简称《大纲》）和《法制教育校本课程开发指导方案》（以下简称《指导方案》）。《大纲》明确了构建以法制教育为特色德育体系，并以此出发形成学校发展特色的工作目标，具体规定了各年级法制教育的重点内容及基本原则和途径方法。《指导方案》则明确指出，课程开发的目的就是进一步完善学校的德育体系，满足学校特色建设需要和学生发展需求、家长需求。课程开发的原则是从学校现有条件出发，解决具体问题，促进学校、学生和教师的共同发展。课程内容以法制教育为核心，包括公共安全等其他德育内容。

3. 以年级组为单位形成研究团队组织开发校本教材

以我们制订的课程开发指导方案确立的目标和原则为依据，经过调查分析、资料搜集整理，初步形成了课程基本结构，确定了各年级课程目标及单元内容。开发小组的老师们根据各班学生实际设计了大量课例、活动方案，并在实践中不断使用、修改、完善。在有关专家的指导下，我们制订了《法制教育工作实施大纲》和《校本课程开发指导方案》，并精选部分课例编辑形成《法制教育校本课程（学生用书）》和《法制教育校本课程（教师用书）》。课程从结构上分为四部分：入学教育强调角色转变和权利、义务意识的培养，以及自我保护方面的基本知识；初一年级主要是环境熟悉、人际关系和安全教育；初二年级主要是青春期问题、身边的法律知识和用法意识培养；初三年级侧重公民道德、社会认识及法律程序等。具体内容见表 3 - 1 - 1。

表 3 - 1 - 1　初中法制教育课程目标与内容

年级	课程目标	课程内容
初一年级	在新生正式入学前对其进行相关知识教育，使学生明确国家和学校对他们提出的权利与义务，初步认识到权利意识、义务意识，知道遵规守纪的重要性，为入学后的教育做好铺垫	1. 五星红旗——你是我的骄傲 2. 遵规守则，做合格中学生 3. 学习《中华人民共和国义务教育法》，履行义务 4. 学习《中华人民共和国未成年人保护法》，学会保护自己
	面对新的发展阶段，从内容上以自我认识、自我保护和行为养成为主要内容，使学生适应、热爱新的学习环境，正确认识自己、认识他人，形成积极向上的成活态度，养成良好的行为习惯	1. 认识校园"绰号"问题 2. 文明礼仪伴我行 3. 我做校园小主人 4. 沟通——心与心的桥梁 5. 尊重——良好人际关系的基础 6. 感受父母之爱　回报父母之恩 7. 警惕——马路杀手 8. 119 的启示 9. 家庭生活中的红绿灯 10. 校园安全伴我行

续表

年级	课程目标	课程内容
初二年级	立足于预防，着眼于教育，发挥学校主导作用，强化规则意识，矫治不良行为，预防和减少违法犯罪行为的发生。根据学生年龄特点，普及相关法律知识，使学生树立遵纪守法意识，懂法、守法、用法，增强明辨是非和自我保护意识，自觉抵制各种不良行为及违法犯罪行为的引诱和侵害	1. 饮食营养与健康 2. 青少年吸烟的话题 3. 青春自护模拟训练 4. 预防犯罪，塑造健康心理 5. 公共秩序——社会生活的准则 6. 社会管理秩序——社会环境的保障 7. 熟知自我权益，加强自我保护 8. 青少年上网的利与弊 9. 家庭保护自己查 10. 社会保护一起谈 11. 校园保护大家说
初三年级	面临毕业，让学生放眼社会现实，认识社会中的种种现象，学会正确认识社会。培养学生形成社会生活中必备的道德品质、个性特点。形成良好心态，做合格的社会公民	1. 大家一起来认识赊销现象 2. 增强社会竞争意识 3. 学做小管家 4. 社会公德，自觉遵守 5. 公民的人身自由权利受法律保护 6. 模拟法庭 7. 怎样打民事官司

4. 进行课程的试用、评价

2010—2011 学年，利用一年的时间，我们对课程使用效果进行了评价，找出问题，进一步完善。经过总结分析，我们认为课程的编写及使用主要存在以下几个问题。第一，课程内容与思想品德课仍存在重复的现象。对此，我们组织相关教师专门召开了研讨会，对比分析了校本课程和思想品德课相对应的内容，要求教师协调二者关系，做到各有侧重，互为补充。第二，教师在课程实施中仍倾向于将课程内容知识化，喜欢介绍法律文本。对此，我们组织了几节示范课，请教师观摩分析，引导教师注重学生的生活经验，从学生身边发现涉及法律的问题，选取学生经历或可能遇到的法律案例，以此提高学生兴趣。在课程形式上，注重学生的主动参与，以亲身体验、社会调查、讨论分析等形式展开课程，使学生在获得法律知识的同时能够引起思考，强化法律意识。第三，部分教师认为教材内容并没有涵盖课程目标涉及的很多法律法规，应该增加相应内容。对此，我们经过分析认为校本课程所能占据的课时量有限，不可能涉及过多内容。况且我们的目标也不是培养法律专业人才，没有必要面面俱到。另外，学生遇到的法律问题多种多样，且会随着时间不断变化，而校本课程的教材显然不可能每年编写一本。在课程实施中，教师应该灵活处理，针对学生实际设计实施方案，不必拘泥于教材，在确有必要时也可以设计新的课程内容。第四，由于教师的专业问题，很多教师在解读法律文本及进行案例分析时存在困难。对此，我们为教师购买了一批专业书籍，以帮助教师弥补专业上的不足，并且创造条件联系专业律师为课程实施中涉及的法律问题进行解读并对一些案例、法律文本的解读、司法程序的确认等进行把关，力求不出现专业错误。目前，法制教育校本课程已进入正式实施阶段，取得了很好的效果，我们的《法制教育校本课程》配套的课外读物也已经开始编写。本学期我们举办了法制书法、法制漫画两个课外兴趣小组，并正在研究如何使之课程化，以丰富法制教育校本课程的内容。

（三）课程基本结构及实施方式

我们目前形成的校本课程包括两部分：一是以正式课程形式出现的《法制教育校本课程》系列，主要内容包括法制教育、公共安全教、心理教育等内容，每周一课时，主要由学校思想品德教研组负责实施。二是以主题教育活动形式出现的课程系列，主要包括"画说法律"法制漫画大赛，每年一届；《护花专刊》，每月一期，由学生与教师共同编辑；主题橱窗，每月一期，以班级为单位编辑；法制教育网站，由学校德育处负责；专题讲座和社会实践活动，每学期一次，由学校德育处负责；紧急疏散演练，每学期一次，由学校德育处负责。

七、 课程实施的效果分析

我们感到，校本课程开发活动不仅满足了学生及家长的需求，提高了学生的整体法律素质，使学生的行为更加规范，自我保护的意识也有了明显增强。校本课程开发也使学校以法制教育为核心的德育体系更加完善，并对教师队伍的整体发展及学校教育教学水平的提高起到了非常积极的促进作用。

（一）校本课程开发促进了教师的专业化发展

1. 课程开发活动促进了教师课程观念的更新

校本课程开发是新生事物。我们的课程开发也是在边学习边实践中进行的。在前期培训中，我们专门组织教师进行了新课程培训，使大家对新课程的理念及校本课程开发的目的、程序、方法等内容有了基本理解。更为重要的是，校本课程开发所遵循的基本原则，如满足学生个性化发展需求、强调师生互动、教师对课程的设计与诠释权利、强调学生能力培养等，突出体现了新的教育观、课程观。课程开发过程中，教师边学习边实践，理论与实践得到了很好的结合。如针对部分学生经常到网吧上网的问题，教师专门设计了文明上网专题，且没有进行过多讲述，而是采取了辩论赛的方式，将学生分成两组，支持上网的和反对上网的自愿结组，展开辩论。这样的形式，使学生课前要进行精心准备、思考，课上的辩论使大家的认识更深刻，效果很好。又如，为了使学生对一些基本的法律程序有所了解，并增强守法意识，教师以模拟法庭的形式展示教学内容。直观具体的教学内容使学生对一些法律文书的格式、基本法律程序、司法过程中的权利和义务等问题都有了具体的了解，实用性强，学生印象也更深刻。我们课程设计的每个过程都是在学习、思考、实践、调整中进行的。这样的过程使教师的观念在不知不觉中发生着变化。这种变化又直接与教学行为的变化联系在了一起。

2. 课程开发活动使教师的知识和技能结构发生了积极的变化

传统的教学使很多教师的知识结构局限于本学科甚至局限于课本和教参，有什么讲什么，考什么教什么。校本课程开发要求教师自己确定主题、自主组织学习内容，这迫使教师要主动拓展知识面，通过报刊、网络等各种途径学习新知识并对其进行整理、加工。课程的设计、组织又使教师对课程理论有了更多了解，驾驭课程的能力得到了增强。在课程开发过程中，很多教师自学了有关法律知识，研读了很多教育文件和法规；有些老师原来几乎从不用电脑，但在课程开发过程中已逐渐习惯于上网查阅资料，并能熟练编制多媒体课件；为了解相关法律程序，有的教师利用业余时间到法庭旁听庭审过程；有的老师为了使课程设计更具针对性，做了很多调查、访谈。这些都说明，课程开发增强了教师的责任意识、主动意识。为了适应新的工作需要，他们的知识结构和技能结构也正在发生着积极的、主动的变化。

3. 课程开发活动促进了教师教学方式的转变

校本课程开发的目标是解决学生和学校发展中的具体问题，这使得教师在课程的准备和实施中更关注学生的需求，课程目标也从书本、考试转向了学生的能力培养及基本素质的提高。很多教师在课程设计时采取了小组合作学习、课外实践性作业、体验式活动等方式，不但对学生的能力培养是很好的促进，也使学生的学习方式发生了显著变化，学生的学习积极性明显提高。比如，根据学生在校内行为规范上存在的一些问题，我们设计了校内文明主题教育。教师在做课程设计时没有简单地给学生讲解行为规范的相关规定，而是指导学生自学《中学生守则》和《中学生日常行为规范》。然后，学生分组调查，找一找我们身边有哪些不好的现象和问题，课上进行讨论、分析，并让大家一起研究解决的办法。课后，还指导学生编写了一期"做文明、守纪中学生"的主题墙报。这样的设计，针对性强，学生积极性高，效果非常好。

4. 课程开发活动增强了教师的反思意识和研究能力

我们的课程开发的目标、内容及组织方式的确定都是经过参与教师共同研究形成的。在这个过程中，教师要进行前期的调查分析、资料的搜集整理、主题的选择与编排。每个单元的课程设计还需要在实践中检验、评价、修改。这使得教师必须不断进行总结、思考，研究问题，解决问题。比如，在设计初一年级安全教育单元内容时，负责的几位教师查阅了很多相关文件和研究资料，确定了交通安全、校园安全、自然灾害、火灾知识等重点主题。通过试讲及对学生的调查，感到有一些内容不尽合理，于是重新对内容进行了调整，删去了自然灾害等一些必要性较差的内容，并增加了家庭安全主题，强调了家庭生活中煤、气、电的使用，饮食安全问题及家庭急救等知识。这样的调整使内容更符合学生实际需求和年龄特点，更具针对性。

校本课程开发使教师从单纯的课程执行者转向对课程的设计、实施、评价全面负责，教师的主动性、积极性得到了充分发挥。为了达到最佳的教育效果，教师必须不断对课程进行审视、调整，其反思意识和研究能力得到了锻炼和提高。近几年，参与课题研究的教师有多篇论文在市、区级论文评比及大兴区教师论坛中获奖，有两人获得区级"骨干教师"称号。邢友良老师的模拟法庭课获得了市教委、市司法局组织的北京市中小学模拟法庭展示活动优秀奖。聂福来老师被评为北京市"五五"法制宣传教育先进个人。

（二）校本课程的实施促进了学生综合素质特别是知法守法意识的提高

以前，学生违纪，特别是打架斗殴、旷课、吸烟喝酒、向同学索要财物等严重违纪行为比较多，一些学生还与校外不良青年有联系，经常在校门口或学校周边聚集，学校管理起来非常头疼。很多家长抱着不能让自己孩子吃亏的心态，不愿意配合学校的管理，使得学校在处理很多违纪行为时也比较困难。解决学生违纪问题成了班主任、德育处日常的工作。随着法制教育工作的加强和校本课程的实施，学生及家长的法律意识明显增强了。教师依法施教，懂得了依法处理各种问题；家长明确了很多法律关系，特别是与学校、与子女的权利义务关系，既为学校很多工作带来了便利，也使家庭教育方式发生了变化。法律知识的宣传教育使学生的日常行为发生了很大变化，打架、骂人等违纪情况逐渐减少。学生懂得了用正确手段处理问题。学生的规则意识明显增强。师生关系、学生与家长的关系更加和谐与密切。以学生为例，通过每年的问卷调查对比发现，入学时学生对法律的认识局限性很大，认为自己不犯法，法律就与自己无关。随着教育活动的展开，他们认识到法就在自己的身边，法与每个人的生活密切相关。以下试举几例学生在参加法制教育活动或法制教育课后写的体会。

例 一

在我们身边每天都在发生着交通事故，这些事故时时威胁着我们的生命安全。作为中学生，我们在时时遵守交通安全的同时，还应该尽我们所能向大家宣传交通安全知识，做一名小小的交通安全宣传员……通过这些事我发现，其实宣传交通知识是一件很简单的事，但关键是你能不能坚持这样做。现在我养成了一个习惯，那就是喜欢积累那些交通安全方面的警示语，比如说"宁停三分，不抢一秒"，"高高兴兴上班来，平平安安回家去"，等等。这些标语充分体现了社会对交通安全的重视，交通安全问题时时刻刻关系着我们的生命。为了防止一个个悲剧的发生，我们中学生应该携起手来，为开展交通文明宣传贡献我们的微薄之力，尽我们所能共创美好的家园。让我们行动起来，做一名义务的交通宣传员。

例 二

我国有句俗话：没有规矩，不成方圆。走路有走路的规矩，说话有说话的规矩，做事有做事的规矩，这些规矩就是法。以前我以为我们是小学生，法离我们远着呢！甚至根本就不知道什么是法。其实法律就在我们身边。我在小学时，也是学校有名的闹将，就像一棵小树苗，长出了歪枝。升入初中以后，法制教育活动深深教育了我。在我的脑海里，最深刻的是天堂河劳教所里那些失足青年……他们为什么会走上犯罪道路呢？是从不注意一些小事开始的，比如抽烟、喝酒。最可怕的是交上一些不三不四的社会青年，经常和不懂社会公德、不守做人规矩的人在一起肯定会学坏的……在上一个学期里，我被评上了自觉生，我有决心做得更好。

例 三

（观看《青少年犯罪警示录》后）我忘不了那个罪犯说的那句话"我最喜欢自由"。是啊！对于一个活生生的人来说，有什么东西能比自由更可贵呢？……高墙内，那一张张稚气未脱的脸，是多么渴望自由啊！但他们所犯的罪行又怎能让那些有良知的人宽恕呢？……我曾在字典中查找过"自由"一词的含义，自由的条件必须是在法律许可的范围内，然后才是不受约束和限制的活动。所以我们不能一味地追求不受限制的绝对自由，要在法律许可的范围内行使自己的权利……从我们自身来讲，必须从现在开始，从一点一滴的小事做起，养成守规则的好习惯。在学校，遵守学校里的规章制度，在社会上遵守社会的公共秩序……我们还要以《青少年犯罪警示录》中那些违法少年为戒，加强自身修养，不要重蹈覆辙。

近几年来，学校再未出现严重不良行为的学生，严重违纪行为也很少出现，而且在各种法制教育活动中，学生参加社会实践，走进生活，融入生活，培养了各种能力，也促进了学习观念和学习方式的转化。

（三）校本课程的实施促进了学校办学水平的提高

校本课程的开发使学校的法制教育活动得到了梳理和规范，活动更加系统化、常规化，避免了随意性。校本课程的开发使学校以法制教育为核心的德育体系更加完善。孙村中学的法制教育和校本课程开发活动多次被区教委和区司法局作为成功经验加以宣传。学校先后获得大兴区平安校园、大兴区法制教育示范校等称号。2011 年，学校被评为北京市 2006—2010 年法制宣传教育先进集体，并在北京市"六五"普法启动仪式上做了经验介绍。

法制教育工作的不断深入使学校的管理水平也上升到了新的高度，推动了依法行政、依法治教的进程。有关规章制度不断完善，管理活动、教育教学过程更加规范，师生的合法权益得到了更大的保障，出现的各种问题都能通过正常的法律程序解决。为了加强与家长的沟通并指导家庭教育，学校成立了家校合作委员会，创办了《安全月刊》，定期向家长通报学校情况，并组织法律知识、安全知识的学习，提出安全预警。这样的做法提高了家长的法律素质，受到了家长的普遍欢迎。

农村学校校本课程开发是一项长期艰巨的任务，与城市学校相比，存在指导力量不足、教师研究能力差、家长参与不够、教育资源不足等缺陷，但只要目标明确，形成研究团队，通过不懈努力，校本课程建设也不是不可逾越的工作。

内地新疆高中班预科阶段校本教材建设的研究

李　岩

一、 研究内容、 核心概念及理论依据

（一）研究内容

《国家中长期教育改革和发展规划纲要（2010—2020 年）》指出："加强教育对口支援，认真组织落实内地省市对民族地区教育支援工作，充分利用内地优质教育资源，探索多种形式，吸引更多民族地区少数民族学生到内地接受教育。"

举办内地新疆高中班（简称内高班），是党中央、国务院交给地方人民政府的一项长期的政治任务，是维护国家统一，促进社会稳定，增进民族团结的重要措施；是充分发挥内地教育和资源优势，帮助新疆培养优秀人才的有效途径；是构建和谐社会，确保经济繁荣和促进各项事业健康发展的科学决策。

北京市昌平二中于 2006 年 8 月开始招收内高班学生，规模为每届 4 个班 160 名学生。内高班学制四年，含预科一年。到 2009 年在校内高班学生最大规模达到 640 人。对内高班学生的培养也是学校进一步发展办学特色，提升学校品牌的重要方面。其中保证内高班学生学习文化知识是重要方面，需要学校在教材建设、教学方法方面探索适应新疆学生发展的资源配置和措施办法。

内高班学生预科阶段现用教材已经颁布多年，内容主要是初中知识的归纳复习，科目只有语文、数学、英语3科。现有教材已不能适应实际教学的需求。针对现状，本项研究计划以近几年学校内高班教学实施现状为基础，以促进内高班学生初高中知识衔接为目的，研究内高班学生初中知识掌握情况与内地毕业生水平的差异，研究内高班学生高中阶段的学习困难，积累日常教学资源，对内高班预科阶段教材进行完善、补充，编写一套适应学校教学实际和学生学习状况的校本教材，切实提高课堂教学实效，使课堂教学满足学生充分发展的需求。

1. 本项目研究重点

一是内高学生预科及高中阶段学业水平与内地学生的差异分析，明确教材编写的着力点。

二是研究内高班学生预科阶段教材结构体例，由于各学科性质及内高班学生不同科目上的学业水平的不同表现，以及现有教材的适用性的差异，各学科教材编写应有不同的结构体例。

三是编写适应内高班学生学习需求的初高中衔接校本教材。

2. 本项目研究的主要创新点

一是本项目研究力图改变过去内高班预科教材以初中知识梳理、复习为主的目标定位，而是把促进初高中衔接教学作为教材编制的努力方向。

二是内高班预科阶段教材编制将采用改造、补充和自创的方式进行，对原有的语文、数学、英语三科教材进行相应的整合、补充，其他文综、理综教材则依据教学实际自主创编。

（二）核心概念界定

1. 内地新疆高中班

内地新疆高中班是党中央、国务院为加强新疆各族人民人才培养步伐而做出的重要战略决策。根据国办发〔1999〕85号文件，自2000年9月起，国家在北京、上海等12个经济发达城市的13所示范高中开办内高班，选拔招收新疆应届初中毕业生就读，学制4年，第一年是预科，主要用于汉语能力培养和初中知识复习。教育部要求预科阶段开设语文、数学、英语、物理、化学5门文化课程，并颁布语文、数学、英语3科教材。再经3年当地高中学习，毕业后可考取各类大学。目前全国各地66所中学举办内高班，总招生规模为5000余人。

2. 校本教材

《中国大百科全书·教育》对教材的界定是："根据一定的学科任务，编选和组织具有一定范围和深度的知识技能体系，主要以教科书的形式具体反映；教师指导学生学习的一切教学材料。"① 本项研究所指的校本教材是指教科书。

校本教材是当前教育界校本课程开发和实施领域使用较广的一种说法，但关于其定义却鲜有详论。根据大多数研究文章对该名词使用情况判断，校本教材的提法当源自于校本课程。

校本课程（school - based curriculum）一词是由菲吕马克（Furumark）等人在1973年一次讨论课程的国际性会议上提出的，他们当时把它界定为学校中的教师对课程的计划、设计和实施。校本课程的出现是20世纪六七十年代的西方发达国家针对国家课程开发的局限性提出的一种与国家课程开发相对应的课程开发策略的产物，其最终目的在于通过教育制度内权力与资源的重新调整和优化配置来提高教育的效益以及教育适应变革的能力。70年代曾掀起过一个校本课程开发的热潮。人们认识到，单一的国家课程开发模式或者校本课程开发模式都不可能解决学校的所有课程问题，因为两种课程对于学校的教育都具有特定的作用。具有分权传统的国家，重新开始强调"国家基础"、"国家标准"，加强必修课程和提高学术性及统一性；具有中央集权传统的国家则显示出权力下放的趋势，开始加强地方和学校的作用，力图提高课程的多样性和灵活性。目前大多数国家采用在国家课程框架规定的限度内，通过授予学校高度自由来发动课程革新。大致可分两类：一类是地方分权国家，如英国、美国、加拿大、澳大利亚等的做法，国家或州制订课程标准和课程门类，学校按照教育法规自主决定内容；另一类是中央集权国家，如俄罗斯、日本、法国等的做法，国家提供课程计划框架，并规定好大多数的课程内容，留出一小部分的空间（占总课时数的10% ~25%）给学校。

我国长期以来采用国家课程开发策略，又深受苏联教育理论的影响，一直把课程论作为教学论的一部分，教学内容（教学计划、教学大纲和教科书）即课程论，这是一种课程即教学科目的观点，是知识为本的课程观。这种重知识轻能力、重共性轻个性的单一课程模式逐渐不能适应素质教育的要求。基础

① 中国大百科全书总编辑委员会《教育》编辑委员会，等. 中国大百科全书：教育[M]. 北京：中国大百科全书出版社，1985：144.

教育课程政策的决策分享成为世界性的潮流，学校作为真正发生教育的地方理应分配到一部分的课程权利。

1989年，我国有学者提出了三级课程、三级管理的建议。校本课程的概念也在90年代引入中国。1999年，《中共中央国务院关于深化教育改革，全面推进素质教育的决定》正式提出了"建立新的基础教育课程体系，试行国家课程、地方课程和学校课程"，即三级课程、三级管理（见决定第十四条），并在2000年《全日制普通高级中学课程计划（实验修订稿）》得到具体体现。

综上所述，校本教材是由学校、教师决策，体现地区差异和学校特色的校本课程实施载体。"校本"即"以学校为本、基于学校"，它的内涵一般是指以学校的校长和教师为主体，为了有效地实现校本课程目标，达到教育学生的目的，对教学内容进行研究，并共同开发和制订一些基本的教与学素材，作为校本课程实施的媒介，这些素材构成了校本教材。

内高班预科阶段校本教材，是指学校根据内高班学生特点自主研发的，应用于预科阶段，以完成初高中衔接知识学习为目的的校本教材。

3. 教材建设

教材建设是课程建设的重要组成部分，课程建设是指教育决策者对课程的规划、设计、实施、评估等一系列的行动过程。本项目研究所指的校本教材建设是指对内高班预科阶段的校本教材的规划、编写、实施、修订完善的过程。

（三）研究的理论依据

指导该项目研究的理论依据是科学发展观和建构主义学习理论。

2003年10月中旬，中共中央总书记胡锦涛在中共十六届三中全会中明确提出"坚持以人为本，树立全面、协调、可持续的发展观，促进经济社会和人的全面发展"。在基础教育阶段落实科学发展观，就应当为学生的终身可持续发展奠定基础。内高班预科阶段是学生适应内地生活、学习的关键时期，预科阶段的首要任务就是为学生适应未来的内地高中学习奠定基础。由于边疆与内地文化教育的差异性，这些学生虽然经过了初中教育，但未必具备适应内地高中学习的知识储备。项目研究的任务就是帮助这些学生打好进入高中学习的知识基础。

建构主义大师维果斯基提出的"文化—历史"发展理论认为，人的高级心理机能是受人类的文化历史所制约的，他特别强调在人的发展过程中社会文化历史的作用。另外，维果斯基在说明教学与发展的关系时，提出了"最近发展区"的理论。内高班学生作为生活在内地中学的独特群体，他们来自相同的地域，有着相似的生活、文化背景，其在学习倾向或认知习惯上必然有着与内地学生不同的特征。因此预科阶段校本教材的编制一定要做好充分的学生调研，掌握其知识背景和学习习惯，还要注意文化习俗差异，找准学生的"最近发展区"，确立好教材编写的立足点，如此才能使教材衔接初高中的功能得以落实。

二、 研究方法与实施过程

（一） 研究方法

1. 经验总结法

总结学校 6 年来内高班教学的实践经验，认真收集梳理相关教学资源。

2. 调查访谈法

对内高班科任教师和学生及学校管理者、教研员等进行访谈调查，了解、分析内高班学生在预科及高中阶段各科学习方面遇到的问题。

3. 行动研究法

由参与项目研究的教师和相关专业研究人员组成研究共同体，采用边研究、边实验、边改进、边总结的研究方法，逐步完成内高班预科阶段校本教材的编制和改进。

（二） 研究实施过程

1. 精心组织调研

学校从 2006 年开始招收新疆班学生，在教学中发现现有教材不能适应预科班学生学习的需求，逐渐萌生重编内高班预科教材的想法，于是组织教师开展相关的调研工作。调研工作分为几个方面进行：各年级内高班的班主任主要负责学生情况分析，一是通过访谈了解班内学生各学科学习的困难，二是整体比较内高班学生和内地学生各学科学习成绩的差异；各学科教研组负责组织学科教师分析各学段的教学内容与内高班学生的适应程度，找出需要在预科阶段强化教学的内容点。调研主要以访谈和讨论的方式进行，分年级、分学科召开系列座谈会，各年级各学科教师再将汇总意见反馈给预科年级组相关教师整理。

2. 制订课改方案

2009 年 8 月，在充分掌握一手材料的基础上，学校召开了内高预科班课程改革专题研讨会，各教研组长和学科骨干教师参加研讨会，各学科在充分讨论的基础上制订了《内高班预科阶段初高中教学衔接方案》。该方案从学生、教材、教师、教学方法等角度归纳了现实中存在的问题，提出了五大应对措施；每个学科都确定了衔接教学的目标、内容和进度框架。教师们开始收集资料，着手准备内高班预科阶段教材的编写。

2010 年 1 月的寒假教学研讨会上，学校又组织相关教师对方案做了进一步修订。

3. 编写试用教材

2011 年 3 月中旬，在具备一定基础的条件下，学校召开内高班预科年级试用教材编写预备动员会，学校相关领导、预科全体教师、各教研组长及部分高中优秀教师参会。会上明确了教材修订的任务，分工到人，并制订了计划实施细则。

2011 年 3 月中旬至 2011 年 6 月初。各学科教研组长牵头，学科骨干教师参与，多次讨论并确定教材内容的知识面、难易程度等学科问题。预科年级各学科教师将讨论意见汇总，着手编写试用教材初稿，并在暑期对初稿进行校对、整理、排版成型，8 月底印制完成试用教材。

4. 开展教材试用实验

编写完成的试用教材作为 2011 年 9 月预科新生入学的教材，开始为期一年的试用。试用期间，各学科教师每月召开一次沟通会（有的学科以单元教学内容为准，每完成两到三个专题的教学内容召开一次沟通会），沟通会上，授课教师畅谈试用体会和学生表现，大家共同讨论教材需要修改、提升的内容，加以收集并整理，为教材修订做准备。

5. 试用教材修订

经过一轮试用后，2012 年 5 月初至 2012 年 8 月底，各学科教师又根据反馈信息对试用教材进行了修订，重点是依据高中教学要求对各学科教学内容和顺序做微调，增加部分学生练习的内容。

6. 扩大范围，开展二轮试用实验

2012 年 9 月至 2013 年 7 月，对修订试用教材进行二轮试用。扩大试用范围，除本校外，也在一些兄弟学校开展试用。同时继续收集修订意见，重点对数学、英语的下册进行修订。

三、 研究问题的现状及原因分析

（一） 国内校本教材建设的特点及现状分析

　　校本教材是配合校本课程实施的产物，作为校本课程实施的重要载体，在学校课程建设中占有重要地位。一般认为，校本教材是由学校校长、教师、相关专业人士，在学校办学思想指引下，依据学校实际情况和教育追求，并结合学生认知特点及当地社会文化经济背景资源，自主开发的校本课程的教学材料。校本教材建设的目的是体现学校的育人特色和文化追求，因而校本教材具有自主性、开放性、多样性、时代性的特点。校本教材的建设是一个民主、开放、生成的过程。校本教材建设也应该是校长、教师、课程专家、家长以及社区人士共同参与的过程。

　　目前基础教育领域校本教材建设热潮方兴未艾，但各地校本教材建设中也出现一些问题，如一些校本教材编写的价值取向不明、随意性较大、缺乏严谨规范程序等。要避免这些失误，校本教材开发过程应该坚持做好深入广泛的调研，尤其应做好学情分析，收集丰富的资料，制订详细具体的开发规划，还要规范教材体例，接受课程专家指导，经过试验反复修订。只有这样，才能开发出特色鲜明、实效性较强的校本教材。

（二） 内高班预科阶段教材使用现状分析

　　预科阶段是内高班学生适应内地学习与生活的关键时期。由于地区教育的巨大差异，加之语言、文化、生活习惯的不同，内高班学生在学习上普遍会遇到巨大困难。而且内高班学生本身还有着民考民、民考汉和双语学习等不同背景的生源差异，学生的学习基础也不尽相同。

　　目前内高预科班所用教材只有由国家统一编订的语文、数学、英语三科，物理、化学、历史、地理等学科没有统一教材，远不能满足学校教学和学生发展的需要。一方面已有的几科教材尚不能适应各地的教学实际，另一方面许多学科缺乏教材又给教学质量的稳定带来很大压力。

　　就内高班学生学习基础和接受情况来看，尤其进入高中学习以后，学生的主要困难是语文和英语，他们与内地初中毕业生水平差距甚大。相对而言，内高班学生的理科基础要好得多，学业水平要略高于本地学生。而历史、地理这样的学科内高班学生在新疆基本没学，给高中教学带来很大压力。

就现行预科教材的编纂内容来看，现行的内高预科教材把着眼点主要放在初中知识的复习上，忽略了与高中的衔接工作。所以预科学生在各科学习中表现不一，比如数学，因为这些内高班预科生都是从新疆初中毕业生中经考试选拔来的前10%的学生，他们的数学基础普遍较好，再将初中知识复习一遍有些浪费时间；而他们语文、英语的学习仍很困难，尤其是文化背景知识欠缺。

在实际教学中语、数、英三科教材也存在着与学生实际情况不相适应的情况，教师在实际教学中不得不做出相应的调整，如语文教材教师只选讲部分篇目，而另外补充了大量其他篇目，数学则是打乱原教材篇章结构重新整合。物理、化学等学科因为没有统编教材，只能凭教师自编讲义上课。

现状表明，有必要对内高班预科教材进行调整完善和创编。编制适应学生学习基础和学校实际的校本教材有助于解决目前的困难，提高内高班学生的学习质量。

四、 研究成果

（一） 成功编纂了一套针对内高班学生预科阶段的试用教材

经过课题组几年的研究探索，昌平二中编写了内地新疆高中班预科与高中衔接课程部分试用教材一套（共13本），含语文（2本）、数学（2本）、英语（2本）、物理、化学（2本）、生物、历史、地理、政治。经过试用实践，对所编教材进一步修订完善，2012年9月修订再版。

（二） 试用教材有助于内高预科班顺利实现初高中过渡

传统的内高预科教材只有语文、数学、英语3科，并且以复习初中知识为主，与高中教材差异极大，其他学科又面临着无固定教材的局面。这种状况不利于内高班预科学生顺利进入高中学习。

本课题研究力求弥补传统教材不足，补足科目，将教材定位由初中知识复习转变为促进初高中衔接过度。经过课题组几年研究，先后经历了成立攻关团队、制订课改方案、学生调研、分学科编撰试用教材、试验修订等环节的工作，编制了本套试用教材。该套教材是在深度调查分析学生现状基础上，整合初高中教学力量，共同参与完成的，具有较强的针对性与实用性。该套教材立足预科，放眼高中，以促进内高班学生初高中知识衔接、尽快适应内地学习方式为目的，对教育部颁布的语文、数学、英语3科教材进行大幅度改编，同时根据教学实践需求自主创编了物理、化学、生物、政治、地理、历史等学科教材。编写过程中对各学科初中知识做了统一梳理，并补充部分高中需要的知识内容，丰富了学生巩固深化练习等内容，较好地满足了内高班学生的学习需求。

（三）形成了协同攻关、统筹规划的校本研究策略

内高班预科阶段教材编制是一个系统工程，涉及多个学科以及众多学生、教师、研究管理人员，必须组成攻关团队，分工合作。研究过程中，校长作为学校负责人，承担全面指导和协调保障任务；教学副校长负责项目研究团队的组建、整体方案确定及阶段任务的分配；人力与课程资源处主任负责研究方案的制订以及研究过程的组织监控；内高班预科年级主任负责教材编写工作的统一协调组织、研讨、修订等工作；内高班办公室主任，负责学生调研及与相关部门的沟通协调工作；各学科教研组长，负责具体学科教材编写、修订人员的选定及学科研讨的组织。

由于项目本身内容复杂，涉及人员众多，又有较长的时间跨度，所以在项目实施之初，我们就制订了详尽的实施方案，明确各类人员分工任务，确定实施进度及时间节点；定期召开相关研讨会、交流会，征集各方建议，确定修订方案；在实践中经过反复实验检验。

因此，该套试用教材的问世是集体攻关的结果。本课题研究的过程也对学校积累科研工作经验、提升组织效率起到了促进作用。

（四）促进了教师的专业发展与教育科研能力的提升

试用教材的编写集中了初高中各学科的骨干教师，教师们在编写教材过程中认真学习课程标准，研究初高中教材的内容衔接点，分析学生学习特点，商定教材体例，确定各章节的主题内容，分工合作完成教材的编写，又在教学实践中积累反馈信息，对教材做了修订。该项目实验申报中国教育学会"十二五"规划课题获得立项批准，一些老师的研究论文、公开课例在各种评比中获奖或参加学术交流，整个实验过程是对教师专业素质的一次提升。

五、 成果影响及反思

（一）试用教材有助于内高班预科阶段顺利实现初高中过渡

尽管内高班的学生原有学习基础与内地同期学生相差很大，甚至如地理、历史等学科他们在新疆根本就没学过，但经过一学年的衔接教学，大部分学生进入高中后能够跟上正常的学习进度。每届内高班预科中约有 1/4 汉语基础较好的学生编入内地班，完全适应与内地学生同班同步学习。近几年内高班学生高考平均分高出本市某些兄弟学校约 10 分，升学率基本 100％。2013 年高考，新疆内高班学生成绩全部达到本科线。学生成绩的取得，不能不说得益于较好地解决了教学衔接问题。

（二）试用教材的编纂创新发展了内高班预科教育教学工作

试用教材的编写得到了教育部民教司、新疆内学办、北京市教委基教处、北京市民族教育学会以及全国各地的兄弟学校的关注与好评，被认为在全国内高班教学工作中具有创新和示范价值。

项目实验开始以来，学校多次在新疆维吾尔自治区的内高班工作会及其他相关会议上，介绍我们的教材改革试用情况，得到与会者的广泛关注。

2011 年 12 月 24 日，学校召开了内高班预科阶段试用教材研讨会，邀请全市办内高班的学校参加，推出了 5 节公开课。市教委、民委的相关领导参加了这次会议。

2012 年 9 月起本套试用教材已在广州玉岩中学、珠海实验中学、连云港高级中学等校推广使用。

（三）后期工作展望

举办内高班是国家落实民族教育政策的一项重大举措。每年新疆有 5000 多名初中毕业生，经过严格的考核选拔，进入分布在全国各地的 66 所示范高中的内高班学习，将来招生范围可能会扩展至 10000 人。这些学生，是未来新疆建设发展的生力军，也是维护祖国统一和民族团结的重要力量。加强内高班预科阶段教材研究与建设，对于内高班学生尽快适应内地教育节奏，提高内高班整体教育质量，意义重大。

我们感到，内高班预科阶段校本教材编写的难点在于相关研究成果比较少，缺乏可借鉴的资料，教材尚在试用阶段，还不够成熟，在教材内容安排的科学性，教学实施手段、方法的严谨性以及效果评估的方式方法等方面还有待进一步科学化。

教材编写是一个不断探索、不断完善的过程，教材的编写质量还需进一步提高。学校在今后的工作中会不断反思和改进，并请课程专家介入研究，加强教材的规范化和科学性，争取早日通过上级相关部门的审定，能够形成正式出版物。

心理健康教育校本课程的开发与应用研究

樊海龙　　张起生

一、 研究背景

（一）学校发展的需要

2007 年 9 月，原百善中心小学、百善中学合并成立百善学校，百善学校成为一所九年一贯制学校，学校成立之初，把"让每一名学生健康成长，使每一个学生全面发展"确立为学校的办学理念，要求教师不仅要为每一位学生提供适合其潜能开发和个性发展的教育条件，而且要让每一个学生都感受到生活和学习的快乐，让他们的身体和心理健康成长。几年来，学校努力提高教育教学质量，已连续几年进入"昌平区十佳"行列，而如何进一步提高办学水平，促进学校的进一步发展，更好地实现我们的办学理念是学校目前面临的主要问题。

（二）家长的需求

由于地处农村，家长期望孩子以后能够有所发展，强烈地渴望自己的孩子出人头地，于是要求学校提高教育质量，要求教师提高教育教学水平。一些本应在百善中心小学入学的学生转到城镇地区入学或是小升初时转到教育教学质量较好的初中学校。百善地区的家长迫切希望百善学校能够成为昌平区乃至北京市一流的学校！

（三）教师的需要

教师在努力提高教学水平、认真完成教学任务的同时，还要找学生谈心，帮助学生解决心理问题、学习问题，但由于没有找到适合的方法，常常感到心力交瘁，事倍功半。因此，开设心理健康教育课程，深入推进心理健康教育，迫在眉睫。同时，运用校本研究模式，对提升教师队伍整体素质，践行办学理念，全面实现办学目标，具有重要的现实意义。

（四）学生健康成长的需要

2010 年，我们运用"中学生学习动机调查问卷"进行了调查，结果显示：初一年级 64.71% 的学生存在一定问题和困扰，初二年级 60.76% 的学生存在一定问题和困扰，初三年级 59.46% 的学生存在一定问题和困扰，有 2.70% 的学生存在严重问题和困扰。学生的实际情况给我们的教育教学工作提出了新的要求。

据此，学校决定研发一套符合学校发展需要的、适合学生特点的心理健康教育校本课程。

二、 研究目标

"课程"是一种有计划地安排学生学习机会的过程，使得学生获得知识、参与活动、丰富经验。从本质上说，它是开放的、民主的、科学的。因此，课程不仅是一种过程，一种结果，而且还是一种意识。①

"校本"指课程开发活动是由学校发起的，并在学校中实施的，强调对学校及当地社区资源的利用，特别是学校与校外专家的交流与合作。因此，校本课程开发实质上是一个以学校为基地进行课程开发的开放民主的决策过程，即校长、教师、课程专家、学生以及学生家长和社区人士共同参与学校课程计划的制订、实施和评价活动。它涉及学校教育的各个方面，如学校组织结构优

---

① 周仁康. 走向智慧的校本课程开发［M］. 北京：国家行政学院出版社，2013：37.

化、教师在岗培训、教育资源选用和社区参与等多种相关措施。"校本"主要落实、体现在这样四个方面：校本研究、校本培训、校本课程和校本管理。

"开发"是一项计划、方案的具体细节的确定，既包括一项制订好了的计划，也包括这项计划中具体内容的确定。

我们认为，对于"校本课程开发"的界定在字面上务必把握两个基本点：一是以学校为本；二是课程开发。在内容上，必须考虑校本课程开发所隐含的新的教育理念和课程假设。与此同时，还必须考虑我国的国情、语言习惯以及初中教育的实际。

基于上述思考，我们把"校本课程开发"界定为：在学校现场发生并展开的，以国家及地方制订的课程纲要的基本精神为指导，依据学校自身的性质、特点、条件以及可利用和开发的资源，由学校成员自愿、自主、独立或与校外团体或个人合作开展的，旨在满足本校所有学生学习需求的一切形式的课程开发活动，是一个持续和动态的课程改进过程。

本研究针对农村地区和学生在"初级中学"的成长特点来研究，结合本校实际，整合学校各方面的力量，按一定的结构形式运作，解决学校心理健康教育的目标、内容、途径、方法、评价等操作问题，为心理健康教育在农村学校的全面实施提供一种样式。

本研究目标具体包括以下四点。

一是解决如何使教师结合学科实际开展心理辅导的策略和技巧的问题；解决如何拓展班主任的工作职能，挖掘班主任工作的潜能，提高班主任开展心理辅导能力的问题。

二是通过课程的开发和应用，培养和造就一批优秀的心理健康教育师资，提高整个教师群体从事教育科研工作的积极性，丰富教师的教育智慧，提升每位教师的专业素养和科研能力，加速形成研究型教师队伍。

三是通过该课程的实施积累校本课程开发和管理的经验，为开设更多的校本课程、建立更加完善的学校课程体系准备条件。

四是编写出适合初中生心理发展特点的，具有百善学校特色的心理健康教育的课程教材。

三、 理论基础

（一） 后现代主义课程观为心理健康教育校本课程开发提供理论支撑

后现代课程观强调价值多元，尊重学生的个性差异，具有明显的个人性和建构性。它否定了传统课程的预设性、静态性，心理健康教育课程呈现开放性、动态性和不确定性，强调学生的心理体验和分享，重视开放的、互动的、共同的对话，学生的答案没有绝对的对错之分，只要是学生的真实感受和想法都可以尽情地表达出来，在对话交流中进行心灵碰撞和素质提升。

（二） 心理健康教育观为心理健康教育校本课程开发提供理论支撑

心理健康教育课程以解决学生成长中的心理问题和开发学生潜能为主线确立活动目标，以学生的心理感受和心理体验为核心，以学生的心理健康发展和成长为归宿。中小学心理健康教育课程的实施是一个生成（而非预设）的过程，强调人的心理品质的"形成"而非"教成"。心理健康教育课程的设计需要在学生自我的逐步生成过程中形成，课程运作的每一个环节，都可能面临众多未知的、偶然的因素，需要不断设计、更新和扩展。

（三） 积极心理学理念为心理健康教育校本课程开发提供理论支撑

积极心理学是研究人类的力量和美德等积极方面的心理学思潮。以积极心理学的取向赋予心理健康教育新内容和更高目标，从过于强调负面情绪的诊断转向积极情绪的管理，从治疗疾病转向积极预防。心理健康教育课程目标具有发展性和预防性，侧重关心人的优秀品质和美好心灵，关注人的积极的认知加工、积极的情绪体验和积极的社会行为，培养积极健康的人。心理健康教育不但要关注人的弱点和错误，而且要关注和建设人的优势与正面的力量，更要关注个人潜能的发挥和个人心理能力的增加。

（四） 团体动力学理论为心理健康教育校本课程开发提供理论支撑

美国著名心理学家库尔特·勒温创立的团体动力学理论，着重从本质上探索团体内各种潜力的交互作用。团体对个体行为的影响等内容。团体并非是互不相干的单个个体的集合，而是一个由互相联系的个体所构成的有机整体。由于团体成员对共同目标的追求和对团体内一定价值规范的认同和遵守，团体具有个体所没有的动力特征及团体凝聚力，而团体凝聚力的形成有助于团体成员安全感的满足及对团体的认同感和归宿感的产生。在具有内聚力的团体中，个体成员将自己的动机、需要与团体目标紧密地联系在一起，自觉地为实现团体目标而努力工作，使得自身的思想、行为与其他团体成员趋于一致。可见，通过团体来改变其中个体成员的行为要比使其独自改变自身行为更为容易，而在一个具有内聚力的班集体中，进行集体心理健康教育的效果要比单个教育学生的效果更好。

四、 研究方法与思路

（一） 研究方法

1. 行动研究法

组织教师培训，使其参与心理健康教育的探讨、研究、实践和总结工作，在合作中研究，在研究中提高认识，以理性的认识指导实践，不断推进研究工作的深入开展，逐步形成研究的成果。

2. 个案分析法

心理咨询、心理矫治主要用个案研究法，以探索学生心理问题、心理障碍的成因以及矫治的途径、方法和效果等，通过一些典型案例的剖析、积累，寻找预防的措施和矫治的经验。

3. 调查法

采用问卷调查、访谈等方法，了解农村中学生的心理现状，据此编写出针对性较强、内容丰富、先后排列有序的农村初中心理健康校本教材。

4. 文献研究法

认真研究心理健康教育的研究成果，把握学校心理健康教育的研究发展动态和趋势，根据本研究的需要，借鉴和运用已有的研究成果和方法，保证本研究定位准确、方向正确。

（二） 研究思路

本课题研究分为三个阶段，循序渐进，稳步推进。

1. 研究准备阶段（2011 年 9 月—2011 年 12 月）

选定研究主题，成立学校心理健康教育课题研究小组，于研究前做三个方面的工作。

（1）召集教师进行心理教育理论的学习和探讨，成立研究小组。

（2）召开动员会，组织教师分析当前学生心理发展状况，评估本校心理健康教育的具体实际和现有资源，充分认识心理健康教育在促进学生全面发展中的作用及心理健康教育的紧迫性。

（3）制订《百善学校心理健康教育实施方案》。

2. 实施研究阶段（2011 年 12 月—2013 年 6 月）

第一阶段：启动研究。（2011 年 12 月—2012 年 2 月）

（1）建立学校实施"心育"工作的管理机制。

（2）开展问卷调查、座谈，搜集相关的报纸杂志资料，做好筛选、整理工作，编写校本教材。

（3）继续装备心理咨询室，引进和培训老师，开展心理咨询工作。

（4）开展心理健康教育的校本培训工作。

第二阶段：撰写中期报告。（2012 年 3 月—2012 年 12 月）

（1）编写校本《心灵成长》教材。

（2）阶段总结，整理评价资料，形成评价报告，在此基础上撰写本课题中期报告。

第三阶段：继续研究。（2013 年 1 月—2013 年 6 月）

（1）修改校本教材《心灵成长》。

（2）做好实验的研究和后测工作，写出研究报告。

（3）继续做好心理健康教育的管理和评价工作。

第四阶段：总结验收。（2013 年 7 月—2013 年 9 月）

（1）编辑《百善学校心理健康教育案例集》《百善学校学科渗透心理健康课例集》。

（2）整理研究过程相关材料。

（3）写出结题报告，迎接结题验收。

五、 研究内容

（一）校本课程开发指导思想

学生的学习、活动、生活主要环境是校园和课堂，他们交往的对象主要是同学、老师、家长，他们面临的问题主要表现在学习、交往以及生活上。所以，校本课程内容应包括学习目标设定、探索自我、人际关系、学习方法、时间管理、职业生涯规划等部分，帮助学生确立生活目标和学习目标，不断完善目标，使其树立理想，掌握实现理想的方法。把心理训练放在活动中，让学生在活动中感悟、体验、反思，共同探讨学习生活中的问题，探索出适合自己的方法并在学习、生活中加以运用，从而提高自身的心理素质。

中学心理健康教育不是单纯传授心理健康知识，而是充分运用心理学、教育学和社会学等有关学科的理论和技术手段，通过心理教师有目的、有计划地对学生进行心理健康知识的教育和训练，培养学生良好的心理素质，提高其身心健康水平，促进其全面和谐发展。根据《基础教育课程改革纲要（试行）》的精神和《中小学心理健康教育指导纲要》的要求，以及学生生理、心理发展的规律，校本课程力求突出以下几个特点。

1. 充分体现"活动教学"的特点

心理健康教育是一种以体验性学习为主的教育。它主要不是解决知与不知的问题，也不在于让学生"知道"什么是心理健康，而是要切实影响他们的心理健康。对个体而言，人的感受和体验产生于人的活动，因而再精彩、再生动的讲授都无法替代个人的亲身感受和直接体验。基于此，本套教材按照"活动教学"的思想，每课都创设了各种情境，以个体经验为载体，以活动为中介，通过精心设计的活动，通过角色扮演、情境体验、经验分享、谈话沟通、行为训练等丰富多样的活动形式，通过师生共同的参与，引起学生相应的心理体验，从而形成积极影响。在活动中建立起为学生认同和接受的规范和价值，促使学生自我认识、自我成长。

2. 重视学生的经验和体验，贴近学生学习、贴近学生生活、贴近社会实际

心理健康教育在于使外在的教育要求内化为学生的心理素质。要达到内化这一要求，不能只靠讲解、灌输，必须通过学生亲身参与教育活动，让学生在活动中大胆表现自我，不断加深理解和体验，从而达到内化为心理素质这一目的。因此，在教材的编写上，我们确定了符合受教育者的成长规律的编写线索和学生喜闻乐见的编写形式，特别强调学生富有个性的学习活动过程，关注学生在这一过程中获得的丰富多彩的学习体验和个性化的创造性表现。

中学生是可以自助和互助的，处于发展中的学生完全具有利用自身的经验和体验进行自我教育和相互教育的能力。因此，我们始终注意面向每一个学生的个性发展，尊重每一个学生发展的特殊需要，调动学生自身的教育资源，把学生放在主体地位。随着实践活动的不断展开，学生的认识和体验不断深化，创造性的火花不断迸发，新的经验在活动中不断生成。

3. 注重解决成熟与幼稚所带来的心理矛盾，侧重学生自我教育

学生心理素质的一个特点就是不断走向成熟，未成熟本身就意味着他们将会发展。可以说，他们身上所存在的一切问题都与不成熟有关。基于此，我们在教材设计中以学生的成长和成熟为中心，以解决成熟与幼稚的矛盾作为我们编写教材的起点。

中学生的本性是积极向上的。尽管他们会犯错误，但这都是他们在前进过程中遇到的挫折，他们正是在这些挫折中走向成熟的。教育者应坚信他们积极向上的本性，如此才能怀着理解和包容的心态对待他们的心理问题，才能站在他们的立场既为他们考虑，又不去取悦他们，使他们的心理困惑通过心理健康教育得以排解。对于他们身上的不足，要避免以教育者的身份进行说教，要帮助他们分析症结，给予科学、有效的心理咨询和辅导，使他们能够尽快摆脱障碍，调节自我，增强发展自我的能力，积极适应环境。这套教材完全是从与中学生做朋友的角度来对他们进行帮助的。

4. 每课突出了"个案"，图文并茂，体现了"良好行为训练"的思路

为了使心理健康教育贴近学生学习、贴近学生生活、贴近社会实际，本教材以问题为线索，利用案例对常见的心理问题做出分析，体现"良好行为训练"的思路，注重学习的过程与方法。比如，如何拥有自信，如何正确处理异性交往，如何进行情绪管理，等等，举出实例后，再针对问题辅之以心理练习。内容上力求图文并茂、灵活有趣，注意用形象的心理故事摆事实、讲道理。

（二）校本课程基本框架

积极心理学倡导人类要用一种积极的心态来对人的许多心理现象做出新的解读，并以此来激发每个人自身所固有的某些实际的或潜在的积极品质和积极力量，使其能顺利地走向属于自己的幸福彼岸。培养学生发现幸福、体验幸福、创造幸福的能力，使其健康快乐成长，成为教育工作者的首要任务。据此，我们将培养学生24项积极心理品质作为编写的主线，从积极的视角，以积极的价值取向，用积极的内容和方式塑造充满希望和散发着活力的健康心灵。

积极心理健康教育，培养的是积极的心理品质。世界积极心理学运动发起人、美国宾夕法尼亚州立大学塞利格曼教授将人类的积极心理品质概括成6类24项。（见表3－3－1）

表 3－3－1　24 项积极心理品质

智慧和知识	1. 创造力　2. 好奇心　3. 开放的思想　4. 热爱学习　5. 有视野（洞察力）
勇气	6. 真诚　7. 勇敢　8. 坚持　9. 热情
仁慈	10. 友善　11. 爱　12. 社会智能（社交智力）
正义	13. 公平　14. 领导力　15. 团队精神
自制	16. 宽容　17. 谦虚　18. 谨慎　19. 自律（审慎）
超越自我	20. 审美（欣赏美和完美）　21. 感恩 22. 希望　23. 幽默　24. 信仰

　　积极心理学的特点集中表现在一切从"积极"出发，即用积极的视角发现和解决问题，用积极的途径培养积极的品质，用积极的思想浇灌积极的心灵，用积极的过程提供积极的体验，用积极的反馈强化积极的效果，用积极的态度塑造积极的人生。

　　我们在设计每一课时，首先确定它所要展现的积极心理品质，并将其细化为具体行为表现。（见表 3－3－2）

表 3－3－2　各单元课题的积极心理品质及其行为表征

单元	课题	积极心理品质	行为表征
第一单元 适应成长	第 1 课　适应新的学习生活	好奇心	总想知道更多；总希望知道、了解更多的事物
	第 2 课　追求成功	开放的思想	多角度、多层次考虑问题，全面地考虑事物并从各个角度来检验问题，不草率下结论
	第 3 课　设定学习目标	信仰	有信念，有人生理想和人生目标，相信每个人做每件事都有目的和意义，这种信念能够塑造一个人的品质，让其一生过得精彩而有意义

续表

单元	课题	积极心理品质	行为表征
第二单元 认识自我	第4课 我眼中的"我"	希望	乐观积极,以积极心态看待现实生活,高高兴兴地生活在现实中
	第5课 他人眼中的"我"	开放的思想	多角度、多层次考虑问题,全面地考虑事物并从各个角度来检验问题,不草率下结论
	第6课 独一无二的"我"	真诚	诚恳正直,对自己的感觉和言行负责
第三单元 沟通无限	第7课 沟通方法	洞察力	能够对事物的走向给出准确判断,善于解决生活中重要和复杂的事情
	第8课 学会宽容	宽容	在原谅了欺负自己的人后,心理会从负面消极的状态,如报复或回避,转向积极的状态,如友善、宽宏大量
	第9课 我与父母	感恩	花时间表达自己的感谢
	第10课 面对老师	自律	有纪律,自觉规范自己的感觉与行为,自觉遵守法律法规,自觉遵循道德规范,注重礼仪
	第11课 我的同学、我的朋友	团队精神	尊重团队目标,虽然有时团队目标会与自己的目标不同,但仍然尊重并重视团队的目标
第四单元 青春之歌	第12课 我喜欢我的性别	审美	发现美,善于发现周围环境及日常生活中美好的事物、人物
	第13课 男生与女生	社交智能	了解和理解他人的动机和感受,接受别人的思想和情感,能够识别他人心情的变化
	第14课 我的偶像我做主	信仰	有信仰,使自己有所追求、有所寄托
	第15课 角色与责任	谨慎	做事之前考虑周到,深思熟虑,仔细评判利弊得失,小心地做出选择

续表

单元	课题	积极心理品质	行为表征
第五单元 直面生活	第16课 应对压力	勇敢	遇到挑战、威胁、挫折、痛苦不退缩，意志坚定
	第17课 化解自卑	热情	乐观面对一切事物，做每件事情都带有激情，这种热情状态很富有感染力
	第18课 拥有自信	希望	有追求，知道自己要什么并做好充分准备
	第19课 笑对挫折	幽默	很容易看到生活光明、轻松的一面，认为生活充满了乐趣
	第20课 情绪调控	自律	自觉控制、调节自己的情绪
第六单元 学习策略	第21课 集中注意力	自律	自觉控制自己的欲望和冲动直到恰当的时机出现
	第22课 记忆攻略	好奇心	寻求新奇，敏锐地发现并愿意接受新事物，不容易觉得无聊
	第23课 我为课堂添光彩	公平	对人一视同仁，对事公正合理，不会让自己的偏见影响组织决定
	第24课 培养良好的学习习惯	坚持	做事时不分心，有恒心，在完成工作（学习任务）的过程中获得愉悦感和满足感
	第25课 从容应对考试	公平	对人对己一律平等，分配公平，交易公平
第七单元 职业规划	第26课 时间管理	洞察力	能够对事物的走向给出准确判断，善于了解和解决生活中重要和复杂的事情
	第27课 失败过不等于失败者	坚持	勤奋、用功、有耐心，做事锲而不舍

续表

单元	课题	积极心理品质	行为表征
第七单元职业规划	第28课 发现我的智慧	热爱学习	善于从日常生活中学习知识、掌握技能、增长见识、积累经验
	第29课 我的职业生涯发展	开放的思想	会慎重考虑每件事的影响因素，不轻易否定自己
	第30课 我的未来不是梦	希望	认为好事总会发生，对未来充满信心，相信幸福掌握在自己手中

（三）校本课程的实施

1. 课时安排

在初一年级和初二年级开设心理课，课时量为每周一节。

2. 建立心理咨询室，为师生提供心理辅导

学校心理咨询室建立几年来，接待过近百位学生，他们咨询的问题多种多样，主要集中在学习、异性交往以及与父母沟通等方面。在咨询过程中，咨询师无条件地给予学生积极关注，让来访学生充分宣泄情绪，在交流中使学生得到感悟、启迪并实现个人成长。

心理咨询室不仅对学生开放，也对教师开放。通过开展各种活动，心理咨询室建立了同教师的密切联系，使得很多教师无论是在家庭还是在工作中遇到了烦恼和困惑，都愿意主动到心理咨询室进行咨询。这种咨询，不仅解决了教师自身的心理问题，提升了教师的心理健康水平，同时也使教师们从中学习到更多的心理健康教育方法，并应用到学科教学实践中去。

3. 学科渗透，推动心理健康教育课程深入开展

各学科中都包含有心理健康教育的内容，都蕴藏丰富的心理健康教育资源，在学科教学中渗透心理健康教育是学校开展心理健康教育的重要途径。

教学中，教师要吃透教材。一是对教材本身蕴含的心理健康教育内容进行恰到好处的挖掘。二是在传授知识的过程中自觉渗透心理健康教育。三是对学生心理素质的培养。教师要做到将三者有机结合，不要牵强附会、生搬硬套。

例如数学教学中要进行分散思维训练，语文教学中要进行合理想象、情感方面的训练，体育教学中要进行意志品格方面的训练等。只要明确了心育目标，就要抓住时机，发挥教材作用，达到心育的目的。所以，我们要求每位教师在教学过程中，结合学生的实际情况以及所教学科的内容，尽可能地开发学科活动资源，在教学中开展心理健康教育工作。

4. 班主任工作中渗透心理健康教育

通过班主任心理健康辅导培训和营建健康、和谐的校园文化环境，普遍提高班主任群体自身的心理健康素质；鼓励班主任有意识运用所掌握的心理辅导理念、技巧、方法，将一些辅导的原则内容融入日常班级工作中，有机地将心理教育、思想教育与行为教育糅合在一起，对学生个体或集体施加直接或间接的有效影响，并把心理辅导与品德专题教育有机结合，有效地解决学生中存在的各种心理问题。

5. 校园文化的重塑，活化心理健康教育的隐性课程

学校利用校园文化的渗透性和弥散性，稳定学生的情绪，对学生的行为产生软约束力。增设心理健康教育的图书杂志栏，在校园人行道旁以及教室内、教学楼走廊上张贴体现心理健康教育的名人名言，让每块墙壁、每块画牌都微笑，在整个校园里营造一种浓厚的心理教育氛围，使学生在"勤奋、友善、健康、向上"的校园氛围中，不知不觉地接受积极心理影响。

（四）课程的评价

1. 以教师自评为主

评价强调教师对自己教学行为的分析与反思，建立以教师自评为主的评价机制。心理课的核心问题是解决学生成长中的问题，问题应是从学生中来，找到他们最渴望得到解决的问题。根据学生不同的心理发展阶段设计相应的活动主题，培养学生积极面对问题和解决问题的态度及能力。创设心理课堂氛围须遵从三个重要原则——尊重、真诚、保密，积极创设一种"人人都说，以活动为主，我敢说，我要说"的心理课堂氛围。教师能够自然、平等地融入活动之中，体现教师自身的积极引导作用和建设性解决问题的能力。具体教学要求：教学手段使用恰当，时间利用合理；面向全体，兼顾个别，参与面广，真实体验；课堂和谐、愉悦，利于学生展示自我；以学生的心灵成长为目的，注重学生的心理感受和心理体验。（见表3－3－3）

表 3-3-3　百善学校心理健康教育活动课评价标准

项目	评分内容	得分
主题明确（20分）	目标具体、明确，有层次性和操作性（10分）	
	主题符合学生心理发展的需求，贴近学生实际，针对性强，有助于学生健康心理的发展（10分）	
内容科学合理（30分）	心理学基础知识应用正确，合理确定重点和难点，适度分析与解释（15分）	
	内容具有现实意义，有助于学生的发展和成长，培养学生积极面对问题、解决问题的态度及能力（15分）	
教师素质（25分）	能够较熟练地驾驭心理健康教育活动课，能够自然、平等地融入活动（10分）	
	注重学生参与的深度和广度；活动中能够体现教师的积极引导作用和建设性解决问题的能力（10分）	
	教学手段使用恰当，时间利用合理（5分）	
教学效果（25分）	面向全体，兼顾个别，参与面广，真实体验（5分）	
	课堂和谐、愉悦，利于学生展示自我，学生在活动中能够有所体验和感悟（10分）	
	以学生的心灵成长为目的，注重学生的心理感受和心理体验，总体效果良好（10分）	
总分值100分		总得分
综合评价		

　　学科教学中渗透心理健康教育的目的是消除教学设计、评价和管理中一切不利于学生心理健康的因素。在教学中，教师应坚持愉悦性、激励性、差异性、支援性等心理教育原则，通过精心组织教学内容，积极改进教学方法，精心设置问题情境等，引发学生的兴趣，通过平等、民主、合作的师生关系带动课堂的良好氛围。教师在教学时，注重给予学生一些积极的心理暗示和正强化，提高学生的学习积极性，增强学生的自信心。课堂中教师要注意观察学生

的心理状态，及时发现他们的心理问题并进行有针对性的个别辅导（见附件）。

2. 对学生采取多元评价

多元评价包括学生自我评价、学生互相评价、教师评价和家长评价。教学中注重收集各种资料，学生最终得分 = 心理健康教育活动参与分（占60%）＋其他活动参与分（占20%）＋运用所学知识解决问题分（占20%）。分数折合为等级记入学生素质报告册：优（85—100），良（70—84），达标（60—70），待达标（60分以下）。

（五）校本课程实施效果

我们以校本课程开发为科研平台，彰显了学校的办学特色。自校本课程实施以来，已经取得了显著成果，突出表现为"三变"。

1. 学生在变

（1）增强自我激励意识，培养了成功感和自信心

每个学生开始学会正确地看待自己，认识到自己并不笨，具有可开发的巨大潜能。在情感态度上，学生的学习兴趣浓厚了，自主探究的意识强了；在知识技能上，学生的知识面拓宽了，视野开阔了，掌握了适合自己的学习方法；在学习方式上，学生能主动搜集信息，学习知识的积极性更高了，主动性更强了，综合素质有了明显提高。

（2）增强自我规范意识，培养了意志品质和自控能力

学生在心理发展过程中有了明确的规范意识，懂得为了实现自己的学习和人生目标什么该做，什么不该做，以及怎样去做，有意识地培养意志力、自控力。

（3）增强自我调节意识，培养了社会适应能力与人际交往能力

学生成长过程也是一个社会化的过程，要不断调节、平衡自己的心理状况，保持健康的心态，并有良好的社会适应能力与人际交往能力。心理优化促进了学生主动发展，不少学生由厌学变为好学，学习自觉性提高了；由娇懒变为勤奋，生活自理能力增强了；由孤僻变为乐群，人际交往能力增强了。

调查显示，86.8%的学生与小组成员合作得很愉快，而且经过活动的开展，部分学生感到班级同学之间更加团结友爱。有36.5%的学生认为自己在活动中的最大收获就是"学会了与自己不熟悉的人打交道"，这也是他们交往能力提高的一个表现。

2. 教师在变

进行心理健康教育不仅能使学生获益，教师也从中获益匪浅。课题研究提

高了教师的心理健康水平，在工作中教师们能够积极克服困难，努力寻求解决问题的方法。心态良好，能正确接受并悦纳自己；承认个体之间的存在差异，允许自己不如别人，了解自己的长处和短处；能自我调控情绪，会自我排解压力，敢于挑战自我；面对繁重的工作和复杂的人际关系，有良好的品质，敢于突破障碍；当机立断，处事沉着冷静；同事之间和谐相处，相互尊重。

在教育观念上，"学生成长，教师发展"的理念已逐步形成，并落实在教育教学实践中；在教学方法上，教师更注重学生的个性、情感、态度的培养；在自身素质上，教师通过校本教材的实验研究和教材编写，知识水平、教学技能、教育内涵等方面都有较大幅度的提升。

3. 学校在变

在课程改革中，校本课程的实施极大地丰富了学校的课程内容，并对体育、科技、劳技、语文等学科的发展起到了帮助和提高的作用。近年来，学校被评为北京市健康促进学校、北京市节约型学校、北京市广播操优秀学校，获得北京市奥运会奥林匹克教育工作突出贡献单位、首都军民共建工作先进单位等数十项荣誉称号；师生参加各级各类比赛数千人次获奖，其中健身操代表队曾获得全国冠军。办学水平迅速提升，心理健康教育、体育、科技特色初步形成。在教育改革的大潮中，百善学校全体师生正在以崭新的风貌、高度的热情投入到工作、学习之中，努力创造更加辉煌的明天！

六、 研究思考与展望

（一）存在的问题

一是师资队伍的建设有待进一步加强，由于学校的经费有限，课题组成员均为兼职教师，这就造成业务培训的时间、力度还不够，心理健康教育师资队伍专业化水平不高。

二是心理咨询工作的科学化、规范化水平有待提高。心理咨询工作日益发挥其独特的作用，日益受到师生的欢迎。心理咨询工作的科学化、规范化水平将直接影响学校心理咨询工作的开展。

三是实验的研究管理工作还应更加规范、科学，尤其是过程性实验材料的管理要更为规范。

（二）今后的设想

一是进一步加强心理健康教育的师资队伍建设，不断提高其专业水平。

二是加大课题实验的工作力度，将从时间、经费等方面给予课题实验大力支持，加强实验工作的广度、深度。

三是加强对教师的心理辅导，在教师中普及心理健康方面的基本常识，让全体教师掌握必要的心理知识，提高自我调控能力。

四是建立更为完善的教育网络。一方面，加强研究家庭心理健康教育的新途径、新方法，让广大家长积极支持、配合学校的工作；另一方面，进一步争取社会各界的支持，积极开展心理健康教育活动，形成良好的社会氛围，进而提高学校心理健康教育的有效性。

附：

百善学校渗透心理健康教育课堂教学评价表

日期＿＿＿＿＿＿＿班级＿＿＿＿＿＿执教人＿＿＿＿＿课题＿＿＿＿＿＿＿＿＿＿＿＿

评价维度			评课因素	权值	评课层次				对比因素
					优	良	中	差	
A 评析教师教学行为的5个维度（40分）	A1 组织能力（15分）	组织教材	对教材进行科学合理的调整、充实与处理	5					照本宣科，缺乏创新，重难点处理不妥当，教学目标不符合要求，脱离学生实际，教学过程与教学目标脱节
			突出重点、分散难点、抓住关键						
			教学目标全面、明确、恰当地落实好						
		组织教学活动	教学程序安排科学合理，衔接自然，符合学生认知规律，教学节奏科学协调	6					教学过程设计不合理，时间安排不恰当，内容空洞、难度过大或过小，节奏不协调，课内活动单调或只追求表现形式，学生不能积极展开思维，无实效
			课内活动新颖实用，形式多样，能引发学生积极思维，重视学生有效思考						
			教法及教学手段运用自如，教学有特色，与现代信息技术自然整合，注重实效						

续表

评价维度		评课因素	权值	评课层次				对比因素
				优	良	中	差	
A 评析教师教学行为的5个维度（40分）	A1 组织能力（15分）	组织语言	4					教态严肃呆板，语调平板，缺乏激情，不能感染和吸引学生；语言逻辑混乱，口齿不清
		教态亲切和蔼，语言清晰生动、文明规范						
		能根据内容的起伏节奏和学生情感变化及时调整音调、音速，新颖别致，富有启发性和感染力						
	A1 注意中心（5分）	关注学生	3					注意力放在自己的教案或自己的思路上，只顾自己唱主角，让学生配合自己
		注意力放在学生身上，关注不同层次的学生在参与学习的过程中思维与心智的发展状况						
		及时反馈	2					
		及时反馈与调节学生的活动						
	A1 教学态度（5分）	尊重信任	3					对学生冷淡，不耐烦，摆出权威架子，经常用指责的方式管理学生
		充分尊重和信任学生，以热情和宽容的态度善待学生						
		激励评价	2					
		注意捕捉合适的时机激励评价学生，有足够的热心和耐心帮助学困生						
	A1 教学机智（5分）	灵活调整	3					反应较迟钝，应变能力较差，不善于采取恰当的解决问题方法处理偶发事件，不善于及时调整教学思路，不善于和学生沟通
		敏锐、快速的捕捉各种信息，根据学生需要灵活调整教学策略，保证主要目标完成						
		恰当处理	2					
		恰当处理课堂教学中的偶发事件，消除学生心理暂时形成的不利兴奋点，把注意力重新转移回来，使教学秩序恢复正常						

续表

评价维度		评课因素	权值	评课层次				对比因素
				优	良	中	差	
A 评析教师教学行为的5个维度（40分）	A5 教学境界（10分）	面向全体	把握教学目标，正确处理基础和发展的关系；因材施教，使不同程度的学生获得不同程度发展；保证学生参与学习的时空，促使每一个学生都有必要的学习机会和时间	4					不能有效调动学生的积极性，只注意面向少数学生，把认知性任务当成课堂教学中心或唯一目的
		全面发展	知识、技能、原理的阐述具有科学性，准确且恰当，注重暴露思维过程，提高每个学生的抽象、符号变换、应用、计算等基础能力；让每个学生都会用自身的情感体验主动参与学习	3					不重视创造友好、民主、平等的教学氛围，不激励学生主动参与学习不重视学生个性特长的发展
		自主发展	从学生实际出发，教学设计符合认知规律，注重学生获取知识的方法，促使学生主动参与实践；注重学生的个性发展，培养学生的创造能力	3					
B 评析学生学习活动的5个维度（60分）	B1 参与状态（14分）	参与形式	参与学习活动的形式多样、适当，如师生谈话、合作交流、动手实践、自主探索	4					学生无精打采或只有少数学生在按老师要求学习，只在练习阶段时重视学生的参与，学生参与学习的方式单一
		投入	是否积极参与教学的全过程	3					
		展开	不同层次的学生是否都能积极参与	2					
		深入	在参与学习时，师生、生生能进行深层次的思考和交流，即学生能进行实质性参与	3					
		拓展	学生不仅参与学，还参与教；不仅课内，而且延伸到课外	2					

续表

评价维度		评课因素	权值	评课层次				对比因素
				优	良	中	差	
B 评析学生学习活动的5个维度（60分）	B2 情绪状态（10分） 气氛活跃	学生是否具有适度的紧张感和愉悦感	6					课堂气氛沉闷，学生情绪低落，学生注意力分散，课堂秩序较混乱
	及时反馈	学生能否善于自我控制，调节学习情绪，保持良好的情绪状态	4					
	B3 交往状态（14分） 交流充分	能否构建师生、生生及媒体之间信息交流的立体结构，信息交流充分	6					师生配合不够，缺少民主，师生或生生之间讨论的内容属浅层次、低水平，或没有经过个体精思就匆忙展开合作讨论，或合作讨论不充分，草草收场，只追求表面形式，而无视实际效果
	有效合作	合作讨论的内容是否有思考性，有价值；是否有明确的分工，每人都有事可做；注重合作前的独立思考（多少时间）；是否有足够的时间和空间展开合作讨论（多少时间）	8					
	B4 思维状态（12分） 主动积极参与思考	能否引发大多数学生积极思考，展现出解决问题的强烈愿望，举手回答问题率80%以上，学生是否敢于提出问题，发表见解（这样的人次有多少）	6					学生举手答题率较低，学生很少有发表见解的机会，对学生的质疑缺乏及时、深入的探讨，学生独立思考的时间很少
	思维得到深层次发展	学生提出的问题与见解具有挑战性与独创性（是否引发了学生主动创造？这样的人次有多少？）	6					
		学生能否把经过猜想和探索发现的结论作为新的思维素材，去努力探索新的发现（这样的人次有多少）						

续表

评价维度			评课因素	权值	评课层次				对比因素
					优	良	中	差	
B 评析学生学习活动的5个维度（60分）	B5 结果状态（10分）	成就感	学生是否都能各尽所能，感到踏实和满足；学生是否保持一种积极进取的心态，有强烈的成功欲望，对学习更有信心和兴趣	5					学生学习态度很被动或紧张；缺乏上进心，自信心；不积极参与思考或分析问题思路狭窄、不灵活；易受不良情绪干扰
		严谨感	学生能否调控自己学习的消极心理，调整不利于积极思维的思维定式、惰性、畏惧、自卑、闭锁等不良心理	5					

综合评价	优点、特色	优	良	中	差	问题、建议
		90~100	75~89	61~74	60以下	

课堂教学

纵观世界教育史，自夸美纽斯在《大教学论》中提出班级教学的组织形式开始，课堂教学随着社会变迁、经济发展而成为教学改革的核心。特别是20世纪以后，课堂教学成为学校变革与发展的最活跃的因素，形成了众多教学论流派，从行为主义教学论到认知主义教学论、人本主义教学论，再到建构主义教学论，课堂教学围绕着程序教学、结构教学、活动教学、范例教学、暗示教学乃至当代的情境教学、锚式教学等不同教学模式展开了积极而严肃的探索，其目的在于通过课堂教学探寻教育的意义，最大限度地挖掘人的潜力，通过课堂教学实现人的发展。因此，学生与教师、知识与经验、学科与活动成为教育发展过程中的重要论题。

进入21世纪，随着新一轮课程改革的不断深入，课堂教学改革成为学校变革与发展、提升教育质量的重要内容，特别是学校在外延式发展达到一定程度的背景下，内涵式发展成为学校发展的必由之路，课堂教学是内涵式发展的重中之重。基于这种理解，课堂教学对于学校发展具有重要意义。

首先，课堂教学是学校发展的核心动力。客观地看，影响学校发展的因素多种多样，大致上可分为外部因素与内部因素。外部因素是学校发展不可缺少的环境因素，包括学校所处的社会环境、学校文化、学校领导、学生家长等，这些因素无疑都会影响学校发展。内部因素是学校发展中处于微观层面的、构成学校生活的最基本要素，包括教师、学生以及由教师和学生所构成的课堂教学。课堂教学既是学校生活的基本构成，又是学校教育教学质量的重要保障。因此，在学校变革与发展的过程中，以内涵式发展为指向，回归教育实践本身，课堂教学成为学校发展的核心，是学校发展的动力。

其次，课堂教学是学校内涵式发展的根基。评价一所学校质量的高低，人们往往会以学生的发展作为依据。然而学生的发展是怎样实现的，它是通过学校教育实现的，在学校教育中，课堂教学又是学生品德、智能、个性得以发展的具体场域，正是在课堂中，在教师的启发引导下获得发展的。

最后，课堂教学是学校可持续发展的支点。变革中的学校可持续发展应立足于课堂教学，立足于高效课堂的建构，立足于提升教学质量。课堂教学承载着历史赋予学校的重任，以课堂教学彰显改革的方向，以课堂教学深化教育改革，以课堂教学优化教学模式，以课堂教学培养自主学习能力，以课堂教学主推学校各项工作，以课堂教学为支点全面推进学校可持续发展。

教育是一种坚守。课堂教学正是学校改革与发展中需要坚守的阵地。京郊校长研修班的校长经过两年的学习与研修，把所学理论与个人教育实践经验紧密结合，以"小班化课堂高效教学策略"、"农村中学学困生原因分析及转化"、"学生自主性学习的课堂教学有效策略"、"京郊农村初中学校课堂教学模式改革"、"平谷中学高中化学幸福课堂构建"、"农村中学小组合作学习问题与策略"为研究课题，展开了对课堂教学的实践研究，行走在探索学校改革与发展的道路上。

行走在探索"小班化课堂高效教学策略"的路上

杨双武

被称为"精品教育"的小班化教学已经成为本地区教育改革新的研究方向。目前，我们全面实施小班化教学已是不争的事实，如何充分发挥小班化的教学优势，让小班化课堂实现高效教学，就必须探索科学合理的教学策略，更好地促进每一个学生全面而富有个性的发展。

一、绪论

（一）研究问题

随着社会发展，家长给孩子选择学校的热情越来越高，本区的城市化建设又加速了家长的择校行为。加之城镇地区许多学校承办课改实验班，很多优质生源都纷纷流向北京市区和城镇地区，这使得我们学校生源素质明显滑坡，给教学工作带来极大的困难。怎样才能突破制约学校发展的瓶颈，为学校的发展寻找新的支撑点呢？我们结合学校的实际情况，实施了小班化教学。近些年，本区小城镇建设如火如荼，学校所在地区也面临着大规模的拆迁，许多住户临时搬迁至城镇地区暂住，这使得学校学生人数逐年减少，与此同时，教育资源相对宽裕，保证每个学生充分享受教育资源开始成为可能，这也为实施小班化教学提供了条件。

我们设想通过实施小班化教学，让教师借助小班化教学的优势提升教育质量。班级人数少，教师可以针对每个学生的个别问题，灵活机动地运用教学策略，更好地促进每一个学生全面而富有个性的发展。但是，小班化教学的效果并不理想。于是我们开展了小班化课堂高效教学策略的研究，本研究主要解决采用什么样的策略能够使小班化教学达到高效状态。

本研究通过在某种程度上改变教师的教学策略和学生的学习方式，提高教师教学效益，促进教师专业发展，提高学生学习效益，促进学生健康成长，最终提高学校整体教学质量，促进学校的可持续发展。

（二）研究意义

从学校层面讲，现阶段结合学校现实状况，开展小班化课堂的高效教学策略研究，不仅是学校所在地区现代社会、经济发展的必然要求，符合家长需要和生源逐年递减的实际情况，而且与区教委教育改革新的研究方向相吻合，更可以充分利用和优化配置学校现有的教育资源，借助课堂教学改革的春风，探索科学合理的教学策略，改变教师的教学方式和学生的学习方式，进而提升学校办学质量。

从师生层面讲，在小班化课堂教学中，学生数额的减少要求教师在教学观念和教学行为方式上必须做出相应的变化。其综合作用的结果是，不仅师生交往和学生活动的频度必然增加，而且师生交往和学生活动的质量也必然明显提高，表现为关注每一层面的教学过程细节，尊重每个学生的个性，挖掘每个学生的潜能，让每个学生在原有的基础上实现最大的发展，从而大大改善课堂教学对学生发展的效果。

国外关于"视野与文化"的研究表明：教师在课堂教学中，视野关注的范围一般不超过25个学生，而传统的大班由于班额人数过多，很难做到面向全体学生。小班化教学能让学生更加充分享受各种教育资源，增加其接受优质教育的机会。小班化教学已成为实施素质教育的重要载体，被称为"教育领域的一场革命"。目前，小班化教学已是世界性的教育发展趋势。从世界来看，欧美等一些发达国家和地区已普遍应用这一模式。我们的周边国家，无论是经济相对发达国家或落后国家，基本上也是实行小班化教学。

从我们国内来看，北京、上海、天津、浙江、深圳等省市从20世纪90年代中后期已经开始进行小班化教学研究。近年来，小班化教学研究更是蓬勃发展。不过大量资料表明，国内外对小班化课堂上学生学习策略的研究比较重视，研究成果也较丰富，而对教师教学策略的研究还比较薄弱，对小班化课堂高效教学的策略研究得较少，实际操作准备的不足阻滞着小班化教学的纵深发展。

（三）核心概念界定

1. 小班化教学

自17世纪班级授课制产生以来，班级就成为学校教育教学的基本单位，也是学校行政管理的最基层组织。小班化教学中的"班"，实际指的就是班级，是一种教学单位。小班，顾名思义是指班级中的人数较少，目前较多研究者及实践者认为 30 人或 25 人以下的班级是小班。小班化教学是一种在人数较少的班级中实施教学的组织形式。小班化教学由于人数的减少会带来一系列的变化，相对大班而言，小班化教学具有如下优势：学生可以更加充分地享受各种教育资源，有更多的机会处于教学活动的中心；教师可以更加充分地了解每个学生，更有可能给予学生个别化的针对教育；教师与学生在教学过程中相互接触的密度增加、强度加强、效度提高。小班化教学会带来教学内容、方式、方法、技术等一系列变化，更有可能促进每一个学生全面的发展。小班化教学在小班配置条件下，重点培养学生的创新精神和实践能力，以人的发展为核心目标，以素质教育观支配整个教学活动。这一过程强调以学生发展为本，强调让每一个学生得到富有个性的充分发展。

2. 教学策略

"策略"一词最早见于《人物志》。《人物志·接识》中说："术谋之人，以思谋为度，故能成策略之奇。"在这里，策略就是计策方略，是指人们采用何种手段、选择何种方法的计谋性思考，是施行某项活动的谋略意识。用于教学中，就成了教学策略，即根据一定的教学思想和具体情境而制订与实施的教学进程的技术性安排。教学策略有广义和狭义之分。广义的教学策略既包括教的策略，也包括学的策略。本文中的教学策略是从狭义上讲的，仅指教的策略。

3. 高效课堂教学

高效课堂教学是指在常态的课堂教学中，教师遵循教学活动的客观规律，通过教师的引领和学生积极主动的学习，以尽可能少的时间投入，在单位时间内高效率、高质量地完成教学任务，取得尽可能多的教学效果。因为课堂教学的目的在于促进学生的学习与发展，然而课堂教学的时间是有限的，这就要求教师必须实现用最少的时间使学生获得最大的进步与发展。

本文是在北京市 T 中学实施小班化教学实践基础上撰写的论文。T 中学于 1958 年建校，是一所普通的公办浅山区初中校，学校现有 6 个教学班，118 名学生，学生数最少的班级有 17 人，学生数最多的班级也不过 23 人。

（四）理论基础

建构主义教学理论认为，学习是一个积极主动的建构过程，学生不是被动地接受外在的信息，而是利用原有认知结构主动地和有选择地知觉外在信息并建构其意义。知识不可能仅由外部传授而获得，学生应该以自己的经验背景为基础来建构现实和理解现实，从而形成知识。学习过程必须突出学生的主体作用，关注学生的个性化特征，使其在知识学习中获得合理的个人经验并得以内化，从而使知识变成能力。倡导自主学习，就是基于对学生的尊重，满足学生探究、体验以及获得认可与欣赏的需要。

群体动力理论认为，群体本质上是成员之间的相互依赖性不断变化的动力群体，其内部任何一个成员的状态都会引发其他成员状态的变化，而且成员之间紧张的内在状态能够激励群体达成共同的预期目标。当人聚集在一起完成共同目标时，相互团结，相互依靠，为个人提供了动力。合作学习把教学活动看作是一种任务分享、责任共担的人际间的动态合作的教学活动过程，是系统利用教学因素之间的互动合作来促进学生的全面发展，以小组团体成绩作为评价标准，共同达成教学目标的合作过程。合作学习作为一种先进的教学思想与教学的总体要求，在小班化教学中可以较为广泛地运用。

行为分析理论主要由巴甫洛夫的经典条件反射理论、斯金纳的操作条件作用理论和罗杰斯的人本主义心理学理论构成。经典条件反射理论认为，行为是有机体对外界刺激做出的被动的应答性反应，有机体对刺激的应答性反应是在刺激替代的基础上，在后天环境中习得的。操作条件作用理论认为，行为是有机体在动机的驱动下做出的主动的操作性反应，其关键在于反应之后的强化。人本主义心理学理论认为，学生具有自我成长的潜能，学生所表现出来的一切行为，并非只是被动地由外在刺激所引起，而是出自他主动自愿的选择性反应，学生在某种情境中所表现的选择性反应，则是根据他对情境的知觉所做出的主观决定，学生之所以有时在行为上表现不当或违规，乃是由于他不了解自己行为会产生不良后果所致。可见，这三种理论都科学地揭示了行为发生的原因，为探讨课堂教学策略提供了理论支持。

（五）研究方法

1. 观察法

通过听课进行课例调查，从观察准备到获得观察结果的全过程的实施，绝不是被动、消极的注视，而是一种积极的思维过程，它是最基本、最常见的获取经验事实的方法，是获得并积累感性材料的重要渠道，是及时获取反馈信息的必要手段。借助观察法能及时了解教与学双方的思想、行为变化情况，能及时地获得学生对教学情况的反馈，及时地了解教师如何调整教学策略。直接由观察获得的第一手材料，是理性方法赖以进行的基础与依据。

2. 问卷法

问卷法是运用统一设计的问卷向被选取的调查对象了解情况或征询意见的调查方法。

问卷调查是对教师在小班化课堂教学中的现状进行研究，从而找出问题所在，为如何充分发挥小班化的教学优势，让小班化课堂实现高效教学，有针对性地提出小班化课堂高效教学策略提供重要依据。本研究共发出调查问卷118份，由学生实事求是地回答，客观认真地评价，根据全校学生对预设问题的回答进行统计分析，为课题的研究提供科学的事实依据。

3. 访谈法

访谈就是研究性交谈，以口头形式，根据被询问者的答复搜集客观的、不带偏见的事实材料。

访谈对象是教师和学生，访谈教师23人，达到全校教师人数的92%，访谈学生47人，达到学生人数的近40%。访谈的目的在于摸清有关教师在小班化课堂教学中的实际情况，对教师在小班化课堂实施高效教学策略的行为进行过程性监控，为评估实际效果提供客观依据。

4. 文献法

查阅文献资料，归纳各种小班化课堂的高效教学策略，为教师的行动研究提供理论依据和有效的实践方法。及时了解课堂教学评价研究和小班化教学的最新成果，力图使本课题的研究有新的突破。

二、 小班化课堂教学存在的问题

为了有针对性地提出小班化课堂高效教学策略，我们首先对教师在小班化课堂教学中的现状进行研究，从而找出问题。我们采用听课、调查、访谈等形式对小班化教学的实施现状进行了解，梳理出如下问题。

（一）课堂上教师对多数学生关注不够

小班化教学的优势是学生少，教师在课堂上可以关注更多学生，可以给学生更多展示机会，但是实际情况并不是这样。我们通过问卷调查了解到教师的教学状况，以下对问卷涉及的相关问题的调查结果略做分析。

问题1：课堂上老师是否关注到每一位同学？

调查结果显示，课堂上老师并未真正关注到每一位学生，选择"老师力求每位学生都听懂，速度较慢"的只占到 9.23%，选择"老师注意分层教学，对基础差的同学进行及时辅导，对学有余力的同学布置新的任务"的也只占到 11.93%。我们面临的形势很严峻。

问题2：你在课堂上受过老师的表扬吗？

调查结果表明，经常在课堂上受到老师关注、得到老师表扬的只有 3.58%，25.28% 偶尔得到老师表扬，而 71.14% 的学生从未受到过表扬。多数学生在课堂上从未受到表扬，这不能不说是个问题。

问题3：你敢于在课堂上表达自己独特的见解吗？这样的机会多吗？

调查结果显示，96.81% 的学生希望在课堂上表达自己独特的见解，但是 93.45% 的学生很少有机会表达自己的想法。

（二）教师对学生的学习方法指导不够

小班化教学的优势还应该体现在教师对学生的学习方法指导上。大班化教学由于班级人数太多，教师不可能有效指导每一个学生。而实施小班化教学的教师可以更加充分地了解每一个学生，更加有可能给予每一个学生学习方法上的指导，但现实并非如此，相关调查结果分析如下。

问题4：老师指导学习方法吗？

调查结果显示，关于这一问题，只有 4.58% 的学生经常接受教师学习方法指导，所以他们选择了"经常指导"，而 86.85% 的学生选择了"未指导过"。这表明，虽然实施了小班化教学，教师有指导多数学生的可能性，但是这种可能性并没有变成现实，或者是大多数学生没有感觉到教师对他们学习方法上的指导。

对学生的访谈也验证了上述内容。

我们老师很少给我们指导学习方法，我们只有靠自己辛苦摸索，结果费了很大的力气，效果并不理想。上课前不知道怎样预习，预习只不过是看看书本上都写了些什么，不着边际地翻翻书本，没有什么目的，只是走走过场；上课时认真听课，可是一堂课结束时，明明课上听懂了的东西，下课后记住得却寥寥无几；考试时经常忘记一些非常重要的内容，遇到的明明是以前做过的题型，可是在考场上怎么都做不出来；考试时有好几道会做的题目，可是根本没有时间去做。

（三）教师对其布置任务检查不够

大班教学的情况下，教师对于布置的任务难以针对每个学生进行有效反馈，小班教学虽然可以避免此问题，但是问卷调查发现，教师对任务的检查程度并不好。学生对"老师对布置的任务在课堂上有检查吗？"的选择情况就能够说明此问题。

问题5：老师对布置的任务在课堂上有检查吗？

调查结果显示，只有2.21%的学生认为老师布置学习任务并且经常检查，10.98%选择"有学习任务偶尔检查"，38.38%学生选择"有学习任务从未检查"。当然还有近一半的老师不布置学习任务。上述调查表明，教师对布置学习任务的反馈情况不是很理想，没有充分利用小班化教学的优势。

对学生的访谈也验证了上述内容。

老师每次布置学习任务时，总是雷声大雨点小，要求很是苛刻，而到了该检查的时候，老师总是问问大家学习任务完成得如何，举手示意一下，仅此而已。

由此可见，学校虽然在形式上实行了"小班化"，但在教师的教学理念上，在课堂教学的操作上，在教师的常规工作上（备课、上课、作业布置与批改、检测反馈）都和大班化教学毫无二致，并没有让学生充分享受各种教育资源，师生交往和学生活动的频度也没有明显增加，未能真正关注每一层面的教学过程细节，尊重每个学生的个性，挖掘每个学生的潜能，仅仅是人少了、作业少了。

我们听了全校老中青25位教师的新授课、复习课、实验课、练习课共108节，也发现了上述问题。绝大多数教师以大班化的思维和行动实施小班化教学，这样最多只是具备了小班化教学的"形"，而未能体现小班化教学的"神"，而且在现实的课堂教学中，不同程度地存在着无效和低效的教学行为，阻碍了学生的发展。相当一部分教师的课堂教学看似气氛热烈，学生似乎积极主动，但实质上并未引起学生的有效学习，更谈不上高效了，何谈更好地促进每一个学生全面而富有个性的发展。小班化教学条件没有发挥应有的作用，无论对学生的成长还是教师的专业化发展都是一个很大的损失。

小班化教学彰显与要求的是以人为本的价值追求，即一种人本化、个性化的教育理念与行为，一种充分尊重每个学生主体性，基于每个学生特点与差异，为了每个学生个性化发展的教育理念与实践。我们要求教师在小班化课堂上真正落实"教育以人为本"的理念，积极培养学生的个性和健全的人格。教师素质是制约小班化教学发展的决定性因素，如果教师不能借助小班化课堂的优势，运用灵活机动的教学策略，更好地促进每一个学生全面而富有个性的发展，那么小班化并不一定会带来教学效果的显著提高。从调查问卷的统计结果不难看出，学生本身也非常希望向教师和其他同学表达自己的看法、判断、心得、疑问，并受到教师和其他同学的肯定和鼓励。如何把小班化高效教学理念内化为教师的观念，外化为教师的教学行为，探索小班化课堂的高效教学策略，便成为小班化教学研究的重要内容。

三、 小班化课堂高效教学策略之探索

小班化课堂的高效教学策略以促进每一个学生全面而富有个性的发展为目的，只有探索科学合理的适合小班化课堂的高效教学策略，如合作学习策略、展示交流策略、激励评价策略、教师引导策略、及时反馈策略等，才能让学生充分享受各种教育资源，有更多的机会处于教学活动的中心，有更多的时间与教师交往、沟通，得到个别化的教育，实现用最少的时间使学生获得最大的进步与发展。

（一）合作学习策略

国外的研究表明，每个学生都能参与教学活动是实施课堂高效教学的前提，没有学生间的交流与合作，也就不存在或未发生教学。在加涅看来，学生的学习是其亲身参与教育经验而产生的行为变化。

促进每位学生充分、全面、和谐的发展是教学的出发点、目的和归宿，在小班化课堂教学中，因为缩小了班级规模，教师可以充分利用教学时间和教学空间，精心做好教学设计。通过小组合作学习等多样化的教学组织形式，关注每位学生的学习过程细节，尊重每位学生的个性，挖掘每位学生的潜能，引导每位学生去体验知识的产生、形成和发展的过程，使学生真正成为学习活动的主体。实验探索中，学校把关注学生的学习方式提到议事日程上来。为了充分发挥小班化的教学优势，采用小组合作学习的方式，4 人一组，不设组长，自命组名（为展示交流环节学生抽组做准备），组内的 4 名学生各有代号（为展示交流环节学生抽号做准备），目的是鼓励每一位学生都要参与讨论，特别是性格内向的学生和学困生。在教师布置学习任务的驱动下，每一个学生在合作

学习的过程中能够进行有效的思维参与、情感参与和行为参与，最大限度地投入教学活动，发挥个体思维作用的同时，让同龄人之间互相启发帮助。通过合作讨论取长补短，促成生生互动，产生小组群体效应，让学生有成功的体验，从而提高学生的学习成效。

小组合作学习的方式，营造出和谐的、互动的小班化课堂教学氛围，催生了每位学生的思维力、学习力和创造力，教会了每位学生与人共处、与人交往、与人协作，培养了每位学生的合作精神、团队意识和集体观念。

（二）展示交流策略

教师在课堂上尽量给每位学生更多的表现机会，学生只有讲得明白，写得清楚，批得准确，才能说明他真正地弄懂了、学会了。

为了实现教育过程的均等，以机会均等原则让每个学生享受到"阳光普照"，并且让学生个体在一定的心理压力下高效学习，教师采用让学生抽签（抽组抽号）、举手抢答、推荐的方式，随机找学生扮演"小老师"，在讲台上通过讲解、板书、实物投影批阅等进行展示。当然，学生有问题也很正常，教师要允许学生错误前置，学生间有争议的地方，教师暂且闭口不答，而是在学生无法独立或合作解决疑问时进行规范解释。

在小班化课堂教学中，教师能有更多的时间让每位学生都参与教学活动，使每个学生得到展示交流的机会，有效掌握学生在知识水平、认识能力等方面存在的客观差异，进而促使班级内每位学生的发展。

（三）激励评价策略

赞美、信任和期待具有一种能量，它能改变人的行为，当一个人获得另一个人的赞美、信任和期待时，他便感觉获得了社会支持，从而增强了自我认同感，变得自信和自尊，获得一种积极向上的动力，并尽力达到对方的期待，以避免对方失望，从而维持这种社会支持的连续性。教师应把学生在学习过程中的表现及取得的成果作为评价的对象，充分发挥评价在教学过程中的激励、导向作用。心理学研究表明，激励的矫治作用远远大于惩罚，所以评价方式最好采用激励性评价，激励性评价形式可以不拘一格。

1. 激励性语言评价

当学生在课堂上展示交流后，教师要根据学生在课堂上的活动质量和行为表现，特别是学生在活动中表现出来的独特思维方式和解决问题所采取的特殊方法当众进行即时评价。若学生在此过程中表现得好，要问为什么好、好在哪里，例如思路简洁清晰、语言表述准确等；激励性语言要丰富多样、简明扼要，要尽量做到一语中的、一针见血、完美利落、准确到位。学生回答问题不完美或不敢说时，教师应及时鼓励，使学生意识到自己不良行为的缺陷以及应努力改进的方向。言为心声，这样做，教师不仅尊重了学生的人格，而且可以提高学生的自信心，满足学生的成就感，更加激发他们刻苦学习的斗志。这样从正面引导学生的发展，将有助于学生良好行为品质的形成和巩固。

2. 激励性动作评价

在课堂管理中，肢体语言方面的研究认为，合理运用肢体语言有助于课堂秩序的建立和评价时间的节省，教师通过一个眼神、一个手势、一个爱抚，就会激发学生的学习兴趣，让其产生成就感。眼神接触是课堂上师生最常用和最有效的交流形式，通过训练，教师不仅要能自然地注视每一个学生，而且要能读懂每一个学生的要求和反应，传达自己对学生的评价及对整个课堂情境的把握。手势示意是肢体语言的重要部分，在交流中传达着许多重要的信息。教师在调控学生课堂行为的过程中，应尽可能利用手势示意，如伸出大拇指或做出OK的手势来配合讲课。此外，还可尝试身体接近，对课堂上违纪的学生，教师的言语批评既会中断教学活动，又可能引起学生的反感，在大多数情况下，教师只需走近他（她），或轻轻地拍一下，什么也不必说，就能使其端正行为。

3. 激励性打分评价

教师让学生随机抽组抽号，被抽取的学生代表全组进行展示交流，之后，通过师生互动和生生互动，对其进行打分评价。好也罢，不理想也罢，应给多少分，为什么给这个分，要有说辞，理由必须充分。5 分为满分，他的得分也就是组内其他三人的得分，若未能得满分，其他组人员可以补充更正，正确的话追加他的个人得分。月考或期中期末考试，学科年级第一者，其所在组加 5分，学科班级第一者，其所在的组加 3 分，并结合学案质量得分和平时作业得分计算综合总成绩。

激励性评价对学生会产生积极的作用。教师对每位学生的评价是很有必要的，但绝不能成为课堂评价的唯一方式，评价主体要选择多元协商，鼓励每位学生都参与评价，让每位学生由被动等待向主动参与发展，通过自评、互评等强化学生自我管理意识和责任意识。

（四）引导学习策略

教师在课堂上主要起创设情境和组织、引导、点拨、激励与评价的作用。在小班化课堂教学中，教师能有更多的时间使每位学生得到相应的关注，设计课堂教学时要以"人人会学"为宗旨，促进班级内每个学生的发展。为此，教师高效引导学生学习，一定要注意以下几点。

1. 调配时间

教学时间的合理、有效分配是小班化教学成功的主要标志之一。压缩教师讲授的时间，采用"15＋30"的时间分配模式，即一节课45分钟，15分钟左右的时间教师只讲重点内容与难点知识，30分钟左右的时间教师则引导每位学生动脑、动口、动手，带领每位学生思考问题、研讨交流、练习巩固，让每位学生真正成为课堂学习的主人。

2. 善设疑问

问题的设置与选择恰当与否，将直接决定教学的质量与学习者参与的热情。教师要认真研究和设计好课堂提问，所提的问题必须是有价值的、有启发性的、有一定难度的，整个课堂的问题设计必须遵循循序渐进的原则，在问题的导引下对每位学生进行学习任务驱动。每一步设计要明确，要有实效性，一环扣一环，教师交代好每一步的目的，告诉学生做这些都是给下一步做铺垫的。每位学生在单位时间内完成教师布置的学习任务的时候，教师要巡视指导，最好不在学生的思考过程中插话，让每位学生主动去感知、思考和探求新知，在获取知识和应用知识的过程中发展学生合理判断与理性沟通的能力。

3. 学会倾听

教学原本就是形形色色的对话，富含对话的性质。教师要学会倾听，通过倾听理解每位学生的欲望和需求，及时调整教学的内容与行为。

4. 关注过程

过程是形成结论或获得结果而必须经历的程序、步骤。学生只有在主动参与教学活动全过程的条件下，才能获得良好的学习效果。教师要创设使每位学生主动参与过程的情境，在教学过程中尽可能地向学生展示自己是怎样思考的，并为每位学生提供亲手操作、独立思考、讨论交流的机会；鼓励学生个体敢于质疑、猜想、发表自己的独特见解，把自己思考的过程表达出来。即使学生的理解出现了偏差，教师也要以积极宽容的态度，提供适当的帮助并注重方法指导，多问学生为什么，多掌握学生的想法，多关注学生生成的内容。

5. 调整内容

为了短时间内求高效，教师对教学内容要大胆取舍，学生会的、简单的知识可以不讲，而应注意选择一些难易适度、形式活泼且具有趣味性、挑战性和研究性的学习材料，结合学案讲重点、难点、易错点、易误点、易混点、易漏点，在完成一定阶段的学习任务之后，如讲完某一单元或某一章节后，为了使知识在学生头脑中的结构化表征更加清晰，教师需指导每位学生通过绘制知识结构图（连线、表格、图示、纲要等形式）来进行知识整理，高效地促进学生认知结构的形成。

6. 走进学生

小班化课堂上，为了使教学达到高效，教师要关注每位学生的学习状态，不要受多媒体的束缚，不要长时间地站在讲台上，要摆脱多媒体的束缚，多走到学生中间了解学情和指导讨论。教师授课不要满堂灌输，而应是在学生预习的基础上进行精讲点评，保证巩固学生已会的内容，弥补学生不会的内容。同时，教师制作 PPT 要多考虑学生的感受，PPT 与学案一脉相承，其中的文字位置不宜太低，字体颜色与背景反差要大，数量不要过多，应多图表资料，少文字呈现，字号在保持板面美观的前提下，要尽可能粗大一些。

（五）及时反馈策略

反馈是师生之间、生生之间多向信息交流的过程，是优化教学过程，实现教与学和谐统一的必不可少的环节，它贯穿教学的全过程。教师只有在获得正确的信息，真正了解学生知识储备的情况下，才能准确组织教学活动，加强个别化教学指导。小班化课堂教学过程中，教师需做到以下几点来及时获取反馈信息。

1. 课堂观察

从学生的动作、表情等情绪反应中获取或整体的、或局部的、或个别的信息，通过扫视、凝视，既观察面上的情况，又观察点的情况，为及时反馈提供依据。

2. 课堂巡视

关注每位学生课堂上的学习过程，教师就要走到讲台下面，就要走到学生中间。巡视的过程中，了解每位学生学习结果的正确程度与掌握速度，发现学生学习的疑点与难点或普遍存在的问题。

3. 课堂讨论

在重难点处、关键处、知识衔接处设计讨论题，尤其是抓住大多数学生似懂非懂的问题进行深入讨论。在讨论中，若学生离题，教师应及时进行引导，排除无关信息，若兴趣下降、思维受阻、注意力涣散，出现所谓"冷场"现象，教师应及时进行调整、点拨激发，使每位学生思维向纵深发展。

4. 课堂提问

教师提问后，学生处于暂时沉默状态时，应给学生留足思考的时间，耐心引导。学生回答错误或答非所问时，教师要弄清学生出错的具体原因"对症下药"，切忌发火批评，冷嘲热讽。学生思考不够全面时，教师要让学生把话说完，倾听、鼓励、提示关键词，疏通思路，帮助其补充完善。

5. 课堂练习

练习可以使学生对概念的理解达到足够的深度和广度，实现知识的融会贯通，有效地提高每位学生应用知识的能力。教师要设计高质量的、有针对性的课堂练习，并分层预设练习题，限定时间让学生自己完成后，采用集体对改、同桌互改、小组评议的方式对问题加以矫正。教师也可以按照常规把反馈练习收回自行批阅。针对练习中的问题，教师引导每位学生"扪心自问"，一问"错在哪里"，二问"为什么错"，三问"该怎么改"。"三问"有助于学生发现问题，预防障碍堆积，及时针对障碍采取有效的补救措施，当堂巩固消化，提升每位学生的学习能力。

四、 小班化课堂高效教学策略实施效果及原因

在小班化课堂高效教学策略研究过程中，经过一段时间的摸索实践，我们取得了一定的阶段性成果，主要表现在以下几个方面。

（一）高效教学策略实施效果

1. 教师持续发展

在小班化课堂高效教学策略研究过程中，教师的观念更新了，行为优化了，成效提高了。

（1）教师的观念转变了

教师的教学观、学生观、课程观、评价观等方面得到较大幅度的提高，教师们开始尝试与小班化课堂相适应的高效教学策略，同时也非常重视对学生学习方法的指导，在一定程度上实现了课堂教学由重知识传授向重学生发展，由统一规格教学向差异性教学，由集体授课形式向学生个别化学习指导形式，由重教向重学，由教学问向教思维转变。

我们访谈了很多老师，他们说他们在备课的时候，都开始不断追问自己：

我在课堂教学中关注每一个学生的发展了吗？

我在课堂教学中把学生当作学习的主人了吗？

我在课堂教学中落实学生自主、合作、探究的学习方式了吗？

我在课堂教学评价中，评价学生学得如何了吗？

……

（2）教师的行为改观了

教师在课堂上会给学生一定的思考时间和思维空间，减少"讲与听"，增加"说与做"，尝试"教与评"，并仔细考虑课堂教学中的细节问题，对于课堂上学生可能出现的认知偏差要有充分的考虑，针对可能发生的情况设计应急方案，确保课堂教学顺利进行。小班化课堂高效教学策略实施一段时间后，我们又对学生做了同样的一次问卷调查，与之前的统计结果比对，有了惊喜的发现。

表4-1-1　对问题一"课堂上老师是否关注到每一位同学？"前后调查对比

选项	实施前所占百分比（%）	实施后所占百分比（%）
A. 老师力求每位学生都听懂，速度较慢	9.23	81.95
B. 只要有大部分同学听懂，老师就讲下一个内容	67.88	4.23
C. 老师只照顾几个成绩好的同学，速度太快	10.96	0.34
D. 老师注意分层教学，对基础差的同学进行及时辅导，对学有余力的同学布置新的任务	11.93	13.48

对比结果显示，选"老师力求每位学生都听懂，速度较慢"的由原来的9.23%大幅上升至现在的81.95%，说明目前教师在课堂上充分关注每一位学生的意识有所加强。

表4-1-2　对问题二"你在课堂上受过老师的表扬吗？"前后调查对比

选项	实施前所占百分比（%）	实施后所占百分比（%）
A. 总是	1.00	88.09
B. 经常	2.58	10.86
C. 偶尔	25.28	1.05
D. 从未受过表扬	71.14	0

对比结果显示，总是或经常在课堂上受老师表扬的学生数大幅度提升，说明教师采用了激励性评价，充分发挥评价在教学过程中的激励、导向作用。

表4-1-3 对问题三"你敢于在课堂上表达自己独特的见解吗？
这样的机会多吗？"前后调查对比

选项	实施前所占百分比（％）	实施后所占百分比（％）
A. 敢；很多	3.36	97.14
B. 敢；很少	93.45	0.35
C. 不敢；很多	2.68	2.47
D. 不敢；很少	0.51	0.04

对比结果显示，学生敢于在课堂上表达自己独特的见解以及教师为其提供的机会越来越多，由原来的3.36％升至现在的97.14％，说明教师在课堂上安排更多的时间让每位学生都能参与教学活动，使每个学生得到展示交流的机会，有效掌握学生在知识水平、认识能力等方面存在的客观差异。

表4-1-4 对问题四"老师指导学习方法吗？"前后调查对比

选项	实施前所占百分比（％）	实施后所占百分比（％）
A. 经常指导	4.58	59.09
B. 曾给全班同学指导过	3.34	35.14
C. 给少数同学指导过	5.23	2.93
D. 未指导过	86.85	2.84

对比结果显示，选"经常指导"和"曾给全班同学指导过"的由原来的7.92％升至现在的94.23％，而选"未指导过"的由原来的86.85％减少到现在的2.84％，表明老师对学生指导学习方法方面有了很大改进。

表4-1-5 对问题五"老师对布置的任务在课堂上有检查吗？"前后调查对比

选项	实施前所占百分比（％）	实施后所占百分比（％）
A. 有学习任务经常检查	2.21	86.37
B. 有学习任务偶尔检查	10.98	8.69
C. 有学习任务从未检查	38.38	4.94
D. 无学习任务	48.43	0

对比结果显示，选"有学习任务经常检查"的较原来增加了84.16％，有了数和质的飞跃。

通过对全体教师的访谈调查，85％以上的教师准确领会了小班化教学理念，有效实施了高效教学策略。

（3）教师的成效上升了

学期末，所有一线教师均上交了有关小班化课堂的高效教学策略研究的教学论文，多一半教师获得了区级二、三等奖并被推荐到市里参加评选。周老师的论文《关注差异、分层提问、分层评价，促进学困生学习质量的提升》在区数学名师工作室里得到了全体同仁的一致认可。姚老师在论文《对小班化美术课堂高效教学的几点思考》中谈道：

经过了小班化课堂高效教学策略的探索后，我学会了蹲下来看学生，以学生的眼光看问题，不管是课前的精心备课，还是课上的用心组织，或是课后的耐心辅导，我都会灵活运用科学合理的教学策略，充分尊重每一个学生，真正了解每位学生在学习过程中的症结之处，有的放矢地解决问题，实现小班化课堂高效教学的精细化目的。小班化教学对我们教师提出了更高的要求，我会更加关注自身成长，坚持不懈地学习，完善自己教学的形与言，不断总结得失，写好教学反思，将经历提炼成经验。

学期末，学校又有两名教师由于教学成绩突出，被评为区级骨干教师，现在学校的区级骨干教师人数较原先翻了一番，原先的区级骨干教师也有一人晋升为市级骨干教师，填补了学校多年来市骨干缺失的空白。这些教师感慨地说："实施小班化教学以来，通过对小班化课堂高效教学策略的研究，我们获益匪浅。"在教学实践的过程中，我们会有意识地围绕着三个问题进行反复论证：如何利用小班化教学中学生均受关注机会增加的有利因素，敏锐地发现学生知识结构上的缺陷和问题，并采取针对性的群体指导和个别指导相结合的矫正措施；如何有效利用小班化教学所提供的较大的拓展空间，增加每个学生的深度参与学习的机会，提升学生学习运用本学科知识、技能和思想方法，解决实际问题的能力；如何将人文关怀普照全体学生，引发每一个学生对本学科的积极情感，实现本学科学习动力系统的优化。只要我们本着"办人民满意的教育，做人民满意的教师"之心去认真从事我们的教育工作，我们的小班化课堂高效教学之路将越走越宽阔，成果将越来越丰硕。

2. 学生健康成长

目前，学生的学习方式有了一定的改变，每个学生在原有的基础上实现了最大的发展，主要表现为以下几个方面。

（1）学生的学习积极性有所提高

学生的主体意识增强了，学生的活动空间拓宽了，学生的个性差异得到关注，不同层次学生的学习兴趣、学习习惯、创新能力得到培养，内在潜能得到挖掘，探究欲望得到激发。我们访谈了多名学生，他们都说："课堂上，我们受关注的程度高了，受鼓励的频率高了，展示交流的机会多了，研讨互动的机会多了，自我管理的能力强了，分工合作的能力强了；自己在有限的时间内能够展开学习过程，获得一定层次的认识，经受了实际的锻炼，体验到探索成功的快乐后，我们的知识突飞猛进，现在运用起来如鱼得水；每个人的个性在原有基础上都得到了不同程度的发展，现在才发现学习原来如此有意思。"

（2）学生的人际互动有所强化

小班化教学高效策略实施一段时间后，学生由衷地感到：与人共处、与人交往、与人协作的能力不断增强，在课堂上表达自己独特见解的机会越来越多，经常在课堂上受老师表扬的学生数大幅度提升。在学生访谈调查中，有90%左右的学生表示小组合作学习形式好，学习效率高；有85%左右的学生认为课堂上的展示交流，锻炼每位学生多方面的综合能力，使他们受益匪浅；有90%以上的学生提到教师课堂上的激励评价拉近了师生间的心理距离，促使他们想学、好学、乐学。

（3）学生的情感态度有所变化

学生对教师的工作有了深刻的感悟，拉近了师生之间的心理距离。有学生说："当我站在讲台上当'小老师'给大家讲课的时候，才发现当老师要想做到面面俱到，真的很不容易，我现在真的很理解老师的每一份劳动艰辛。我们需要好好学习，否则太对不起老师的辛勤付出了。"

（二）实施效果产生的原因

原因之一：根据 T 中学的生源、教学设施等情况，小班化教学是最适合 T 中学的一种教学组织形式。小班化教学绝不仅仅是班级人数减少一点的问题，实际上是一种教育思想、教育理念的体现，它强调以学生为中心，让每个学生充分享受各种教育资源、接受适当的教育，进而使他们的潜能得到充分发挥，成就每一个学生的发展。近几年，区大力推进"转变教学方式，构建高效课堂"活动，真正的高效课堂，大班化教学是不太容易做到的，实际上小班化教学为高效课堂的构建创造了有利条件。

原因之二：小班化教学的核心是教学面向个体学生，关注每个学生的发展。要求教师先面向个体然后面向全体，面向个体才能因材施教，让学生得以适性发展，面向个体才能让学生在多元发展中人尽其才。只有每个个体都关注到了，教学才能达到面向全体，小班化教学让面向全体有了可能。由此可见，学生越受老师关注越容易取得成功，小班化教学由于班级学生数的减少，使得教师比较容易关注到每位学生的特点和个性。

原因之三："皮格玛利翁效应"留给我们这样一个启示：赞美、信任和期待具有一种能量，它能改变人的行为，当一个人获得另一个人的赞美、信任和期待时，他便感觉获得了社会支持，从而增强了自我认同感，变得自信和自尊，获得一种积极向上的动力，并尽力达到对方的期待，以避免对方失望，从而维持这种社会支持的连续性。

原因之四：教学过程中师生的内在关系是教学过程创造主体之间的交往（对话、合作、沟通）关系，这种关系是在教学过程的动态生成中得以展开和实现的，小班化教学使得学生的自主探索成为可能，也使师生之间、生生之间的交流与互动更加充分。实现小班化课堂教学的高效，教师在花时间和精力钻研教材、理解教材，仔细琢磨教学的重难点的同时，更要及时了解学生的实际情况，根据学生的认知规律选择课堂教学的切入点，合理设计教学活动。教师在课堂上尽量给孩子更多的表现机会，给学生一定的思考时间和思维空间，减少"讲与听"，增加"说与做"，尝试"教与评"；学生只有讲得明白，写得清楚，批得准确，才能说明他真正地弄懂了，学会了。

原因之五：人本主义心理学理论认为，学生具有自我成长的潜能，学生所表现出来的一切行为，并非只是被动地由外在刺激引起，而是出自他主动自愿的选择性反应，学生在某种情境中所表现的选择性反应，则是根据他对情境的知觉所做出的主观决定。学习是一个积极主动的建构过程，学生不是被动地接受外在的信息，而是利用原有认知结构主动地和有选择地知觉外在信息并建构其意义。学习过程必须突出学生的主体作用，关注学生的个性化特征，使其在知识学习中获得合理的个人经验并得以内化，从而使知识变成能力。倡导自主学习，就是基于对学生的尊重，满足学生探究、体验以及获得认可与欣赏的需要。

原因之六：当人聚集在一起完成共同目标时，相互团结，相互依靠，为个人提供了动力。合作学习把教学活动看作是一种任务分享、责任共担的人际间的动态合作的教学活动过程，是系统利用教学因素之间的互动合作来促进学生的全面发展，以小组团体成绩作为评价标准，共同达成教学目标的合作过程。合作学习作为一种先进的教学思想与教学的总体要求，在小班化教学中可以较为广泛地运用。在小班化课堂教学中，因为缩小了班级规模，教师可以发挥小班化的教学优势，充分利用教学时间和教学空间，精心做好教学设计，通过小组合作学习等多样化的教学组织形式，引导学生去体验知识的产生、形成和发展的过程，使学生真正成为学习活动的主体。

原因之七：经典条件反射理论认为，行为是有机体对外界刺激做出的被动的应答性反应，有机体对刺激的应答性反应是在刺激替代的基础上，在后天环境中习得的。教师在课堂上主要起创设情境和组织、引导、点拨、激励与评价的作用。在小班化课堂教学中，教师能有更多的时间使每个学生得到相应的关注，掌握学生在知识水平、认识能力等方面存在的客观差异，设计课堂教学时有条件以"人人会学"为宗旨，让每个学生都能参与教学活动，进而促进班级内每个学生的发展。

原因之八：操作条件作用理论认为，行为是有机体在动机的驱动下做出的主动的操作性反应，其关键在于反应之后的强化。反馈是师生之间、生生之间多向信息交流的过程，是优化教学过程，实现教与学和谐统一的必不可少的环节，它贯穿于教学的全过程。教师通过课堂观察、课堂巡视、课堂讨论、课堂提问、课堂练习等反馈手段，获得正确的信息，真正了解学生知识储备的情况，进而准确组织教学活动，加强个别化教学指导。

五、 困惑与展望

（一）困惑

当然，在进行小班化课堂高效教学策略研究的过程中，我们遇到的困难不少，碰到的问题很多。

从教师方面说，有个别教师平时在备课时，还是只习惯于备教学内容，而忽视备学生。课堂上教师让学生完成阅读教材、讨论交流、做巩固练习等任务时，基本上不提任何时间和标准的限定，或提出的要求比较笼统，学生不明白教师要他们干什么和要他们怎么干，这样，学生就失去了教师的有效指导，时间利用率低。在真实、常态的课堂教学中，无效问题、假问题、无价值问题还是经常充斥课堂。有些教师课堂教学理念并未真正转换，教学方式仍有陈旧之嫌。教师的工作量明显增大，往往感到时间很紧迫。有的教师为了赶进度，课上还是讲得多。教师们在研究过程中，缺乏创新意识，有时编制的导学案内容过多，课堂教学中导学案上没能完成的检测题，便成了家庭作业。

从学生方面说，近两年，小学六年级升初一的学生中有三分之一左右的孩子（优质学生）外流，导致学校生源质量整体下降。相当一部分学生对学习不够重视，主动性很差，每天不能高质量地完成预习任务或不能完成预习任务。学生的学习能力有待进一步提高，对其学习能力的培养任重而道远。

从学校方面说，教学设备所限，学生完成的学习任务难以充分展示和有效交流。在平时的探索实践中，应将某些现象、想法、感受及时反思、总结、提炼，这一点我们做得还很欠缺。有很多问题还未来得及解决，需要在下一阶段继续深入研究，如：如何处理预设与生成的关系，如何处理说与写的关系，如何处理容量与进度的关系，如何处理作业与预习的关系，如何矫正学生上课注意力不集中，非暴力不合作的学习态度，等等。

（二）展望

提高课堂教学效率是我们长期不懈追求的基点，只有真正地实现了课堂教学的高效，才会实现教师、学生、学校的多赢，才会让小班化课堂大放异彩。提高课堂教学效率的策略有很多，还需要我们去不断探索与实践。只要我们敢于客观地面对小班化课堂教学存在的困难和问题，冷静思考，勇于实践，善于总结，一定会实现小班化课堂的高效教学。为此，下一阶段我们的关注点主要放在以下几个方面。

第一，学生学习方式的改变是实现小班化课堂高效教学的关键所在。我们将继续在改变学生的学习方式上下功夫，形成一种学生借助老师的指导和帮助，与周围学习环境进行交互，主动探索，主动构建的积极有效的学习方式，呈现给学生选择、实践、参与、灵动、综合、广阔的课堂。

第二，通过对当下课堂教学现状的二次调查分析，找出问题，研讨对策，有针对性地进行调整和优化，摸索小班化课堂教学管理的一整套经验。

第三，加快现代化教育技术的建设，探索小班化教育资源、环境配置，实现教育资源最优化、使用效益最大化。

第四，进一步促进教师教学理念与教学行为的变化，通过骨干教师上示范课，全体教师进行评课交流，找出在实践中存在的问题，集体探讨解决，实现教师的专业发展。

第五，初步形成立体多元的小班化教学的质量评价体系。

今后，我们将继续深化本课题的研究，依据"理论—实践—认识—提升—再实践—再认识—再提升"的研究思路，遵循实践与理论结合、工作与研究结合、一般与重点结合的原则，边实践、边总结、边研究、边提高，认真提炼本土的实践经验，做到人人在工作之中、人人在研究之中，从而赢得工作与研究的双丰收，推动学校教育水平的整体提升。

农村中学学困生原因分析及转化措施的研究

曹建波

学困生问题是学校教育客观存在的热点问题，研究学困生成因及其转化措施，对于提高学校教育教学质量有十分重要的意义。本文依据国内外对学困生概念的界定，结合笔者所在学校的实际，对学困生给予符合实际的定位。在研究过程中，通过问卷调查、观察访谈等方法，对学校初一年级学生学习情况进行调查。通过分析，在学困生形成的众多因素中，概括出在学校教育因素方面学困生形成的原因。针对教育因素造成的学困生，进一步研究我们以什么样的措施转化他们、怎样在今后的教学中减少甚至避免教育因素造成的学困生，之后，通过我们老师的个案研究及总结，最终形成转化学困生的几种措施。

一、 研究问题的提出与研究方法、内容的确立

（一） 研究问题与意义

学困生是教育过程中客观存在的一种现象，在小学就有，初中阶段的学困生问题更为突出。学习困难的问题是世界上实施义务教育制度的国家普遍存在的问题。学困生学习成绩落后，是老师无法回避的问题，也是令老师头疼发怵的棘手问题。老师们常把这类学生归为"差生"。这类学生也往往破罐子破摔，丧失学习的积极性，不爱学习，上课捣乱，不做作业，导致学习成绩更差，也令老师们更加讨厌，结果造成恶性循环。① 如此种种，如果我们不去关注、不去重视，这类现象便会渐渐蔓延，使班风日渐消沉，使老师们忙于应付和处理学生的思想教育，影响学校正常的"教"和"学"。为了消除学困生的

---

① 曹新美，刘翔平，吴洪珺. 教师帮助"学困生"提高学习成绩的有效策略 ［J］. 江西教育科研，2005（2）：51 – 52.

影响，也为了所有学生的个性、潜力都得到最大程度的发展，为学生的终身幸福奠基，就要在教育实践中研究如何转化学困生。

本研究的目的是解决如何转化学困生的问题。为了解决好这一问题，这里我们首先呈现学困生的现状，并对其形成的问题进行分析，在此基础上提出学困生转化的策略。

关于学困生问题的研究探讨，多有研究成果出现，但这些研究对教育措施本身关注不够，对教育过程中的失误因素造成学困生的研究还很少，如何通过教育措施的运用，并使其发挥显著作用的研究就更少。在学校教育中，有的教育者由于教育策略、评价方式等造成了教育不当，但他们又没有意识到这种不当，甚至还把这类教育不当当作经验继续实施着或传播着。本研究意在把问题提出来并开展一系列的实践探索，从教育本身寻求解决问题的途径与方法。

（二）核心概念界定

1. 学困生

学困生问题一直是世界性的基础教育研究的难题和热点。西方对学困生的研究起步较早。美国学习困难联邦委员会早在 1988 年就对学习困难做了较权威的界定：学习困难是由于多种异源性失调，表现为听、说、读、写、推理和数学能力的获得和使用方法的明显障碍。我国长期以来将学困生等同于差生、后进生，真正将其独立开来进行研究尚处于起步阶段。目前对学困生的内涵基本达成了共识，认为学困生就是那些智力正常，但有学习障碍，学业无法达到教学目标最基本要求，学业发展水平与智力发展水平严重失调的学生。[①] 学困生是相对概念，是与同龄人、与班级其他成员相比较而言的。[②]

基于国内外学者对学困生的认识，结合学校的实际情况，笔者认为学困生是指智力因素和非智力因素造成学习障碍，学业无法达到教学目标最基本要求的学生。

学困生是由智力因素和非智力因素导致的学习成绩比较落后的学生。对于学困生来说，非智力因素导致学习成绩落后又分为家庭因素为主的多种因素共同作用造成的学困生以及学校教育因素为主的多种因素共同作用造成的学困

---

① 姚延芹. 学困生"脱困"应从培养积极的自我意识着眼 [J]. 教育导刊, 2006 (11)：40 - 41.

② 王春梅，辛宏伟. 学困生的学习心理障碍与教育对策 [J]. 教育探索, 2003 (4)：83 - 84.

生。在现实的学校教育实践过程中，学困生主要有以下几种类型。

智商偏高型的学困生：其特点是头脑灵活，接受能力较强，学习兴趣来得快消失得也快，好动贪玩，在学习上投入的时间少，这类学生以男生居多。其表现是学习目的不明确，学习为一种无可奈何的情绪所驱动，自由散漫，甘居落后，没有压力。学习过程中无精打采，存在严重的惰性，作业不能完成，稳重不足、活泼有余导致学习差。

智商偏低型的学困生：其特点是反应迟缓，接受能力弱，学习效率低，学习成绩差。其表现为注意力分散，抗干扰能力差。观察速度慢、广度窄、深度浅且抓不住重点，思维单一，久而久之，对学习失去信心造成学习成绩不合格。

消极自卑型的学困生：其特点是自尊心易受伤害，性格内向，缺乏自信，常自卑恐慌。其表现为上课怕老师提问，怕考试，怕因成绩差而丢面子，即使是教师或同学一句无足轻重的话也会使他耿耿于怀。

本课题主要研究由学校教育因素为主的多种因素共同作用产生的学困生及其转化的措施。

2. 农村初中校

具体而言，本研究主要针对笔者所在学校中的问题进行。学校坐落于密云县的边缘，是一所普通初中学校，生源基本是周围乡镇农民子弟。

由于择校原因，一些有条件的、学习好的学生纷纷选择了密云县城或北京市内的学校就读，造成学校学困生相对较多的局面，家长想方设法不让孩子到我们学校上学的情况较为常见。有的家长在孩子小学时，采取转户口、改变居住地的办法，逃避录取。有的家长，在孩子被录取后想尽办法通过调录而转往他校，有的家长在调录无果的情况下，不报到先到他校就读，待到初三时，再行办理转学手续参加中考。近几年来，学校新生录取后，每年都有数十人流向他校，这数十人中绝大多数在学业成绩方面都是佼佼者。另外，近几年在学校招生的学生中有相当一部分是外地的借读生，学习积极性差、不爱学习、上课随意说话、不做作业等与学生身份不相符合的现象比较严重。如何从学校教育的角度改变现状，是我们教育工作者不可推卸的责任。

（三）研究方法与内容

1. 主要研究方法

问卷法：通过对学生进行相关问题的问卷调查，了解学困生的具体情况，制订切实可行的实验方案，找准切入点，进行可行的研究。

访谈法：通过对学困生及家长的访谈，倾听他们在学习中的一个个故事及对学习的各自看法，教师分析，抽丝剥茧，概括学困生形成的原因，依据形成原因制订切实可行的转化方案。

观察法：对学困生要进行不间断的跟踪，尤其是节假日，教师要对他们进行跟踪指导，从而实现教育的连续性。

2. 主要研究内容

本课题的研究是以关心关注全体学生为指导思想，研究、转化学困生。从多元角度剖析学困生，寻找转化措施，促使每个学生都把优点亮出来，把缺点收起来，甚至消灭掉。要完成本课题研究目标，首先要研究以下具体问题。

一是学困生现状及成因研究。从本校学困生存在的现状入手，着重分析在学校实施教育过程中，教育工作者在哪些方面的关注不够，这种客观因素如何作用于学困生主观因素而导致学困。

二是转化学困生的有效措施。学校教育对策集中于学校、教师的教育思想研究以及课堂教育教学、课余教育教学的研究。具体措施：在课堂上多让学困生有表现的机会，以鼓励、激励为主，诱发动机，充分调动学困生的学习积极性，培养学困生的自信心；开展能够展示他们特长的活动，帮助他们找回自尊，启动转化的内动力；用科学的方法评价学困生，用贴切的、身边的例子感化他们，让他们体验身临其境般的感受。

二、 农村中学学困生现状及原因分析

（一）农村中学学困生的现状

有一些学生学业无法达到教学目标最基本的要求，这部分学生便是学困生，下面的事例说明了此问题。

小学毕业考试是一种检测学生在小学阶段是否达到国家规定教学目标最基本要求的水平测试。为了让初中教师更多地了解初一新生在小学阶段的学习情况，更好地做好中小学学科知识的衔接，每年我们都将近两年的小学毕业考试试卷进行整合，对初一新生进行入学前的摸底测试。

2012 年秋季学校招收了 254 名学生，开学前我们用近两年小学毕业考试的试卷对语文、数学、英语这三个学科进行测试，满分均为 100 分，统计结果如表 4－2－1 所示。

表 4 - 2 - 1　2012 年秋季入学主科考试成绩

项目	语文	数学	英语	平均
平均分	65	74. 35	63. 28	67. 48
及格率（%）	75. 98	85. 4	60	75. 59
优秀率（%）	1. 57	29. 5	11. 86	7. 09
最高分	89	100	98	92. 3
最低分	12	7	12	12. 67

从测试的成绩看，语文、数学、英语三科的及格率分别是 75.98%、85.4%、60%，不及格率依次是 24.02%、14.6%、40%。这表明三门主要学科都有不少学生没有达到国家规定教学目标最基本要求，英语的不及格率达到了 40%。由此看到，基础薄弱的学生占有相当大的比例。学科测试不及格的学生，其小学阶段的学习基本上没有达到国家课程标准所规定的基本要求，这些学生，在初中阶段如果不加强辅导，很难完成初中阶段教学目标所规定的基本要求，将在初中阶段成为学困生。

（二）农村中学学困生产生的原因分析

我们通过对学生的问卷调查分析及对学困生的访谈，发现造成学困生产生的原因：一是以家庭因素为主的多种因素共同作用造成；二是以学校教育因素为主的多种因素共同作用造成。本研究就学校教师的教育因素的影响进行分析。导致学困生产生的教师教育因素主要有以下几个方面。

1. 教师用陈旧观念轻率评价学生优劣，在心目中建立学困生档案

初一新生入学摸底测试，有的学生学业成绩很低。有的教师接到一个新班级，对照摸底成绩，在与学生相处一段时间后，便使用自己过去固有的观念对学生进行评定分类，在心目中建立起相应的优生和学困生档案。例如：（1）小学教师传言某某是学困生，教师先入为主也认定他是学困生；（2）认为书写潦草、不爱交作业的就是学困生；（3）认为考试不及格的就是学困生；（4）认为各科教师公认上课爱说话，不遵守纪律的就是学困生；（5）认为自制力等方面较差的就是学困生。学生一旦进入了教师的学困生档案，便很难从中走出来。因为教师们一般都很自信，非常相信自己的第一感觉，除非学生取得了特别大的进步，或者通过某种努力引起了教师的极大注意，其名字才能从学困生档案中删去，从而改变教师对他的评定。

好的开始是成功的一半，那么坏的开头呢？特别是一些本来学习就有困难

的学生，教师这种学困生档案的建立，使他们一开始就背上了不必要的负担，陷入学习困境便是意料中的事了。

2. 教师能容忍优生的错误，却不能容忍学困生的错误

曾记得有句谚语是这么说的："把少的拿给多的，让多的多得有余，让少的一无所有。"一些教师对待优生和学困生往往也是如此，对待优生总是一味地呵护、关爱、迁就，生怕伤害了优生；对待学困生则指责、挑剔，缺乏耐心与宽容。特别是在处理一些偶发事件时，也总是偏向于优生，甚至会故意把责任推给学困生，这样的待遇，能让学困生心理平衡吗？这又怎能不使一个活泼好动的孩子从担惊受怕到沉默寡言呢？如此，学困生也就只能永远挣扎在教师为他们挖掘的泥潭里。

如教师对待学生迟到问题：在调查中学生认为，学习好的学生迟到，说明情况后教师只是提醒一声"下回注意"便可，而学习差的学生迟到，即使说明原因，教师免不了还要训一通。

3. 教师往往只看到优生的进步，看不见学困生的进步

我们的教师在工作中往往无视学困生的点滴进步，学困生得不到应有的肯定，时间久了、次数多了，学困生也就丧失了学习的积极性。作为教师，如果我们从另一个角度去审视学困生，也许会发现学困生是如此的可爱，学困生也有很多优点，他们依然有追求上进的需求和愿望，如果教师对他们表现出一点热情和鼓励，情况就会大变。

例如，在与学困生的访谈中，有的学困生说："我上周天天交作业，老师没有表扬我，而今天我没交作业，他就在班上点我名，说我又不交作业了。"

4. 教师对学困生的积极性随意伤害和抹杀

既然学困生已经进入了教师的学困生档案，那么这类学生的感受在教师的心目中便常会变得无足轻重。教师对学困生随意指责、冷嘲热讽，从不顾及他们的心理感受。例如在守纪律问题上，优生出现了一些不好的苗头，教师常常宽慰自己说没事，相信学生会改正；而一旦发现学困生出现了不好的苗头，教师却常常会火冒三丈进行严厉指责，从严处罚，将学困生"一棍子打死"。教师从来没有退一步为学困生想一想这样的惩罚到底对他们有什么用？有没有比打骂更有效的教育方式？教师对学困生积极性的抹杀还表现在教师对他们学习困难的熟视无睹上。教师常常会去考虑优生为什么优秀，如何把优生培养得更优秀，却不去考虑学困生为什么差，如何把他们转化过来。教师对学困生的关注过少，却往往一厢情愿对学困生提出这样那样不合理的要求，以致常常取得

适得其反的效果，而教师最终却把这种责任统统推给学困生。

5. 教师把学困生排在教室的边角

走进教室，会发现教室后面两个墙角里坐的都是学困生。无论他们身材是高还是矮，教室的角落永远属于他们，这是一个被遗忘的角落。学困生为什么要坐到后面去？一般有两种原因：一是老师眼不见、心不烦，任其破罐子破摔下去；二是为不影响其他学生。教室边角是教师造就学困生的场所，也是教师对待学困生的惯用手段，这在教师与教师之间是一种默契，甚至在教师与学生之间也形成一种默契。例如当教师一说起学困生怎样怎样时，学生会不由自主地把头转向后面的边角。在众目睽睽之下，墙角里的学生将会怎么想？坐在那里等同"坐牢"。即便不是学困生，若长期受此消极待遇，难免会受暗示，进而成为学困生。

6. 教师在教学中人为树立学困生

在教学中教师大都有这样的意识——我们班上谁最优秀、谁最差，也常将这种观念无声无息地告诉学生。如：让学生评比班上谁最好、谁最差时，每个学生给出的名单上的姓名往往是相同的；在课堂上，教师把学困生的作业展示，有时还要批评上一两句。这种教育方式，其实是教师为了满足自己教学的需要，在学生中树立善恶是非的典型。光树好的典型不行，不好的也要树，这样的对比才有明确的"榜样示范作用"。被树为先进典型自然是幸事，而被树为反面的典型便可悲了，在教师和同学的眼中其永远是学困生，老师漠视他，同学无视他的存在，在一个集体中，这类学生将何去何从？成为永远的学困生自然成了"注定"的命运了。

在这种教学观念中，教师否定了个性差异，把学困生与优生等同看待，教师自然看不到学困生的进步了，自然提不起对学困生的注意。学困生找不到应有的位置，自然也就没了学习的热情，学习的积极性也就自然消退了。

三、 农村中学学困生转化的措施

苏霍姆林斯基曾深有感触地承认，在我们创造性的教育工作中，对差生的工作是最难啃的硬骨头之一，没有哪一位老师不这样认为。美国彼得·圣吉在他的著作中借用"杠杆"一词，试图说明在做某些较难事情的时候，如果你的工作切入点合理，可以在付出较少劳动的条件下获得成倍放大的回报。同时，心理学告诉我们，学困生更渴望、更需要教师对他们的关怀和鼓励，"冰冻三尺，非一日之寒"。教师只有找好切入点，并在热爱他们的前提下，才能真正关心、爱护、帮助他们，教师要用自己的热情和信心去鼓励学困生的勇气和信心。在分析了学校教师的教育因素而导致学困生产生的原因后，为了改变这种情况，转化学困生，教师们在实际中做了大量的工作，也有许多丰富的经验。为了系统地研究这些经验，学校要求教师写出自己转化学困生的个案，并召开交流研讨会，从个案及教师的交流研讨中概括出转化学困生的几种行之有效的措施。

（一）给予学生爱的教育

苏霍姆林斯基曾感叹，从我手里经过的学生成千上万，奇怪的是，留给我印象最深的并不是无可挑剔的模范生，而是别具特点、与众不同的孩子。这就告诉我们，对于学困生这样一个与众不同的特殊群体，教育者必须正确认识他们、研究他们，一把钥匙开一把锁，将暖融融的师爱洒向他们，让这些迟开的花朵沐浴阳光雨露。所以，要在学困生身上花费更多时间和精力，注入更多关心与爱护，并注意晓之以理，动之以情，导之以行，持之以恒。具体措施如下。

1．倾听

谈话是师生间最频繁的交往方式。教师不仅要善于谈话，而且要专心致志地倾听学生的谈话。平等地谈话，耐心地倾听学生的谈话，更容易使学生言出心声，从而了解他们的心理特点，有的放矢地引导、启发。谈话过程中，教师可以摸摸学生的头，拍拍他们的肩，理理他们的衣服，真诚地亲近他们，关心他们，以消除成人与孩子间的距离，使学生久旱的心田接受甘露的沐浴。

2．微笑

被称为"忘忧之草"的微笑是良好素质修养和崇高职业道德的表现，有着深刻而丰富的内涵。教师的微笑，更是崇高职业道德的体现。教师的一举手一投足、一颦一笑，都会感染学生。特别是上课时，教师慈祥的面容，微笑的表情，亲切的提问，都能打消学困生的紧张情绪。我们每一位教师都力争多一些真诚的微笑，多一些自信的微笑，多一些鼓励的微笑，使学困生更多地体验学习的愉悦，体验生活的艳阳高照、春风拂面。

3．凝视

眼睛是心灵的窗户。教师通过学生的眼睛可以洞察学生的内心活动，从而走进学生的心灵世界。教师的真情是打动学生的钥匙，教师要在不同的情境下给学生送去不同的眼神，用真诚编织一束灿烂的阳光。教师在学生面前应经常保持亲切、和蔼、信任和期待的目光，使学生看到希望，增添力量，使有缺点的学生得到温暖，增强信心。教师对待学困生、犯错误的学生要有一种宽容的心态，批评时目光严厉而诚恳，使学生能够认识错误并改正错误。当学生有所进步时，就应换成赞许、期待、信任的目光。即使对屡屡犯错的学生，也应注重目光的及时转换，切忌用鄙视的目光对待这些学生，因为那会损伤学生的自尊心，使学生产生逆反心理。

4. 赞许

每个人都有一种被人理解、肯定、赞赏的欲望，学困生也不例外，而赞赏又是一种随时随地都可取用又永远用不完的"动力资源"。我们教师要学会赞赏学困生。

5. 关心

对于学习有困难的学生，教师要因人施教，耐心辅导，平时作业优先批阅，课堂上尽量为他们创造表现的机会，有点滴进步就表扬、鼓励，增进自信心；对于学习待进步的学生，教师要尽量挖掘他们的闪光点、兴趣、爱好、特长，委以重任，也可以开展各种活动，让他们在活动中展现自我，并受到教育，切忌讽刺、挖苦、体罚。

以上几种方式是我们教师对待学困生时同时使用的，案例 1 体现了教师的实践运用。

案例 1　大鹏的变化

大鹏是一个学困生，时常旷课，也不做作业，总是沉醉在网吧里。为了改变他，老师时常找他谈心，关心他，对他的智商给予肯定，倾听他的心声。问他为什么不做作业时，他理直气壮地说"没有笔"。在了解情况后得知，原来家长给他买学习用品的钱，都被他用去上网，为此家长拒绝再给他钱，他借故没有笔，所以理直气壮地不写作业。第二天，教师送给他一支钢笔，并给他写了一张留言条。

大鹏：我希望你能让这支笔伴你一同走完初中的三年，并能伴你走入你理想中的高一级学校。我相信你的实力，期待你的成功。

此后的一段时间里，他不但不再旷课了，而且还能认真地完成作业了。感觉他的心也和老师贴近了一步。

可后来，他又和别人打架，并且对喊他住手的老师大声地嚷："不用你管。"晚上，老师打开邮箱，看到了大鹏写给自己的一封信，内容是："老师，我是大鹏！今天的事情是我的错，对不起了！原因是他们先骂我的，我受不了那份气才迁怒于您的！"老师给他回信："大鹏，老师不会生你的气！我知道事出有因的道理。但老师还想对你说一句话，'忍一时风平浪静，退一步海阔天空'！"从此，网络邮件成了师生沟通的又一个渠道。

暑假，老师问他都做了些什么，提醒他不要沉迷于网络游戏。他回信时说：谢谢您了，提醒了我，我知道你对我好，当然这个暑假多半都是在网吧里度过的。我也知道了好多的事情，（在网上）这个暑假对于我来说过得太快了，天天在网吧里面待着，连星期几都不知道了，有的时候我也觉得没有意思了，整天游手好闲。开学时候看看吧，能考好就考好了，考不好的话就再说，当然也会好好学的。老师又给他回信说：大鹏，你是老师心目中的好学生！但你的表现让老师很是失望。人生之途，全力以赴。现在的你们过于放松自己，让"懒虫"在身体里游荡，也让你们身上原有的闪光点不再发光，当一个人散漫到习以为常的时候，试问：他的责任心还有多少？老师在担心，担心你将来会受到自己良心的谴责！失去了思想和尊严是可悲的！曾记得当初你很懂事，做事也充满热情，很执着、很坚韧。谁能帮助你们？只有自己，找回信心来，我在期待你的进步。

以后的大鹏开始逐渐远离网吧，一点点地改掉了身上的不足之处，慢慢地脱离了学困生的身份。后来，他终于成为一名合格的学生。

（二）教师与家长携手施教

密切搞好家校联系，对转化学困生有着重要意义。要转化教师教育因素为主造成的学困生，若能与家长取得一致，共同实施教育效果会更好。教师要根据不同的学生，不同的家庭分别对待，灵活处理。方式有召开家长会、定期家访、平时电话联系等。下面是家校携手教育一位"好动"学生的案例。

案例2　教师与家长携手转变"好动"学生

培培是一位"好动"的学困生。老师和班干部不停地向我告状。培培把班里刚设计好的板报涂乱了；培培把班里桌椅的钉子给卸了；培培在老师讲课时把电脑桌的盖子给盖上了，老师生气走了；培培体育课不服从老师管理，到处乱跑，最后跑回班，老师怎么喊也不出来；培培的手指被自己咬破了，不停地流血……渐渐地，很少有同学主动接近培培，他似乎很孤独。我准备与家长一起扭转培培的现状。

首先，我与其妈妈进行了沟通。据培培妈妈介绍，他上小学的时候就这样，时常给老师捣乱，上课总是捣鼓，书包里全都是小玩意，晚上在家写作业坐也坐不住，还得一边写一边玩。孩子又特别任性，不服管教，骂也没用，打也没用，就是改不了。我与家长一起分析了该生的状况，该生从小就好动，注意力不能集中，造成学什么都学不好，别人也不喜欢他。长期的负面影响，又致使培培精神紧张，自卑感强，表现出轻微抑郁症。

我运用自己参加心理健康培训班所学的知识猜测培培是否患有多动症。为了确定自己的猜测，我找到心理咨询师，把培培的情况一一讲给她听。根据培培的种种表现，心理咨询师认为我的猜测有道理。

然后，我又一次找到培培的家长，把我前往心理咨询室与咨询师的分析、判断跟家长进行了交流。培培的妈妈不停地点着头说："我早就觉得孩子不对劲。他回去还跟我说，有人喊他疯子，说他有精神病。他学习又不好，都不想念了。我也是真没有办法。"我建议她假期带孩子去医院治疗，但是要尽量以孩子能接受的方式，不要伤害他。在情感上，要让孩子充分感受到妈妈的爱，不要让他孤独，让他自信起来，同时注意饮食等。

不仅如此，我时常与家长沟通，发现培培的问题就及时解决。一天培培妈妈打来电话，说他下午放学回家后精神状态不好。我立刻赶到他家，与培培交流。原来午休的时候，他在操场上玩，看到外班一名男生把羽毛球架子上的网给卸下来了，他主动给安好。就在他安的时候，远处的负责器材管理的老师看到了。老师喊他过来，他头也不抬。老师把他叫到办公室，误以为是他在搞破坏，说了他。他不服气，说自己在做好事，与老师发生争执，又被训斥了一顿。我马上电话与相关老师进行沟通，通过询问我确信他是被误解了。我小心地安慰着他，引导着他，还牵着他的手出去散步，他头一次顺从地跟着我走。晚上家长也与他沟通，关心他。第二天又与几名班干部联系，让他们多帮助培培，课下带他一起玩，多理解他，他会好起来的。

经过此事，我发现培培动手能力强，就时常安排他做些力所能及的事情，当着全班的面表扬他。通过老师的大量工作，通过老师与家长合作对培培进行耐心细致的教育、梳理，加之坚持治疗，现在的培培变化很大。现在培培信任老师，在课上能够坚持听讲，多动的毛病改了很多，书包里的小玩意也越来越少了。班里的电脑桌坏了，他居然悄无声息地给修好了，班干部讲给大家听，同学们都夸他聪明。他第一次不好意思地笑了。培培的学习成绩较上学期有明显进步，不交作业的次数越来越少。

（三）增进师生感情、发现学生身上的"闪光点"

俄国教育家乌申斯基在《人是教育的对象》一书中强调，如果教师要从各方面育人，那么应该首先从各方面了解人。要想转化学困生，必须首先了解他们的个性特点、兴趣爱好、学习情况、身体状况、生活环境；理解学困生的心理，懂得他们并不愿意远离人群、远离伙伴、远离老师，他们同样渴望欢声笑语、渴望同学之间的纯真友谊，更渴望老师的关心和爱护。教师还要努力成为一位善解人意的好人，要能换位思考，要懂得"什么样的课最受欢迎"、"什么样的教师最能赢得人心"、"学生为什么会那样做"……只有做到这"三解"，即了解学生、理解学生、善解学生，才能拉近师生间的距离，才能让师生"心有灵犀一点通"，也才能让学生在老师面前畅所欲言，打开心灵之窗，也才能找到学困生的"病症"，进而"对症下药"，以达"药到病除"之效。

通过对学困生的充分了解，初一年级的老师为这类学生准备了一个笔记本，老师在扉页上写上对学生的情况分析，指出该生的潜质，鼓励他，告诉他老师的期望。如：还记得你的精彩表现曾赢得同学的阵阵掌声吗？还记得父母因你的点滴进步而露出的微笑吗？还记得约束住自己努力学习后心情的愉悦吗？记住：成功的滋味最甜，但梅花香自苦寒来，相信自己，努力吧，我们在期待着你的更大进步！

为了鼓励他们，校长在他们的笔记本上一一签名，并在繁忙的工作中抽出时间开会并讲话，对他们进行人生观教育，为他们鼓劲儿加油儿，提出殷切的希望。会上，他们静静地听着校长的讲话，感受着学校对他们的关注，意识到学校丝毫没有放弃他们、淡漠他们，相反，学校对他们投入的是更多的关心，寄予着更高的希望。然后，语文、思品、历史等学科老师们向他们介绍学科特点，鼓励他们只要好好学，都能学会，并结合实际细致地向他们介绍适合他们实际水平的学习方法，告诉他们：不用和别人比，自己和自己比有了进步就了不起。

有些学困生只是一方面不好，在学校是学困生，到社会上以后的发展却不比别人差。不同的个体在同一领域会有不同的发展水平；在不同的领域不同的个体会有各自的特长和才能。素质教育并不是全优教育，也不是非让教师把每个学生都培养成全才。成绩差的学生，他们尽量回避学习问题，而喜欢谈论那些他最"闪光"的东西，以求得心理平衡，如果教师非谈学习不可，他不仅难以接受，反而会认为教师是在揭他的"短"。我们应寻找学困生的"闪光点"，给予表扬、鼓励，并以此为契机，带动各方面发展，形成"星火燎原"之势。

（四）营造良好环境、提供展示舞台

环境能育人，这已成为大家的共识。古人云："与恶人居，如入鲍鱼之肆，久而不闻其臭，亦与之化矣。"（刘向《说苑杂言》）能"出淤泥而不染"的有几人呢！所以转化学困生的一条重要措施就是净化环境，让他们在潜移默化中受到感染，取得进步。良好的班风、积极向上的校风学风、健康和谐的家庭氛围都会对学生产生积极的影响。

如初二年级以语文学科作为突破口转化学困生。初二年级的学困生相对于初一年级人数有所增加，根据这种情况，初二全体语文教师利用活动时间认真分析原因，提出转化措施——从兴趣入手、从学习的点滴入手。具体做法是：从读会一段书开始，从学会一个词开始，不做更高要求。教师送微笑给学困生，利用课余时间帮助他们完成任务。另外把与其关系较好、语文学习兴趣浓的学生，安排做学困生的小老师，双方同意后，举行简单的仪式。最终的结果：及格率、优秀率、平均分三项成绩在原有基础上均有提高，特别是及格率明显提高，达到了97％。教师们认为：我们的方法是正确的，以后逐步在其他学科推广，会有新的成绩。

苏霍姆林斯基在《给教师的建议》一书中说过，成功的欢乐是一种巨大的情绪力量，它可以促进儿童好好学习。缺乏勇气、缺少信心的学生，需要的是信赖，是激励，是鼓励。只要你相信他的能力，给他提供一个机会，他就会产生一种无穷的力量，全身心地投入，去完成自己的任务。学困生往往会有"技不如人，低人一等"的想法，对学习失去兴趣和信心，这时最需要的是我们帮他找回自我，鼓起勇气。每一位学生都有自己的长处，分数是不能"量"出学生全面的发展水平的。作为教师，要相信每一位学生，多给他们提供一些表现的机会。"水激石则鸣，人激志则宏"，我们可以利用"体育节"、"读书节"、"艺术节"、"科技节"……为他们搭建舞台，让他们展示自己，品尝成功的喜悦，从而激发他们的进取心。

（五）实施同伴互帮的影响活动

在我国，同伴互助学习具有深厚的历史渊源，至少已经积累了"相观"、

"伴读"、"小先生制"和"结对子"的思想与实践经验。经典教育著作《学记》中就提及过"相观而善","独学而无友，则孤陋寡闻"。大教育家孔子也有语云："三人行，必有我师焉。"可见同学之间是可以相互学习，相互促进，讨论切磋，取长补短，共同进步的。为了帮助后进生，学校进行了"结对子"的活动，即在教师指引下，组织优等生指导后进生，实施"一帮一"或者"多帮一"的活动。在活动中组织学生彼此之间进行作业辅导、复习以及游戏等活动，以此有效促进学困生的转化与成长。

案例3　同伴互帮转变学困生

开学初转来了一位学生，叫海洋，其学习成绩很差，达不到教学目标的要求。连字都写不清楚，上交的作业老师根本无法批改，做事情经常丢三落四，问他问题他总是支支吾吾，不知他在想些什么，可谓是学困生。

对于像海洋这样的学困生，我一度很无奈，无从下手，不知怎样努力才能去改变他。

恰逢此时学校开展"班级组文化"建设，在班里也开展了班级文化建设，利用班级的精神氛围、文化制度、文化关系、文化环境等来熏陶和培养学生的文化人格。班级文化建设的一个重要措施是进行小组文化创建。小组文化包括小组分工合作学习、小组自我管理模式，主要培养学生的归属感和强烈的责任感，促进学生学习、纪律、思想、能力等各方面发展。

我根据学生的性格特点、学习、纪律、行为习惯等各方面表现，同时征求了我班任课老师的意见和建议，将班内38人分成9个小组。在班内公布小组名单后，我又以PPT的形式给学生观看了初一年级小组分工合作学习的成果照片，同时给学生布置了任务。小组成员分配好以后，我请每个小组的组长带领自己的组员针对本组的文化进行讲解和说明。

成立了学习小组之后，组长小杨总是热心帮助海洋，在讲题、抄笔记、记作业等方面给予了无私的援助。期末考试海洋成绩前进了43名，挤进了前200名，达到了第174名。这对于他来说真是不小的进步。同时他还在县级科技竞赛的水火箭比赛中取得了三等奖。这学期开学以来，他的作业有了明显进步，书写工整多了，老师能批改了。他还主动承担了一个月的室外卫生管理工作。这些成绩足以使他有了一定的自信。进步和成绩与他自己的努力是分不开的，更离不开各科老师对他在学习上的指导；同时，小组合作发挥了重要的作用。

总之，通过实施各种措施，的确转变了一些学困生的行为。不少学困生不交作业的情况有所改变，他们由经常不交作业到多数可以按时交，上课说话的情况有所减少，各科都不爱学的学生基本没有了。通过活动，学困生还展示了他们的特长，发挥了各自的优势，有了集体的荣誉感，集体意识增强了。他们的行为，虽然有时有反复，但总的看，他们进步了。不仅如此，他们的学习成绩也有了较大提高。他们的学业成绩虽然没有达到理想的境界，但是和他们自己比，均有了不同程度的提高。也有许多原来的学困生不但没有掉队，学业成绩还有了不同程度的提高，前面的案例也说明了这一问题。

转化学困生是一项长期的系统工程，不可能只靠一两位教师在一两年就完成，因为"差异"永远存在。"漂亮的孩子人人都喜欢，而爱难看的孩子才是真正的爱。"（赞科夫语）我们必须以宽容的教育思想，"以情立教"、"以和立教"、"以爱立教"、"以公正立教"，善待每一位学困生，努力使每个人都发挥出自己的特长，成为有用人才。

基于学生自主性学习的课堂教学有效策略研究

杨洪海

一、绪论

（一）研究背景

怀柔区庙城学校是一所由原庙城镇中心小学和庙城中学合并的九年一贯制学校，至今已有六年的校龄。自 2001 年参加课改以来，学校始终致力于课程教材的改革，改变教师的教学观念，干预教师的教学行为，充分利用九年一贯制学校的优势，使课改工作持续深入，教学质量稳步提高。但是，在课堂教学中，也存在着与新课程理念有差距的地方，如课堂气氛沉闷、学生学习积极性不高、参与率较低等问题。为此，学校继续进行基于自主性学习的高效课堂教学策略研究。

课程改革的重点之一是教学方法的改革，而学习方法的转变亦是课程改革的一个重要方面。新课程要求学生从被动、依赖的学习方式转变为主动、自主的学习方式。这要求老师的教要主动地去适应学生的学，提高课堂教学中学生自主学习活动的有效性。新课程实施以来，课堂教学确实有了很大的变化，但同时也暴露出诸多问题。在课堂教学中，还存在着与新课程理念有差距的地方，如课堂气氛沉闷、学生学习积极性不高、参与率较低等问题。面对课堂教学现实，积极转变教学观念，发挥学生在学习上的主观能动性，尝试提高课堂教学实效的方法和途径，是每一位教师专业发展的必由之路。

目前对自主学习、有效课堂教学单方面的研究已有不少成果。站在学生的角度研究怎样自主学习的比较多，而站在教师的角度去研究如何提高学生自主学习的比较少，且大多比较笼统，对学校的指导意义不够。对有效课堂教学策略或者高效课堂教学策略的研究也非常多，这在新课程背景下也司空见惯，但研究的结果地域性较强，都是研究单位自己的实际情况，我们拿来还是用不了。如何把学生的自主学习和高效课堂两者结合起来研究，即探索针对培养学生自主学习能力进行有效课堂教学的策略，这值得我们深入思考。为此，我们提出"基于学生自主性学习的课堂教学有效策略研究"这一课题。

课题主要对以下几个问题展开研究：

一是当前课堂教学的成功之处和存在的主要问题；

二是明确课堂自主学习中学生"基于自主性学习"的学习方式的特征；

三是基于自主学习的有效课堂教学的具体操作策略。

（二）研究意义

我们提出"基于学生自主性学习的课堂教学有效策略研究"，旨在树立"以人为本"的教学思想，促使教师从自身教学工作的实际出发，从学生的实际出发，立足激发学生学习的内部动机，保持学生自主学习的持久动力，优化课堂教学结构，探索提高课堂有效教学策略的途径和方法，使学生学会自主学习，学会独立思考，成为学习的主人。课题的研究不仅在于改变陈旧的课堂教学方式，引起学生学习方式的改变，而且对于提高课改的实效性、提升教师自身的素质以及促进教师专业化成长都具有重要的意义。

（三）文献综述

我国在《基础教育课程改革纲要（试行）》中首次提出了有效教学的理念

和策略，之后很多学校或个人进行了相关的研究。教育部课程改革专家组核心成员余文森教授在中国教育资源服务平台"课堂教学论坛"上，就"课堂教学的有效性"与广大中小学教师进行了在线研讨。四川省龙马潭区特兴镇中心校进行过提高课堂教学有效性研究，而对高效课堂的研究于近期才兴起，由长春出版社出版的熊梅所著的《高效课堂》一书对高效课堂进行了理论上的一些探索。山东省安丘市进行了快乐高效课堂的研究，江苏省盱眙县明祖陵实验小学在课堂教学方面实施"快乐高效课堂"教学模式。浙江省建德市启动"高效教学、高效课堂"系列研究活动。山东省瑞发学校研究后总结出了高效课堂六大特征。此外，江苏省丹阳市里庄小学蔡国仁撰写的《优化教学环节，构建高效课堂》、叶枫撰写的《营造高效课堂的几种方法》、辛兆刚撰写的《优质高效课堂的特征》、鹿坤撰写的《语文高效课堂之我见》、宜春市五中王隆裕撰写的《浅谈中学语文高效课堂的构建》、山东省安丘市实验中学夏方进撰写的《深研"高效课堂"，建设快乐校园》、张金凯撰写的《打造高效课堂的实践与思考》、张乐亭撰写的《如何打造语文高效课堂》、吴波撰写的《浅谈如何构建打造高效课堂》、张立红撰写的《如何打造高效课堂》等论文，都为我们的研究提供了借鉴。

云南师范大学教育科学与管理学院教授、教育学博士孙亚玲在《国外课堂教学高效性研究》一文中对国外的课堂教学高效性研究进行了系统而全面的介绍和分析。从她的文章中我们了解到，国外从 20 世纪初就开始了课堂教学高效性问题的研究，迄今为止，他们已经分析了各种影响课堂教学高效的因素，如教师特征、课堂教学活动、教学环境、教学媒体等。

（四）概念界定

1. 自主学习

自主学习是与传统的接受学习相对应的一种现代化学习方式。顾名思义，自主学习是以学生作为学习的主体，通过学生独立地分析、探索、实践、质疑、创造等方法来实现学习目标。二是教师作为教的主体，通过对学生的组织、激发、引导等一系列教学策略，使学生真正成为学习的主人，提高他们学习的积极性、主动性，培养他们良好的学习习惯和方法，提高自主学习的能力，从而提高他们的综合学业水平，为他们的可持续发展奠定扎实的基础。本课题重点研究教师构建阳光课堂的方法和引导学生自主学习的策略。

2. 高效课堂

高效课堂是以最小的教学和学习投入获得最大学习效益的课堂，基本特征是"自主建构，互动激发，高效生成，愉悦共享"。衡量课堂高效，一看学生知识掌握、能力增长和情感态度与价值观的变化程度；二看教学效果是通过怎样的投入获得的，是否实现了少教多学；三看师生是否经历了一段双向激发的愉悦交往过程。

3. 教学策略

教学是教师把知识、技能传授给学生的过程。教学策略就是教师传授知识、培养技能的方式方法。

（五）研究方法

研究过程中，我们主要采取的研究方法是：文献分析、行动研究、经验总结。研究和实践工作是永无止境的。建立科学完善的课堂教学评价体系、征集优秀课堂教学设计、整理优秀课堂教学案例和优秀教学论文集，将我们已取得的校本经验向兄弟学校推广，促进区域教学效果的提高，是本课题后续的研究和实践规划设想。

（六）研究步骤

一是成立研究领导小组；二是成立研究工作小组；三是召开课题组会议，进行前期培训和工作布置；四是召开教学设计研讨会，教师遵照学校提出的教学策略，自主进行课堂教学设计，之后集中交流研讨，修改自己的教学设计；五是中小学部分别组织高效课堂的研究课，请课题组教师按照自己的教学设计上研究课，课后课题组集体研讨，总结优点，查找不足，以利再战；六是发挥九年一贯制优势，中小学部联合教研，分别做小学高年级和中学低年级的语文、数学、英语主题研究课，互相学习，互相交流，共同进步；七是举办教学设计评优、课堂教学评优等主题活动，促进课题研究工作；八是召开课题领导小组和工作小组总结会，收集材料，做出总结。

二、 "基于学生自主性学习" 的基本特征和构建策略

从当前课堂教学实际着手进行研究，重点研究教师教学行为策略和学生学习行为策略，分析高效课堂教学的策略、低效课堂教学的原因。在分析影响课堂教学活动与学习活动有效性的主要因素基础上，通过对目标达成的有效性、主体的有效性、知识建构的有效性、师生互动的有效性、学生发展的有效性的表征分析，在理论研究的基础上，注重教学实践的验证，通过反复的探讨、验

证、总结，获得提高课堂中学生自主学习活动有效性的校本教学策略。同时，建立提高课堂教学效益的评估标准，使教师反思并更新提高课堂教学有效性的理念，树立新课程背景下课堂教学中的学生自主学习意识、目标教学意识、知识探究意识、情境建构意识、教学反馈矫正意识以及当堂训练和检测意识，以有效课堂改革为契机，提高教学管理，提高教师工作效益，达到全面提升学校教育教学质量的目的，逐步提高教师队伍素质。

（一）传统课堂教学存在的问题

为了把课程改革深入地、踏实地、实实在在地做下去，我们所有的干部和研究人员全部深入下去，深入到课堂教学当中去，反复听课、研讨，发现问题，研究解决问题的办法。例如，一堂教学"三位数乘两位数"的数学课，老师让学生自己准备了写好数字的小纸条，在尝试练习的时候，老师让学生拿出纸条拼摆乘法的竖式，学生做起来是顾思维顾不了动手，顾动手打断了思维，怨声载道，兴趣全无，费时费力效果不好。课后问老师为什么这样安排，老师说是为了让学生动手操作，真是让人哭笑不得。

再如一堂科学课《纸》。上课伊始，老师手里出示一张长方形的白纸，说："同学们，这是什么？（学生答：纸）谁能描述一下纸的特点？小组讨论说说纸有什么用呢？"课后问老师为什么这样安排，老师说这样更直观，能激发学生的学习兴趣。我们向他建议，纸是学生生活中再熟悉不过的东西了，你完全可以结合学生的生活实际，让他们自己列举生活中见过的纸，通过小组实验、探究、讨论、交流，自己抽象出纸的性质和作用，不是更好吗？老师听了恍然大悟。

通过听课发现，我们的课堂教学存在这样的问题：教师的教学观念比较滞后，对新的课程标准理解得不到位，引发的教学行为就是课堂上摆花架子，学生的自主、探究、合作学习流于形式，不能有效地调整学生的学习状态，学生的学习兴趣不浓，没有深层次的参与，所学的知识不成系统，更不能灵活地应用知识去解决实际问题，所以很难说能有教学的高质量。

面对这样的现状，我们课题组进行了深入细致的分析，剖析其根源，主要是任课教师缺乏新的教学理念和对课程标准的深入理解，更缺乏将教学理念转化为教学实践的桥梁，老师不知道怎么上课了，进退维谷、左右为难。于是我们对全校任课教师进行了"在课堂教学中，你最希望得到什么样的帮助？"的调查问卷。结果显示，教师们最希望得到的就是新课标理念下的课堂教学到底怎么上的可操作性的建议和意见。针对这样的实际，我们认为，要想改变课堂教学的现状，改变学生的学习方式，首先要改变教师的教学观念，干预教师的教学行为。只有这样，才有可能真正地改革我们的课堂教学，使学生在知识与能力、过程与方法、情感态度与价值观方面得到真正的提高。基于这样的考虑，我们专门确定了"构建主体性课堂教学模式，实现小学生的主动发展"的研究课题，希望能对任课教师有所帮助。

（二）"基于学生自主性学习"的基本特征

让学生自己或小组学习，就自然会看到主动的学习吗？给学生布置了探究任务，就会自然产生探究学习吗？让学生分成小组学习，就一定是合作学习吗？所有这些问题，都值得我们每一个教育工作者审慎地思考。要建构主动、探究、合作的学习方式就要研究它的基本特征。[①]

首先，兴趣是学习的基础。兴趣是主动学习的动力。我国古代教育家孔子说过，"知之者不如好之者，好之者不如乐之者"。作为教育工作者，不但要教育小学生认识到学习的重要意义，建立内部动机，而且要善于利用小学生功利式的主动去调动他们的外部动机。总之一句话，兴趣需要激发，主动需要培养。

其次，教师要善于引导学生自己提出学习目标，自己制订学习程序和进度，参与设计评价指标；发展各种思考策略和学习策略，在解决问题中学习；学习过程中重点关注五个要素：提出问题、搜集证据、处理信息、科学求证、得出结论；能从学习中获得积极的情感体验。所以探究学习具有实践性、参与性、开放性、创造性、过程性，强调直觉思维，强调学习过程，能够激发学生对学习内容深层次的兴趣、深层次的思维。

最后，合作是现代人应具备的重要素质之一。教师要有意地创造条件，使学生之间能相互支持、配合，承担在完成共同任务中个人的责任，有效沟通，解决组内冲突，对共同活动的成效进行评估，寻求提高其有效性的途径。在此基础上，我们应清醒地认识到，探究学习与合作学习、主动学习、接受学习是相互联系的统一体。倡导自主、探究、合作的学习方式并不排除接受式学习。

（三）构建"基于学生自主性学习"的学习方式的策略

倡导自主、探究、合作的学习方式的价值取向是全面提升一代人的生活方

---

① 庞维国．论学生的自主学习［J］．华东师范大学学报：教育科学版，2001（2）：78－83．

式，适应学习化社会的有效途径。提升一代人的生活方式，从哪里做起？从教育做起，用创新思维，行创新教育，育创新人才，关键是教师队伍的创新，是从现在做起，通过学习，更新观念，全面提升教师的学习思维方式、生存方式和生活方式。

观念决定行为。教学理念就是一个教师所具有的准备付诸教学行动的信念，直接影响着教学行为，"它既是一种观念也是一种行动"①。

为此，我们在组织教师学习，提高教育教学理论水平的基础上，采取了"干预教师教学行为，建立小学生主动学习的运行机制"的方法，希望能够通过对教师教学行为的干预，有效地改变学生的学习方式，使他们在知识与技能、过程与方法、情感态度与价值观的"三维"目标上都得到不同程度的发展，进一步提高课堂教学的实效性。

要让学生成为学习的主体，真正处于学习的主体地位，就要赋予他们学习主体的权利与义务，让他们在学习中学会学习，学会生活，敢于创新。我们经过反复研讨、实验、总结，构建了"三导互动"小学生主体性课堂教学主导模式及操作流程，如图4-3-1所示。

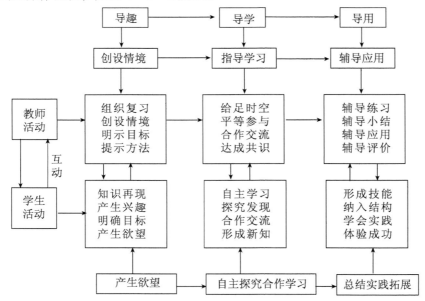

图4-3-1　"三导互动"小学生主体性课堂教学主导模式及操作流程

---

① 李雪. 论自主学习的实质、结构及其指导 [J]. 重庆工业高等专科学校学报，2003（3）：105-109.

为了使这个教学模式尽快转化为教师的行动，我们又提出了在课堂教学中具体的操作策略：课堂教学做到"五要八让"。

"五要"：要创设学生主动参与教学活动的情境；要恰当运用现代教学手段；要给足学生自主学习的时间与空间；要给学生合作交流的机会；要给学习有困难的学生体验成功的机会。

"八让"：目标让学生明确；问题让学生提出；疑问让学生讨论；过程让学生参与；学法让学生领悟；规律让学生总结；情感让学生体验；效果让学生评价。

教育教学中坚持"双四"。

"四种情绪"：以愉悦的情绪激发学生的每一点学习兴趣；以满意的情绪对待学生每一点微小进步；以宽容的情绪对待学生的每一点差错；以兴奋的情绪鼓励学生的每一次创新。

"四用"：用鼓励的话语激发学生；用信任的眼神注视学生；用理解的微笑面对学生；用亲切的抚摸走近学生。

学校提出了"三导互动"、"五要八让"、"双四"的教学模式和策略之后，新课程理念下的课堂教学有了大的原则和方法，但是如何把这些原则和方法落实到课堂教学之中，各学科教师和各教研组都开始了深入的探讨和大胆的实践，使课堂教学更符合学科特点，贴近学生的生活实际，符合学生的认知规律和知识的呈现规律，最终使学生在不同的方面得到不同程度的发展和提高。

在数学课上，老师们经过研究和实践，探索出了"从生活中引入——激情引趣；在活动中探究——悟理益智；于探索中创新——发展思维"的具体方法，使课堂教学有效地落实"三维"目标。如在讲一册教材"统计的初步认识"时，课一开始，老师以小组形式，先组织了2分钟的套圈比赛（每组5个圈），比一比，看谁套得多。再进行各组汇报。在汇报之前，请大家先想一想，为了记住你们组内每人各套中了几个，你们应该怎么办？有的学生说，我记在心里；有的说，我记在脑子里；还有的说，我记在本上了。这时，老师顺势导入："对了，最好的办法是把它们记在本上，这个记录的过程在数学上我们叫——统计。今天，我们就先来统计咱们套圈比赛的情况。"通过这样的引入，学生不仅会饶有兴趣地投入到新课的学习中去，而且感到生活中处处有数学，从而激发了学习数学的兴趣和动机。同时，学生的观察能力、合作能力、表达能力也得到了训练和培养。

再如在教学圆锥的体积之前，教师对学生已有的知识基础、思想和方法基础、能力基础要进行全面的分析。学生已经通过已有的知识，利用转化的思想，经过自己的探究，推导出了圆柱的体积的计算方法。这是学生已有的知识基础和数学思想基础。但在以往的教学实际中，发现学生对圆柱、圆锥体积关系进行判断时，往往会出现对"等底等高"的这一先决条件的理解不深，致使计算或判断时错误频频出现。究其原因，就是学生对圆锥体的体积公式的推导过程体验不够。为了让学生更深刻地体验、感受这种探究的过程，渗透数学的思想和方法，进而理解圆锥的体积公式，以培养学生的观察能力、操作能力、抽象概括能力和灵活解决实际问题的能力，于是设计了这样的教学。

师：下面分组做实验，在空圆锥里装满沙子或水，然后倒入空圆柱中，看看几次正好装满。请同学们利用手中的圆柱和圆锥、沙子和水，从倒的次数看两者体积之间有怎样的关系。小组代表从教具箱中自选实验用的空圆锥、圆柱各一个，分头操作。

生1：我们将空圆锥里装满沙子，然后倒入空圆柱中，三次正好装满。说明圆锥的体积是圆柱的三分之一。

生2：三次倒满，圆锥的体积是圆柱的三分之一。

生3（有些迟疑地）：我们将空圆锥里装满沙子，然后倒入空圆柱中，四次正好装满。说明圆锥的体积是圆柱的四分之一。

生1：是三分之一，不是四分之一。

生4：我们在空圆锥里装满沙子，然后倒入空圆柱中，不到三次就将圆柱装满了。

……

师：并不都是三分之一呀。怎么会是这样！我来做。（教师从教具箱中随手取出一个空圆锥和一个空圆柱）你们看，将空圆锥里装满沙子，倒入空圆柱里。一次，再来一次。两次正好装满。圆锥的体积是圆柱的二分之一。怎么回事？是不是书上的结论有错误？（以前曾有学生对教材中的内容提出过疑问，学生议论纷纷）

师：你们说该怎么办？有什么问题吗？

生5：老师，你取的圆柱太小了。（教师在他的推荐下重新使用一个空圆柱继续实验，三次正好倒满。学生调换教具，再试）

师：什么情况下，圆锥的体积是圆柱的三分之一？

生：等底等高。

生：圆锥的体积等于和它等底等高的圆柱体积的三分之一。

师：也就是说圆锥的体积等于圆柱体积的三分之一的前提条件是等底等高。

以前教学《圆锥的体积》时多是先由教师演示等底等高情况下的三分之一，再让学生验证，最后教师通过对比实验说明不等底等高的差异，但效果不太好，学生对等底等高这一重要前提条件，掌握得并不牢固，理解很模糊。首先让学生自主选择空圆柱和圆锥研究它们体积之间的关系，学生通过动手操作得出的结论与书上的结论有很大的差异，有三分之一、四分之一、二分之一，思维出现激烈的碰撞，这时教师没有评判结果，而是让学生经历一番观察、发现、合作、创新过程，得出圆锥体积等于等底等高的圆柱体积的三分之一，这样让学生在看似混乱无序的实践中，增加了对实验条件的辨别及对信息的批判。既圆满地推导出了圆锥的体积公式，又促进了学生实践能力和批判意识的发展。在平时的课堂教学中，我们要善于让学生在思考问题几经碰壁的情况下，经过自主探究、合作、交流，最终找到解决问题的方法，把思考问题的实际过程展现给学生看，让学生经过思维的碰撞，不仅要学会这道题的解法，而且要学会这个解法是如何找到的，帮助他们真正理解和掌握数学思想和方法，体验过程，获得广泛的数学活动经验。这样，我们的课堂才是学生成长和成功的场所。

在语文课上，老师们经过研究和实践，探索出了"创设情境，激情引入——自由朗读，整体感知——探究交流，理解感悟——拓展延伸，综合发展"的具体思路，突出语文学科的特点，提高课堂教学的实效性，提高学生的语文综合素质。

如《一夜的工作》这篇课文，作者用饱含深情的笔墨，记录了周总理一夜工作的情景，热情讴歌了我们敬爱的周总理劳苦的工作、俭朴的生活。但是，周总理生活的年代距离学生比较远，总理这样的生活作风和工作作风学生很难理解，不容易和作者产生共鸣。根据这样的情况，老师做了如下教学设计。

一、创设情境，激情引入

请同学们背诵你喜欢的名人名言给大家，礼尚往来，老师也送同学们一则名言：有的人活着他已经死了，有的人死了他还活着。想跟老师一起朗读吗，来，一起读。这句诗现在同学们理解起来还有些困难，但相信学完了《一夜的工作》一课后，一定会有很好很深的理解。

二、自由朗读，整体感知

接下来就让我们跟随作者何其芳一起走进总理的一夜，请同学们轻轻打开书，小声读课文，注意把字音读准确，把句子读通顺，边读边思考：总理一夜的工作给你留下了怎样的印象？

三、探究交流，理解感悟

对于总理这一夜的工作，我们每位同学都会有自己独特而真实的感受，但光有这点感受是不够的，让我们再次走进总理的一夜，看看你是从文中哪些语句体会到总理生活的简朴和工作的劳苦，边默读课文边用自己喜欢的标记画一画，同时可以记下自己的体会，然后在小组内交流，最后在全班汇报。

（同学们在独立学习、小组合作、全班交流的过程中，在老师的指导下，通过对重点词句的理解，通过阅读老师补充的周总理的工作时间表，深刻感受到周总理的简朴生活和劳苦的工作，对周总理产生了深深的敬仰和爱戴之情）

我们跟随作者的笔触亲眼目睹了总理这极其简单而又极其不简单的一夜，深切地感受到总理生活的简朴和工作的劳苦，总理工作是这么的认真，工作量是这么的大，工作时间又是这么的长，可夜餐却是一杯淡淡的绿茶和一小碟数得清颗数的花生米，此时你想对这样的一位总理说些什么呢？（孩子们压抑不住自己内心的兴奋和激动，纷纷举手，表达自己的心情，课堂出现了一个高潮）

四、拓展延伸，综合发展

同学们，总理的每个夜晚都是这样工作的吗？接下来就让我们一起走进总理生病的那最后一段日子吧。（配着低沉、哀怨的音乐，老师动情地朗读，孩子们早已泣不成声）作者和我们的感受是一样的，他亲眼目睹了总理这一夜的简朴和劳苦。可是同学们，一夜两夜的简朴劳苦对于我们来说不难做到，难的是像总理这样，日日月月年年都是如此呀，就连他到了生命的最后一刻，还在想着别人，相信了解周总理事迹的每个人都会为他伟大的人格魅力所感动，作曲家三宝在总理诞辰100周年的时候怀着和我们一样的感动，为宋小明诗人写的《你是这样的人》一诗谱写了极其感人的曲子，来，全体起立，让我们怀着崇敬、爱戴之情听这首歌曲，再次缅怀我们的周总理。

正像臧克家的诗说的一样，有的人死了，他还活着。老师相信，周总理会永远活在我们的心中，而我们做人就应该做这样的人。

又如初中物理教学《摩擦》一课，对摩擦现象，学生们有丰富的感性认识。新课程标准中对摩擦的相关教学要求是"通过常见事例或实验，了解摩擦"。可见，新课程标准和教材给我们的实际教学留下了很大的创造空间。因此，我们要根据学生的实际情况进行教学。本节教学的重点是"探究摩擦力的大小与什么因素有关"。让学生经历科学探究的整个过程，通过猜想学习科学猜想，通过设计实验学习控制变量法，学习设计实验表格，通过分析数据学习分析论证，学习交流、合作、评估。要让学生在经历探究的过程中，感悟科学探究方法，要把科学探究当作科学内容来学习，以此来提高学生的探究能力，激发学生从身边最平常、最一般的事物中探求科学规律的兴趣。

教师依据"从生活走向物理"的教学理念，从学生的生活经验出发，提出有关摩擦力的问题，简单介绍摩擦力的概念之后，提出"摩擦力的大小与什么因素有关"这个问题，然后引导和组织学生进行自主探究。根据探究实验的程序帮助学生完成整个探究过程，在这个探究过程中，教师强调指出：根据二力平衡的知识，摩擦力等于弹簧测力计的示数。在这个实验过程中，通过弹簧测力计拉动木块，在木板上做匀速直线运动。当学生找出结论之后，教师再提出：请同学们开动脑筋，利用自己学过的知识，能不能设计出一种更好、更合理、更准确的测量方法。

师："影响摩擦力大小的因素"咱们探究出来了，根据自己操作过程中出现的问题，有谁能指出咱们实验过程中不太容易操作的地方？

生：拉动木块在木板上做匀速直线运动时，不能保证木块完全做匀速直线运动。

生：有时在木块运动的过程中，弹簧测力计的示数在变。

生：木块在运动时，有时会被绊住，导致读数不准确。

……

师：那哪一些同学能利用咱们前面学过的知识来改进这些地方呢？下面分组讨论，看哪一组能设计出更好、更合理、更准确的测量方法？

（学生分组讨论）

生：根据相对运动的原理，咱们可以把弹簧测力计和木块固定，拉动木板，观察弹簧测力计的示数。

师：大家讨论一下这种方案行吗？如果这种方案好，好在哪里？

（学生讨论）

生：这种方案比咱们做实验用的方法好。优点在于如果拉动木板，木块就不会动，弹簧测力计的示数也比较稳定。

生：用这种方法读出的结果更接近真实值。

生：而且这种方法还可以得出摩擦力的大小与木板拉动的速度无关。

通过本节课的教学，学生再一次完整地体会了探究实验的整个过程，体验了探究实验中的快乐和成就感，提高了动手操作的能力和分析解决问题的能力，培养了对未知事物的探索精神。最重要的是通过教师的引导，学生把摩擦力与前面学过的相对运动有机地结合起来，找出了更合理、更好的实验方案，真正做到了学以致用。同时，通过小组每个成员的通力合作，学生认识到团结协作精神在学习中的重要性，为创建和谐校园奠定基础。通过探究实验，充分挖掘了学生的潜能，培养了学生的创造能力。通过争论"摩擦好不好"，学生了解生活、生产中利用有益摩擦和防止有害摩擦的事例以及增大和减小摩擦的途径，养成用所学知识联系生活、生产问题的习惯，加强了物理与生活、科学技术和社会的联系，从而体现"从生活走向物理，从物理走向社会"的物理教学理念。

总之，在学校总的原则和要求的指导下，各学科教师纷纷行动，探索出各学科的教学策略，落实在课堂教学之中，提高了课堂教学质量，使我们的课堂教学真正成为了有效课堂。高效的课堂要帮助学生寻找失去的问题意识，现在的教学评价标准排除了学生的问题意识，所以我们的学生年龄越大、年级越高，问题反而越少，那是因为我们的很多教学方式"催眠"了学生的问题意识。课堂上学什么内容、怎样学习都是教师备课设计的，学习过程被教师控制，加上课堂的时空、纪律等各种限制，学生的问题意识也受到一定程度限制。现在学生对事物的判断有时并没有从事物本身去分析，而是习惯于服从教师的权威，使其敢于质疑的问题意识一定程度上失去"生存的土壤"。

因此，高效的课堂不是教师给学生讲明白了多少，而是体现在引导学生想明白多少，通过学习，学生吸收了多少，又产生了多少问题，学生自己又能够提出多少问题，进而需要寻找怎样的解决办法，这才体现"思维效度"的高，才是高效教学的标志。

三、"基于学生自主性学习"实施效果

（一）课堂教学有了明显的改观

提出了"三导互动"、"五要八让"、"双四"的教学策略，给课堂教学注入了勃勃生机，教师找到了理论转化成实践的桥梁，行为得到了有效的干预和控制，在实践中更深刻地理解了新的教学理念和课程标准，小学生的主体性得到了充分的发挥。

例如，在教学社会课《秦始皇、汉武帝》时，老师课前布置学生搜集两位历史人物的生平事迹材料，课上提出自己的问题，当学生提出"秦始皇到

底是一个好皇帝，还是一个坏皇帝"的时候，老师引导说："同学们，利用你们手中的材料，参考书上68页至72页的内容，自己试着评价秦始皇，说明你的观点，说足你的理由。"接着学生们个人自学，小组讨论，大组交流，在秦始皇到底是一个好皇帝还是坏皇帝的问题上各执己见，展开了激烈的争论。学生们充分利用自己搜集的材料，发言积极热烈，但观点有些偏激，老师听着学生们的发言，顺势引导说："俗话说，金无足赤，人无完人，但怎样评价一个人物或一件事物呢？要一分为二，看它的主流。"接着，学生们又重新陈述了自己的观点，客观地评价了两位历史人物。这节课，学生在老师的引导下，主体性得到了充分的发展，搜集信息，处理信息，运用信息和口语表达能力都得到了全面的发展和提高。更重要的是，他们学会了如何去看待别人，看待事物，心理得到了辅导，形成了初步的世界观。

再比如，我们曾给老师们讲过这样一则案例。一堂语文课，学习古诗《静夜思》，随着情境的创设，老师问："你们谁愿意到黑板上画一轮明月？"学生们都高兴地举起了小手，一个小个子学生更是把手举得高高的，老师叫到了他，可他到前边去画时，怎么用力也不能把月亮画到应有的高度。老师没有让他回去，而是请上一位高个子同学，把他轻轻地抱了起来。月亮画上去了，明亮的"月光"顿时洒向了所有学生的心田。

听了这个案例，老师动情地说："此时此刻，这位老师是庙城学校最幸福的老师，这个学生是庙城学校最幸福的学生。"这一幕，将永远留在这对师生的脑海之中。

（二）更新了教育观念，提高了队伍素质

通过构建"基于自主性学习"的学习方式，教师树立了现代教学理念，改变了传统的教学方式，课堂教学水平和教学质量都有了较大的提高。学校涌现出了一批思想素质好，业务水平高的骨干教师，学校培养出了区级骨干教师10人，校级骨干教师45人。在各级各类基本功竞赛中，学校有55%的教师获奖，整体师资水平有了大幅度的提高。

（三）学生的学习方式发生了根本的变化，教学质量有了明显的提高

1. 注重培养学生自主学习、探究学习的兴趣

（1）创设"愉悦"的课堂氛围，开发学生自主、探究学习的原动力——"我要学"

　　教师是课堂教学心理环境、课堂氛围的直接创造者，教师应根据教学内容，了解学生已有的知识经验，找准学生的起点，发挥教师自身的创造性，以学科特有的美感与教师自己的教学特色和魅力去感染学生，融抽象知识于生动形象的课堂教学活动中去，创设具体的教学情境，激发起学生的强烈兴趣，从而打开学生思维的闸门，使其进入一个强烈的"我要学"的境界，进而激发出学生自主探究学习的原动力。

　　（2）注重实践操作，培养自主探究学习的能力——"我会学"

　　要转变学生传统的学习方式，就要让学生在"做中学"，即在实践操作中，通过观察、思考、分析来获得有关的教学知识。有位名人说过："听了不知道，看了就明白，做了才是真正懂了。"因此，教学中务必要重视实践和操作。如数学课教"分数的意义"，认识几分之一时，先让全班每个小组的学生分别把下列物体平均分成 3 份，如一根绳子、一张纸、6 个苹果、9 条围巾，然后找出其中的一份，再通过师生共同观察、分析、思考，得出：这些"一份"的数和量虽然不同，但它们都是原来物体的 3 份中的一份，因而都可以用三分之一来表示，从而又揭示了"单位 1"的概念和分数的意义。学生在做中真正理解了分数的意义，而且培养了学生思维的广阔性和创新性，掌握了数学学习的方式，从而使学生达到"我会学"的境界。

　　（3）注重知识与学生个人生活、个人成长的联系，巩固自主探究学习的成果——"学有用"

　　例如，要使学生学习数学的兴趣长盛不衰，学习的动力源源不绝，从而形成学习数学的良性循环，就要让学生感到学习数学有用，这种有用不仅是指在日常生活中，更是指在学生个人成长、发展的道路上有用。如在教学"利息"这一知识后，让学生计算自己的"压岁钱"存入银行一年后连本带息共有多少元。又如在教了"立体图形的表面积和体积"的知识后，让学生用同样面积的纸分别做一个长方体、正方体和圆柱体，看谁的容量最大？只有能让学生学以致用的知识才是需要真正掌握的，才是学生感兴趣的。

　　2. 转变教学组织形式——采用小组合作制

　　仍以数学教学为例，在教学过程中，遇到一些适合小组合作学习的内容，我们就采用小组合作方式，在难点、重点上让学生讨论，在建立概念、理解算理时让小组合作实践。如在教"轴对称图形"这一内容时，可让小组合作折一折、看一看，找出已学过的平面图形中哪些是轴对称图形，哪些是非轴对称图形，学生在小组中友好地进行合作交流。这样学生不仅学到了知识，而且维护了自己的人格和尊严。

3. 采用多媒体学习方式

计算机在教学中的应用已成为教育的一个新视点、新窗口。学生可以通过各种网络获得信息并进行思考。同时，多媒体转变了课堂学习气氛，学生的主体作用得到了更大的发挥。如教学"圆柱、球"这一内容后，让学生打开"金山画王"的素材库，从中选出圆柱、球图形，然后要求学生把这些图形组合成一幅美好的图画。通过这种方式，让学生在网上学习，巩固和深化了学生对概念的理解，调动了学生参与数学探索的积极性。

4. 培养学生对教师和权威的怀疑和否定精神

学生良好的思维品质应该具有一定的批判性，而在传统的教育中，学生习惯于接受，习惯于信任教师，长此以往的结果是学生缺乏创新精神和实践能力。因此，首先要培养学生对教师权威的怀疑和否定精神。其次，要给学生充思维创新的时间和空间。最后，各种概念及知识点要充分运用变式，促使学生对知识本质的理解。

总之，教师帮助学生掌握新的学习方式是新课程改革中教师要担负起的一项新的重要任务，目的在于如何促进学生自主学习，使学生能够自己去实验、观察、探究、研讨，使他们全身心地投入到学习活动之中，充分体现教师的主导作用和学生的主体地位。

在课堂教学中，教师的教学方式和学生的学习方式发生了根本的变化，形成了民主、和谐、轻松、愉悦的教学氛围。在教师的引导下，学生的学习兴趣提高了，主动、探究、合作的意识和能力增强了，初步学会了自主学习和合作学习。教学质量有了大幅度的提高，在历次区质量检测中，学校都名列前茅，中考成绩有了质的飞跃，学校连续多年被评为素质教育优类校。

事实证明，构建基于学生自主性学习的学习策略是实现新课程改革的"三维"目标，提高教育教学质量的有效途径。

京郊农村初中学校课堂教学模式改革初探

刘玉祥

一、 选题缘由

近几年，随着新课标的实施和新课程改革的不断推进，全国各地涌现了不少崭新的教学模式且推进得卓有成效。然而，放眼望去，依然有很多农村中学在课程改革方面步履艰难、进展缓慢，教师仍然在主宰着课堂，充当着课堂的主角，素质教育只是停留在口头。京郊农村中学课堂教学的现状令人担忧，课堂教学改革势在必行。

北京市区级重点中学占尽了天时、地利、人和的优势，有着最先进的设备、最优质的师生资源，他们更侧重的是课程改革，而非课堂教学改革。其辐射带动的是课程，而非课堂。但对于农村学校而言，课堂的效益是重心，提高课堂教学的实效性是农村中学课改的关键所在。新课改，改什么？怎么改？这是每一位教师都应该认真思考的问题，更是一所学校发展应重点思考的问题。

二、 文献综述

关于京郊农村初中学校课堂教学模式改革的文献材料寥寥无几，几乎没有一例成形的模式值得借鉴，只能将文献观察的视角放在全国，经过分析整理，现将结论陈述如下。

（一） 全国课堂教学模式改革综述

高效课堂九大教学范式分别是山东杜郎口中学"10＋35"模式、山东昌乐二中"271"模式、山东兖州一中"循环大课堂"、江苏灌南新知学校"自学与交流"学习模式、河北围场天卉中学大单元教学、辽宁沈阳立人学校整体教学系统、江西武宁宁达中学自主式开放型课堂、河南郑州第 102 中学"网络环境下的自主课堂"和安徽铜陵铜都双语学校五环大课堂。综观这些模式，虽然名称、提法不一样，但本质都是相同的，就是"让学生动起来、让课堂活起来、让效果好起来"，核心是一个"动"字，围绕"动"千方百计地彰显学生学习的"主权"。都是以导学案作为路线图，以学生自学、小组合作学习作为抓手，以预习、展示、反馈作为基本技法，使课堂成为学生成就人生梦想的舞台，展演激扬青春的芳草地。

新的九大模式分别是：陕西宜川中学"三环节导学式"自主课堂教学模式、山西阳泉第十二中学"三段五环节"课堂教学模式、山东德州跃华学校"单元整体教学"、河北唐山第六十八中学"动力课堂"、广州第八十中学"生态课堂"教学模式、河北沧州派尼中学"自然课堂"、江苏苏州昆山前景学校"一托 N 组合课堂"、湖北荆州市北门中学"生本·自主"高效课堂教学模式、安徽泗县灵童学校"自然课堂"。这几所学校，颠覆了传统的"灌输式"教学，体现出学习的快乐，让课堂变得有效和高效。

（二）课堂教学模式改革文献综述

对话学习理论：让课堂成为倾听学生声音的场所，让课堂成为学生智慧生成的场所，让课堂成为学生对话与交往的场所，让课堂成为学生生命养成的场所。

生态和谐课堂理论：生态和谐的课堂应追求师生关系民主平等，并构建和谐共存的学习共同体，师生之间力求多元互动、对话交流，并尊重学生的个性差异和独特体验，让学生的自主探究与教师的引导相得益彰，体现出一种生态和谐的课堂文化。

学生本位的课堂理论：学校课堂教学要充分体现以学生发展为本，以创新精神、实践能力培养为重点，构建新的学力观。

有效教学的课堂理论：有效教学的课堂具有价值引导的时代意义，能引领时代发展的前进方向，以互动作为其存在的基本形式，以创生作为本质内容，以体验作为最高境界，以主体性发展作为最终目标。

回归生活世界理论："回归"的本质是关注人的生成，关注教学活动的过程价值。"教学回归生活世界"要求知识教学与现实生活的整合，同时要时刻指向学生作为现实主体的发展。

德育生态课堂理论：德育生态课堂应树立以人为本、以生为本的教育理念，遵循"师生交流—辨认选择—思考领受—体验领悟—品质提升"的教学流程，从教学目标、内容、方法、手段、方式等方面进行实践建构。

学习共同体理论：课堂作为学习共同体，实质上是把教师和学生从一种"客位"的生活状态转向一种"主位"的生活状态。课堂就是教学主体通过交往和对话构成的一个学习共同体，是开展教学活动的舞台，是教师和学生生活的主要场所。

三、 京郊农村学校课堂教学模式改革的思考

（一）教育教学观念

人的思想观念决定着行为、行动。教学改革必须从更新教育观念入手，教育观念的转变是十分重要的问题，有什么样的教育观念就有什么样的教育行为，又必然导致迥然不同的教育后果，我们每个教师都无法回避这一问题，都必须解决这一问题。教学是教育目的规范下教师的教与学生的学共同组成的一种教育活动。在应试教育的影响下，农村中学依然有不少教师教育观念滞后，教学方法陈旧，教学手段单一。教学中墨守成规、刻板守旧，这种状况亟待改变。要培养高素质人才，我们必须打破传统教育观念的束缚，积极探索符合时代潮流的教学之路。教学是师生共同参与的互动过程，教师要从以教育者为中心转向以学习者为中心，从教会学生知识转向教会学生学习，由接受教育观转向自主教育观。只要从转变教育观念着手，提高教师自身素质，就能有的放矢地进行教育实践，完成时代赋予我们的实施素质教育、培养一代新人的重任。

（二）教育教学环境

1. 创设校园文化氛围

环境塑造人。良好的育人环境，是提高学校教育教学质量的关键。马克思说过，社会环境对人的身心发展起着重大的影响。社会是人类生存和发展的大环境，校园是学生学习和生活的小环境。学校教育目的的实现，很大程度上是学校创设的教育环境的结果。校园文化对营造良好的教育氛围至关重要，好的校园文化能在潜移默化中对学生进行教育引导，促进学生身心健康成长。校园文化作为一种环境教育力量，是学校精神风尚的物质反映。良好的校园文化以强大的凝聚力和吸引力，较好地调节、激励师生的思想行为，培养良好的群体

意识和集体主义精神，使校园人文精神得以振奋和升华。健康的校园文化提倡师生在身心发展上、价值观念上、行为规范上相互融合，形成相互关心、相互理解、相互尊重、公平竞争、民主平等的和谐氛围，对师生创新精神的培养和创新能力的提高都有巨大作用。

2. 改善课堂教学环境

课堂教学环境包括物化环境和心理化环境。物化环境包括文字、实物、展板、音像等多种信息和载体，甚至包括教室布置、外界干扰、光线明暗等。这些物化环境通过视觉引起心理反应，会对课堂教学产生一定影响，可以把知识化抽象为形象，化无形为有形。心理化环境也就是氛围，包括情绪、心境、兴趣等，它对课堂教学的影响是潜移默化的。要提高课堂教学的效率，应该努力建设健康向上的心理化环境，如和谐的师生关系、良好的同学关系以及积极向上的班风、学风等。和谐的课堂教学环境对学生的影响是润物无声的，它具有一种同化力，使学生自觉地去接受这种熏陶，克服和改变不适应这种环境的行为方式，真正成为学习的主人。课堂教学中，要想让学生主动学习，教师必须创设宽松、民主、和谐的班级氛围，优化教学环境是提高教学效率的重要因素，好的教学环境会使学生在课堂里产生舒适感、安全感、归属感和使命感，会让学生处于最佳的学习状态，充满渴望，满怀自信，学习兴趣浓厚，会使教师顺利地完成教学任务，从而有利于教学效率的提高。

（三）教育教学模式

1. 教师教的模式

著名教育家叶圣陶先生认为，教师的教要致力于导。当学生不会学时，教师要引导他们去想；当学生的思路狭窄时，教师要启发他们拓宽；当学生迷途时，教师要把他们引上正路；当学生无路可走时，教师要引导他们步入柳暗花明又一村的佳境。由此可见，教师的引导在课堂教学中所起的作用非常大。现行课堂教学大多是老师不停地讲，学生反复地练，课堂气氛沉闷，教学手段单一，学生的思维得不到拓展，能力得不到发挥。目前，农村中学课堂教学中，教师主宰课堂的现象还较为严重，学生的主动学习意识和自主学习的积极性还没有被激发出来，只能被动地接受知识，由此造成课堂教学质量不高。要想适应现代化教育需要，适应学生未来发展需要，最有效的办法就是深入开展课堂教学模式改革，致力于教师教学方式和学生学习方式的改变，促进学生主体的回归和学习效果的提高，关注学生的思维发展和成长过程，激发学生的内在动因，促进学生的自我发展。教师是教学过程的策划者、组织者、参与者，学生才是整个教学过程的主角。教学的重点必须转移，教师课前要精心设计导学案，鼓励学生探究知识、自主学习知识，学生讨论、交流时教师要参与其中，教师要随时掌控课堂，适时对学生加以评价，及时为学生答疑解惑，不同的学科、班级和课题，教师讲授的时间和内容的多少要有所不同，让学生通过自主、合作、探究学习，随时发现问题、解决问题，学生解决不了的问题教师该讲的还要讲。发挥学生的主体地位，绝对不能忽视教师的主导作用。

2. 学生学的模式

学生是一个个具有活力的独立个体，更是学习的主体，只有在一个宽松的氛围中，才会展现自己的内心世界，才会勇于表现自我，个人的主观能动性才能得到发挥。如果学生处在没有自主发挥的氛围中，缺少了自尊、自信，缺少了表现，缺少了体验，久而久之学习就成了一种疲于应付的苦差事。以往，教师的主导作用被过度发挥，学生总是在被动中学习，教师教什么就学什么，教师让学什么就学什么，限制了学生的求知欲，遏制了学习的兴趣，削弱了学生的创新能力，这严重违背了新课标的教学理念。我们应该关注学生的发展，给学生以自我求索与创新、自主支配的时间和空间，应该把课堂的大部分时间交给学生。只有学生自主学习的意识增强了，探究知识的兴趣才会浓厚，学习的习惯才能够养成，学习的能力才可以提高，领悟的知识也更加牢固。学生在自主学习的过程中，教师不再是课堂教学中权威的象征，而是学生自主学习的促进者。每一个学生作为一个独立的主体，他们都可以有自己再现新知识的方式。只有把学生的主体地位体现出来，学生才有发自内心的需求，觉得学习是一种幸福、一种享受，是一种创造、一种乐趣。这样，学习才有高效率。每一个学生的性格心理不同，思想认识不同，兴趣爱好不同，基础水平不同，新的课程标准要求教师在关注全体的同时，还要关注学生的个体差异。因此，分层教学在课改中就显得尤为重要。分层教学就是让不同水平的学生有自己的目标，有自己的舞台，做到因人而异，有的放矢，使每一个学生都能够通过努力达到完善自我、超越自我，最终实现整体水平的提升。

（四）提高课堂效率

课堂教学改革最为核心的是教学方式、学习方式、评价方式、管理方式的改变。若要提高课堂教学效率，重要的一点就是把学习的主动权还给学生，促进学生的学习方式、课堂组织形式的重大改变。温家宝总理在北京郊区视察一所农村学校，当看到学校的教育教学改革的具体做法时，也谈到"要变单纯灌输式的教育方法为探索创新式的教育教学方法，在注重教师主导地位的同时，更加注重培育学生的主动精神，鼓励学生的创作思维"。

1. 备课

课堂教学的实际效果在很大程度上取决于备课是否充分。以往，不少教师在备课时，只习惯于备教学内容，而忽视备学生。如果教师在课前不去研究学生对所教内容的掌握情况，不去研究学生的个体差异，课堂教学的适应性就会大打折扣，课堂教学的高效便无从谈起。具体来说，要做到"三备"。

一是备学生需求。把学生置于教学的核心地位，以学生的学为主线，预测学生可能的思维活动并设计相应对策，引导学生自主地学、练。

二是备教学资源。不仅要备知识点，更要备知识背后隐藏的方法和过程，备相关的教学资源，充分利用自身的智慧，达到课堂教学的高效。

三是备导学方法。关注如何与学生沟通、交流，如何从教学的"独白"过渡到"对话"；关注如何指导学生去学，注重培养学生良好的学习习惯与合作意识。

2. 上课

课堂教学中，教师要根据新课标要求、教材需要和导学案的特点确定适合自己的教学模式。教师讲解准确、精练，重点、难点突出。体现分层教学思想，保护并激发学生学习愿望和兴趣，注重激励性评价，使不同层次的学生都有收获。根据学情及时调整导学方法，有较强的应变能力和创新意识。教师要充分发挥主导作用，讲课要顾及学生的感受，做到少讲、精讲，让学生多学、多练，强调交流互动和及时指导、纠正与小结，充分发挥小组学习的优势，充分调动学生的积极性，使全体学生集中注意力，主动参与到学习活动中。

3. 作业

作业分为两种，一种是针对已学知识，一种是针对未学知识。从前我们的作业大多趋向于前者，起到了巩固和提高的作用；但在新的教学模式下，作业的方式已经将侧重点转移到了课前。教师在布置课堂练习和课后作业时，必须充分考虑不同学生的学习水平，加强作业的管理与指导，避免超负荷、重复、低水平的作业，给每个学生留有充分自主发展的余地，这才是提高课堂教学效率的必由之路。减轻学生负担不是对学生放松要求和撒手不管，而是给学生更多的时间接触世界、接触事物、接触生活，学习更多的知识，做更多的事，思考更多的问题，培养独立思维和创造能力。新的形势下，学校十分重视"减负"。"减负"不是降低质量要求，而是要提高质量标准，提高教育效益。减轻学生过重的负担，要不断改变教法，教给学生学法，让学生主动地、有针对性地学习，提高学科知识水平，发展个性特长，成为品学兼优的人才。教师要适应新的要求，把"减负"后空出来的时间用于开展适合学生特点、有利于培养学生特长和实践能力的活动。

（五）创新评价机制

在学校管理的诸多环节中，对教学成绩的评价是提高教学质量的重要环节。新课改实施后，如何评价教师的教和学生的学，这应该引起我们重视和思考。以往的评价是直接用考试成绩去衡量学生，用平均分、及格率去评价教师。考试分数不但取决于教与学两个主体因素，还直接受试题难易、科目差异、生源基础三个主要因素的影响。对教师工作的考核、评价是学校管理的常规性工作，它对教师的观念和行为具有最为直接的导向、激励作用。在评价的实施上，应该变重结果为重过程，变一次评价为多次评价，变单一教学成绩评价为多方位全面综合评价，使评价更具有引领性；在评价模式上，强调民主参与、全员评价，使评价主体多元化；在考评结果的使用上，从教师专业成长的全过程来看待每次考评的结果，帮助教师全面了解自己，明确自身所处的位置和进一步努力的方向。科学的评价体系应改变过去以成绩评价学生的做法，重在平时的过程考核。为此，学校应加强三级评价机制的建设，即以年级为主体的联动式评价，以教师为主体的互促性评价，以学生为主体的激励式评价。

科学的学生评价体系有利于促进教学目标的实现，对提高课堂教学质量起着至关重要的作用。以往对学生的评价方式还过多地依赖终结性评价，把考试成绩作为衡量学生学习能力的唯一标准。传统的评价在形式上以卷面考试为主，一卷定成绩，忽略了多元化的评价方式，淡化了评价的教育功能。因此，新的教学评价在形式上，要力求多样化，既应关注结果，又应关注过程，可采用形成性评价与终结性评价相结合的方式，让过程和结果的评价达到和谐统一。学生综合素质评价过程倡导评价方式多样性，评价主体多元化。要努力调动学生自身、学生同伴、教师、家长等各方面评价教育力量，最大限度激发学生潜能，实现评价过程规范与创新的统一，不断丰富完善新课改背景下的学生多元评价体系。只有合理的评价机制建立起来，才能够激励学生健康成长，保证新课改的顺利推进。

为此，我们设计了针对学生的评价量表，如表 4 - 4 - 1 所示。

表 4 - 4 - 1　学生评价量表

小组			1组	2组	3组	4组
基础性		自主学习				
	合作	交流				
		展示				
		板书和语言				
		补充并答辩				
		基础性检测				
拓展性		探究、质疑				
综合评价及小结						

　　概而言之，新课程标准和理念下的课堂教学改革，就是要改变传统的教育观念，改变固有的教学环境，改变落后的教学模式，改变陈旧的学习方式，改变无效的评价机制，营造一个良好、和谐、融洽的教育教学氛围，构建一个自主、合作、探究的学习平台，让每一个学生都受益，使他们都能够健康成长。

四、　课堂教学模式改革的实施与效果

　　课堂教学模式改革与素质教育的终极目标是学习能力，不要把课堂教育等同于独裁专制，而是要让学生在享受"学"的过程中生成学习能力。课堂教学模式能够低耗高效、创新"双率"，实现真正的教学相长。基于笔者所在学校改革的历程具体综述如下。

（一）课堂教学模式改革的思路、目标及模式

　　教学改革思路是："以读为核心，以三动为具体展现。"
　　教学改革目标是："让每一名学生每节课至少有一个收获。"
　　课堂教学改革在初期必须以模式推进，否则，会形成"各自为战"的混乱局面，教师难以把握课堂，难以形成学校整体特色。为此，学校通过对学校课堂改革历程的梳理，总结出课堂教学改革模式，即"337常态教学模式"，具体来说就是"三步"、"三模块"、"七环节"。但同时，要知道教学有法、教无定法、贵在得法。

　　1. 准备工作
　　第一，确保行政的统一性。

第二，转变教师观念。

第三，培训组长。

第四，学生持有双色笔、知识荟萃本和问题收集本。

第五，教师准备问题本（记事本）。

第六，了解学情（建立日志），知道任务和目的。

2. 三步

（1）课前

导学案是以备学情、熟课标为前提的，它是课堂教学的总抓手，它的质量直接影响着教学各个环节，影响着学生的学习兴趣、学习习惯、学习能力。导学案要根据学科特点来设置，要求必须统一，按照"三模块"、"七环节"的要求编写，且要持"无临帖永不成型"观。导学案设计一定要有层次性和方法性。

（2）课上

安排的复习、预习不到位的课不上。课间一定要核实学生的"武器装备"，不打无准备之仗。按照"三模块"、"七环节"进行教学，如表4-4-2所示。

表4-4-2 课上"三模块"与"七环节"

三模块	七环节	任务
预习	读学	自定目标，（原则上）基础落实50%（下同）
	互学（同质或异质）	基础落实70%
	群学	小展示（组测），基础落实90%以上
展示	展示提升（含分工）	体现礼、智、言、行，巩固并提升能力
	点评	
	质疑	
达标检测	反馈检测（可穿插）	反思、总结，（试卷或纸条形式）再巩固，细分层。基础落实100%

教师要精讲点拨。表中各步骤任务的落实要有时间约束性。展示与检测要突出"弱势群体"。

（3）课后

教师回顾并写出反思，细查学情；学生要回顾自己的课上参与度、收获与不解各多少，如何解决？做好总结、积累、纠错工作（在学案上，注意保存）。

3. 评价

小组学习决定了课堂的成败。做每一件事，只要有要求就要有评价。所以我们必须重视以小组为单位的评价。个人评价可在点评、质疑中产生，从而激发兴趣、培养能力。以上两方面应做评价表并节节展示。即时性评价一般分为两方面：一是评价知识点，二是评价表现，如学习态度、状态、声音、板书、形体等。

小组学习很好地体现了新课改的核心——自主、合作、探究。经过我们的努力，相信我们的学校、我们的教师、我们的学生都会解放出来。

（二）课堂教学模式改革实践效果

1. 校长如是说

我们学校是一所京郊乡属中学，学校因地处偏远，如同世外桃源，外部干扰小，缺乏外部刺激。人如果缺乏外部刺激，其反应就会迟钝，时间长了，容易使人安于现状，个体如此，集体也一样。具体表现出来，就是教师重复着昨天的故事，学生过着单一的生活，日子久了，再好的田园牧歌式的生活也会显得单调乏味。

如何使教师教得幸福，学生学得自信？学校的前几任校长都做出了不懈的努力，我接过他们的接力棒，继续前行。针对课堂效率比较低的现状，学校制订了一套完整而科学的评价方案，即《南召中学课堂评价细则》。针对新发展、新任务，我们将课前检测、课堂过程检测、课堂核心问题检测三个环节赋分值加大，突出课堂实效，突出学生的主体地位；上学期期中，借助一年一度的评优课，评价小组对全校教师评选出来的好课进行了归纳，最终达成了好课的共识，以此为契机，启动了初一年级的课改。

学校一直进行着课堂教学模式改革，老校长曾经带着老师们到杜郎口中学等进行过学习，并一直支持课改。但是在北京市稳步推进课改的大背景下，市里的名校注重的是更高层次的课程构建，对于课堂教学模式改革并没有起到真正的引领作用，课程构建要的是顶层设计，课堂教学模式改革要的是具体行动，对于农村薄弱校来说，要的就是课堂教学模式改革的具体行动。放眼望去，全国课堂教学模式改革的示范校没有一所是地区或省立的优质学校，要么是民办校，要么是基础薄弱校，这两类学校的共同之处，即生存所迫，不得不改，但一改成名，良性互动。课改回流在当时的大背景下属于正常现象，因为我们只是看到他们的表面现象，学到的只是些皮毛而已，其内核我们并没有学到。有了课堂教学模式改革的回流，教师们经历了回流的痛苦，感受到了失败的挫折，有的开始迷茫，有的开始彷徨，有的开始驻足不前，但更多的教师开始反思，明知是好东西，我们为什么学不到手呢？回流之后的冷静思考是最为珍贵的。在初一课改之时，教师们及时提醒我们课改领导小组注意的问题，同时提前将很多表格进行了修改完善。有了以上积淀，学校的课改稳步推进。形式上的改变很容易，但内容上的改变很难，在领导职责、学案设计、小组建设、评价方式等方面需要更深入的指导，否则，等待我们的又将是下一次回流。有了上面的思考，面对课改，我们慎之又慎。学校的课堂教学模式改革这一次推进的时间比较短，还非常稚嫩，但也有了一些可喜的变化。这些变化可能在兄弟校不算什么，但在我们学校就如同春天草地上的一棵绿芽，让人欣喜。我们将这些变化罗列如下。

（1）学生动了就是课堂活了

生命的健康展现方式就是动，课堂生命的展现方式就是学生口动、手动、脑动。就拿口动来说，念书念书，不让孩子读书的课堂还叫课堂吗？一改学生上课就成了哑巴，就听一个人没完没了地唠叨的状态，让学生不但读，还要读出声，读出自信。大家都知道，言为心声，学生在读的过程中，眼里多了些灵动的光芒。为了进一步提高读的效果，目前，学生是站着朗读，提高了学生读书的注意力。在读的过程中，我们又提出读书"三到"，即眼到、口到、心到。课堂上，学生敢于发言，敢于质疑了。学生的自信心强了，课堂上学生的活动多了。

（2）坚信教师愿意成事，也能成事

向好之心人人都有，就看我们能否及时为他们搭好梯子。这次课改之始，学校的老师就告诉我许多注意事项，并且有的老师主动先行。当我们尚有些犹豫的时候，我就派这些课改的先锋们到课改学校学习，同时传递一个信息：他们能改，我们为什么不能坚持下去呢？本学期除了到房山二中学习外，我们共派出三批老师先后赴广州、昌乐、杜郎口学习。趁热打铁，才能淬出好钢！初一进行着课改，初二年级的老师坐不住了，他们自发启动课堂教学模式改革，初二共有六个班，现在有四个班自发、主动地进行着课改。

（3）让每一名学生每节课至少有一个收获

在减负的大背景下，我们课堂上能解决的绝不留在课下。这样，势必会让课堂变，课堂变化关键是学生发生变化。从来不写作业的学生为了小组的荣誉拿起笔了，不爱说话的学生开始自信地与同学交流了。上一学期期末，初一年级的考试及格率提高了，班级学困生的比例下降了，转到河北省的成绩优异的学生想回来了，人籍分离的问题解决了，班级学习氛围浓厚了。

（4）课堂文化氛围是师生最真实的环境

以前我们经常提不体罚或变相体罚学生的要求，但课堂教学模式改革之后，教师的心态和行为逐渐发生着变化，不再高高在上，不顾学生的存在，走下了讲台，走到了学生中间。老师们很清楚，不走下来，就会被学生淡忘，不倾听学生的声音，自己就失去了话语权。这些改革之后，课堂文化自然就呈现出"尊重、平等、和谐、合作"的氛围。

（5）课堂教学模式改革推动了学校评价方式的转变

为了调动全员的积极性，以年级为单位，全校教职工均进入联动式评价范围，加强月绩效考核，更好地落实"三个聚焦"。联动式评价包括纪律、卫生、学生学习状态、课堂呈现状态等内容。联动式评价带动了年级内部的自主评价，年级自主评价带动了学生课堂评价。确实是一石激起千层浪。

2. 年级组长如是说

教育教学的主阵地就是课堂。近几年，对于课堂的改革，学校断断续续一直都在说改，但是当前改得最彻底。我们初一年级在学校领导的指导下，以中考科目为龙头轰轰烈烈地真正做起了这件事，彻底改变了教师教法的陈旧、单一，以及教师的一言堂；改变了学生上课注意力不集中，小动作多，课堂纪律没有保障，学习兴趣低等诸多问题。

开学初，在房山二中的领导、教师的帮助下，我们正式开始了小组合作学习。我们根据上个学期学生的几次考试成绩以及综合分析其特点将每个班的学生分成四个小组，每个组又划分有对子组、AB 组。根据课堂的各个环节对每个小组的组长进行培训，如读学环节要求学生借助自己手中的课本、课外书等工具进行独自学习，同时在自学过程中要求每位学生用双色笔圈出重点、疑难点等，教师走进学生中观察他们的表现，此环节结束后进行即时评价打分，做得好的给小组加满分，做得稍差或没有按要求做的要适当少加分。整个过程要求组长随时关注自己的组员，不能只顾自己独自学习；当学生在读学环节对某个问题有疑问或答案不统一时，视情况而定或是对子组交流、AB 组交流，在交流环节要求每位学生自备白板和软笔，交流过程中主讲人要边讲边写在白板上，完成后，组长还要给组员从课本上、课外书上选取题目，或是自编类似的题目再练几个。教师根据学生交流时出现的问题最后决定学生展示的题目，并布置给他们，一人抄题，组内其他人继续交流，准备抽签展示。教师在整节课中就是一名导演，其任务就是教给学生学习的方法、技巧，并且在各个环节及时对各组学生进行评价，指出不足或优点；对学生展示过程中说得、点评得不到位之处及时补充、纠正，并做出解题方法、技巧的提炼。

由于初一的学生大部分心理上还没有完全进入青春期，这些学生非常在意自己的小组得了多少分，如果自己的小组落下了，他们会抓住任何可利用的机会给组内挣分，这样我们就充分调动了学生的积极性，从此我们的课堂就像刚刚学会走路的孩子那样越练越熟、越练越活、越练越有生机。学生也由原来的课间无所事事、课上被动听讲，发展到现在的课间忙着准备下一节上的科目，讨论上一节自己的小组得了多少分、其他组得了多少分，课上积极参与小组的交流，主动发言为组内争分。

在小组合作学习的模式基本形成后，我们对小组的评价由原来的课堂延伸到了学生整个学习过程，包括学生的日常行为习惯、课堂、作业、双休日、节假日等诸多方面。为此，我们邀请了经验丰富的杨老师为各班的组长进行了长达一个半小时的整体培训。这让组长们更加明确了自己的职责、任务。他们首先从制订组规开始，对完不成任务的组员如何帮他们避免错误出现，对再三完不成任务的组员要做出相应的惩罚，并且在每周末进行总结，利用下一周的周一校班会时间在班内集中反馈，老师根据各组的反馈及时点评，纠正错误，令其限时整改。

经历了近一个学期的课堂教学模式改革，我们体会到，把课堂还给学生，让学生活得更自信、学得更快乐的做法势在必行。从对课堂的评价延伸到对学生方方面面总体的评价，改变了以往班主任做琐碎工作的状况，让教师有更多的精力投入到备课、研究教学中。小组合作学习这一模式为学生创造了一个良好的成长环境，相信在这一环境中学生一定会顺利地度过中学阶段。

3. 任课教师 A 如是说

2012 年 9 月，我担任初一年级的教学工作，同时学校在初一也进行了课堂教学改革，我感到非常的荣幸。因为在这个过程中我收获了很多，在不断尝试用新的理念、新的思路去教学的时候，惊喜地发现学生也变了，变得和以前不一样了。下面我就谈一谈学生的几点变化。

（1）学习方式

以前的课堂总是老师讲得多，学生讲得少，同学之间的沟通也少，课堂显得毫无生气，一节课下来老师累，学生也觉得烦。而现在的课堂改变了，课堂上重视每一位学生的发展，在学生充分自学的基础上，小组再进行合作探究，然后请同学讲解展示，我觉得这种学习方式让同学之间的关系变得更加和谐。这样同学们不再觉得课堂无聊，除了听老师讲就无所事事，而是乐于自己主动参与到课堂学习中去，成为课堂的小主人。

（2）合作探究意识

很多老师都有这样一种感觉：过去的学生课堂安静但是沉闷，有时学生课上根本不想去理老师，但是施行课改以后的课堂则显得"乱"而有序，不拘一格。其中的差别，我认为是与学生平时养成的学习习惯息息相关的。每当自主学习完以后，学生就以不同的方式研究起来了，他们之间各说各的理，取长补短，谁也不让谁，形成了一种良好的学习、合作氛围。在这个过程中，既锻炼了学生解决问题的能力，又锻炼了学生与人沟通的能力。

（3）展示能力

在刚开始让学生展示时，学生不知如何去展示，甚至有的学生连站到讲台上都非常紧张，更不用说在全班同学面前说话了。现在通过老师和同学的不断鼓励，他们已经能够自信地站到讲台上说出自己的想法，虽然有时不一定是正确的，然而他们敢说，敢于表现自己，并且喜欢展示自己。比如在我们班有一个同学，他很内向，不爱与老师和同学交流，课上也不爱举手发言，但是课改以后，我发现他变了，比原来活泼了，课间和同学一起探讨学习，课上有时也能举手发言，代表本组展示的时候也是信心满满的。我感受到学生真的在课改的道路上一点点改变，一步步成长。

回顾课改以来的点点滴滴，我真的感触很多，收获很多，虽然我们取得了一些成绩，但是还有问题和不足，我坚信只要我们坚持不懈地努力，用我们满腔的热情去工作，我们的课改之路会越走越踏实，我们的学生会越来越出色！

4. 任课教师 B 如是说

英语教学的成效很大程度上取决于学生对英语学习的兴趣。一旦学生对所学知识产生了浓厚的兴趣，就不会感到学习是一种负担。孔子说："知之者不如好之者，好之者不如乐之者。"要让学生愉快有效地学习英语，关键在于激发学生的学习兴趣，让学生学有动力。本学期我们采用小组模式，平均 6~8 人为一组，每个小组都有正、副两位组长，利用小组之间的竞争，激发学生的学习热情。课堂表现、作业完成情况和默写等都被加入评比之中。传统教学中，学生上课热情不高，上课举手回答问题的学生很少，每个班只有几名成绩好的学生发言。实行小组后，为了本组的荣誉，小组内的成员互相帮忙，互相督促，积极参与课堂活动，作业完成情况和默写也都有了明显提高。

英语学习单词是基础，绝大多数学生英语差往往就是单词量不够，所以单词量的多少决定了英语成绩的高低，传统式背单词往往是死记硬背，效率低而且容易遗忘。其实要想快速背单词，音标是关键，学生一旦熟练掌握音标，就能快速准确地读对单词，以读音记忆单词记得更准确，而且不容易遗忘。但是在传统教学模式中，音标教学是很难攻克的，学生很容易把音标与中文的拼音混淆，而且学习兴趣也不高。这让许多英语教师头痛，有些教师甚至干脆就不进行音标教学。本学期我们引入了音标操，音标学习由传统的死记硬背改为眼、手、耳、脑随着节拍而动，大大激发了学生学习英语音标的热情，学习效果也很显著。音标操在课前 2～3 分钟播放，也是提前让学生们进入上课状态，更提高了课堂质量。

另外，营造英语文化氛围，提高英语实践能力也是我们努力的方向。英语作为一门语言，它最大的价值就是作为交流的工具使用。传统英语学习者学的都是"哑巴"英语，就是不敢交流，也不会交流，学英语只是为了考试。这其实是一种畸形的教育。我们不提倡，也坚决不做这样的教育。读是我们的第一步，每天早上学生踏进教室后就开始进行朗读，单词、短语、课文，学生根据自己的实际情况，自主选择进行早读。"一年之计在于春，一日之计在于晨"，每一天学生都是以读书开始一天的校园生活，为这一天开了一个好头。说是我们的第二步，我们利用各种活动让学生开口说英语，如本学期我们开展了英语卡片展示的活动，每名学生都要制作一张卡片，然后用英语为大家讲解，内容不受限制，学生根据自己的英语水平选择要讲解的内容，这样一来，即便是成绩差的学生也能说上几句，使得每名学生都有机会锻炼，也增强了学习英语的自信心。我们还组织全年级集体看英文电影，既提高了学习兴趣，也更为真实地让学生感受英语文化。在今后的学习中，我们计划加入更多的英语活动，充分调动学生的学习热情。

当学生处于一个能使他身心愉悦的环境中时，就可以集中注意力，更好地感知、记忆、思维和想象，从而获得较多、较牢固的知识技能，并使他们觉得学习不是一件痛苦的负担，表现出求知的欲望。总之，我们尽可能地在课内和课外为学生提供学习空间，让学生在学习中获得乐趣，获得满足和成就感。在英语教学中，我们尊重学生，注重情感教学，充分发挥学生的主体地位，让学生具有持久的学习热情。

5. 班主任 A 如是说

自从实行了学校的小组评价机制后，我觉得自己的班级在以下几个方面有了明显的变化。

（1）学生在课堂上的变化

以前的课堂，无论教师讲得多么精彩，学生总会有走神的，或在底下搞小动作的，不能全神贯注地听讲。有些内容教师讲了很多遍学生总是不会，也没听进去。为此，我很是苦恼。实行小组合作学习，建立小组评价机制后，我充分调动了学生的积极性，每节课都要给小组打分，尤其对组中每个成员的听讲情况，更有严格的要求。每个学生都想给小组争分，所以都能认真听讲，积极回答问题。那些平时不爱举手发言的学生，也能在教师的引导下，对教师所给问题自由交换意见或进行辩论，以解决问题或生成新的问题。讨论对于培养学生的语言表达能力、辩证思维能力以及合作意识和合作能力，具有十分重要的意义。同时，为了激发学生学习的兴趣，我还要求学生之间进行自评互判，自评的目的是全面认识自我，发现优点，鼓起信心，认识不足，反馈调节，互判是通过学习活动发现他人的优点，以此相互认识不足、相互激励、相互提高。所以，学生在课堂上是自信的，他们真正体会到了学习的快乐！

（2）学生交作业情况的变化

以前每次交作业，总有一些学生不能及时交。不是说忘带了，就是没写，要不就是抄袭的。为此，我曾多次强调过要按时完成作业，可效果总是不尽如人意！后来，我实行了小组绑定式评价，每个小组只要有一个不完成作业的学生，就给其他小组各加一分。那些经常不完成作业的学生，看到总是由于自己的原因使自己的小组落后，也不好意思不交了。现在班中几乎没有不交作业的学生了。

（3）值日、课间操的变化

做好班级的卫生工作并不容易，学生要么逃避做值日，要么拖拖拉拉，要么敷衍了事。比如扫地不求质量，擦黑板不求擦干净。这些现象不只存在于个别学生。做课间操也是如此，总有一部分学生懒懒散散，做操动作不到位。为避免类似情况再出现，我在值日安排及做操方面动了脑筋，充分利用学习上的小组绑定式评价，对这两方面及学生的日常行为进行评价，每月进行一次评比，并给优秀的小组予以表扬、奖励。自从实施这一做法之后，学生的各方面表现比以前上了一个很大的台阶，班级管理也比以前顺畅多了！

当然，初中生毕竟还是孩子，他们的各方面行为很有可能出现反复。因此，要做好班主任工作必须有很大的耐心，这样才可以管理好一个班级，建设一个好班级，唱好班级建设歌。

6. 班主任 B 和学生如是说

轰轰烈烈的课改开展已经十多年了，当前的课改才改得有声有色，也是在这一年中，我的收获最多，当然收获最多的还是学生。

初一第二学期刚开学，班级中的学生座位就按照小组模式进行了摆放，学生面对面坐着，一律朝着侧板，前后的黑板成了他们留下学习足迹的地方。每天学生讨论的机会越来越多，但这也给班级纪律的管理带来了很大的困难。怎么既解决学生的纪律问题，又让学生有积极性呢？真是出了道难题！

我自带班以来，一直有一个习惯，就是让学生写周记。每次学生的周记，我都认真批阅，写上几句鼓励的话，以此走进学生的心灵。有一次，小组长在周记中反映一名学生上课不认真听讲，讨论时不积极，我便在这个学生的周记中问了他几个问题：你不喜欢这样坐着吗？你不愿意讨论问题吗？你上课是不是听不懂？我发下周记的第二天，这三个问题就有了回复：老师，我有小动作，自己好像控制不了，我没有不愿意和大家一起学习，我愿意讨论，但是，小动作多了，上课就走神了，讨论什么我都不知道，本组同学都讨厌我。看到了这几句话，我明白了，我担心的问题出现了：这样坐着，学生会不由自主地看着对方笑，不时地动动手、拿拿别人的东西……他们的自制力要接受考验了。

我想，如果学生有了学习的目标、学习的劲头，就可以在课上自己约束自己，小动作就少了，这样一来，课堂效率自然就提高了。由此，我在学生的周记中，鼓励每一位学生树立自己的学习目标，但不要大，要切合实际。比如有的学生在周记中写道：课上我要认真听讲，尽量少做小动作，我要尽量克制自己，为小组争光！还有的学生写道：我要超过×××，我要在下次考试中……对有的学生，我鼓励他在班会、家长会上大声读出自己的目标，以此教育其他学生，激励他自己。有了这样的目标激励，全班的学生都在努力克制自己的行为，为自己的小组努力！

其实，周记也是拉近学生和老师间关系的重要桥梁，有的学生在家里有了不开心的事，在周记里，我开导他；有的学生考试成绩下降了，在周记里，看得到他的难过与焦虑，我会安慰他别着急，有失败就有成功，别放弃；有的学生在周记里会向我提建议，如何管理小组，如何督促学生，我会让他读出自己的周记，与其他同学分享这种方法。

课改让学生有了小组，有了可以团结的同学，有了可以分享的伙伴，也有了可以信赖的老师！最后让我用一句经常在学生周记里出现的话来激励自己：

坚持！唯有坚持，才会有成功的可能！唯有走进学生的心灵，才会了解他们的世界！加油！

北京市新课改背景下平谷中学高中化学幸福课堂构建研究

王福义

一、 构建高中化学幸福课堂的背景分析

20世纪中叶以来，认知主义和人本主义作为心理学领域两大新诞生的学派促使人们开始关注学生的情感态度和价值观。自此，教师课堂学习的任务不仅仅只是让学生学习到知识，如何使得学生在快乐自主的情感态度下学会知识显得更为重要。高中化学作为一门抽象的学科，无论对学生还是教师来说，学习起来都面临着一定的困难。教师在学生学习的过程中引入学生的生活经验，增强化学课堂学习效果，建立高中化学幸福课堂，提升学生学习化学的幸福指数变得尤为重要。

（一）引入学生生活经验，建立高中化学幸福课堂是《普通高中化学课程标准（实验）》的要求

《普通高中化学课程标准（实验）》（以下简称《高中化学课程标准》）指出："高中化学课程是科学教育的重要组成部分，它对提高学生的科学素养、促进学生全面发展有着不可替代的作用……高中化学课程应有助于学生主动构建自身发展所需的化学基础知识和基本技能……有利于学生形成科学的自然观和严谨求实的科学态度，更深刻地认识科学、技术和社会之间的相互关系，逐步树立可持续发展的思想……"在谈到化学课程的基本理念时，也提出了高中化学课程要"立足于学生适应现代生活和未来发展的需要，着眼于提高21世纪公民的科学素养，构建'知识与技能'、'过程与方法'、'情感态

度与价值观'相融合的高中化学课程目标体系"，"从学生已有的经验和将要经历的社会生活实际出发，帮助学生认识化学与人类生活的密切关系，关注人类面临的与化学相关的社会问题，培养学生的社会责任感、参与意识和决策能力"，"积极倡导学生自我评价、活动表现评价等多种评价方式，关注学生个性的发展，激励每一个学生走向成功"。

从以上《高中化学课程标准》的相关表述可以看出，将生活经验引入高中化学课堂不仅是学生和教师的需要，更是国家政策对高中化学课堂建设的要求。

建立高中化学幸福课堂，最根本的就是要将学生的生活经验引入课堂教学中，只有这样才有利于学生对多种知识的理解和把握。如果不将理论和实践相结合，那么学生对社会、生活中相关问题的理解就会存在很大的困难。

（二）引入学生生活经验，建立高中化学幸福课堂是化学学科自身的需要

《高中化学课程标准》在"前言"中提道："化学是在原子、分子水平上研究物质的组成、结构、性质及其应用的一门基础自然科学，其特征是研究分子和创造分子。"原子和分子都是微观粒子，这一水平决定了我们既不能通过肉眼观察，也不能通过其他感官来感知化学中的研究对象，所以化学的学习对学生和教师而言，都是十分抽象的，这给学生的学习带来了极大的困难。因此，只有将学生的生活经验引入化学课堂，才能使学生对化学知识的理解进一步加深，从而有利于学生对整个学科的理解和把握，也有利于降低教师的授课难度，为教师开展更好的教学提供科学的方法。

（三）引入学生生活经验，建立高中化学幸福课堂是教育理论与实践的要求

1. 理论要求

美国教育哲学家杜威曾指出，教育即生活。针对当时美国教育脱离社会生活，脱离儿童生活的弊端，他提出：一是要求学校教育与社会生活相结合，要求学校教育与儿童的生活相结合；二是要求教育应体现生活、生长和发展的价值，建构一种美好生活，教育要直接参与儿童的生长过程。

我国著名教育家陶行知先生也曾提出"生活即教育"，但其内涵要比杜威更加广阔。他认为：其一，有生活即有教育，生活含有教育的意义；其二，教育必须作用于生活，教育就是对生活的改造；其三，生活是教育的中心，生活决定教育，生活教育是给生活以教育，用生活来教育，为生活向前向上的需要而教育，教育更通过生活才能发出力量而成为真正的教育。

从以上学者的观点中我们可以看出，教育与生活密不可分，因此建立高中化学幸福课堂最根本的就是将学生的生活经验引入课堂之中，寓生活于教育，寓教育于生活。

2. 实践的要求

随着新课程改革的推进，化学中的生活问题越来越引起各方面的重视，逐渐成为化学教育领域的共识。从化学的视角来认识生活中的问题也成为化学教育的一个重要组成部分，但从生活视角来认识化学问题还鲜有人提起，因此具有重要的研究价值。

2009 年，北京市高中课改全面展开，平谷中学有一些基础很差的学生，办公室内外总会听到老师埋怨："除了××学不会，别的什么都会。"针对这一现状，我想到为什么不能利用学生丰富的生活经验来帮助他们学习化学呢？为什么不顺应全市的新课程改革潮流，尝试引导学生以生活的视角来理解和解决化学问题呢——让学生的化学知识也和他们的社会生活经验一样丰富，那该有多好！

基于以上几点，我认为，引入学生生活经验，建立高中化学幸福课堂是提高学生课堂幸福感的需要，并且具有非常重要的理论和实践意义。

二、 高中化学幸福课堂内涵分析

（一）幸福化学课堂是指易学、有趣、有用的化学课堂教育

化学是分子和原子水平上的自然科学，微粒性是其最为重要的特点之一。也因为这一特点，化学成了"看不见、摸不着"的微观世界，所以要突破这一难点，必须引入生活经验、采用计算机模拟等手段，为学生解难释惑，降低学习的难度，使化学成为易学的化学。

化学的研究对象是物质的结构、变化、性质、用途与制备，具有丰富的学科内容，但由于其自然科学属性，一直以冷静的面孔呈现在学生面前，缺乏生气，更失去了人文精神。针对这一不利局面，不妨积极在化学课堂中引入人文关怀，开辟化学课堂中的人文教育新局面，将人文精神注入自然科学的学习中。例如，可采用小说、散文、小品、戏剧、相声等多种形式来演绎化学教育的内容。

化学来源于生产和生活实际，又深深地影响着生产和生活。教师不要将化

学在生产和生活中的应用只在选修模块《化学与技术》《化学与生活》中展开，而是要将化学的价值体现到化学课堂的每一个角落，让学生自始至终都能感受到化学的价值，形成化学是"有用的化学"的理念。

（二）幸福化学课堂不仅是一个理念，更有切实可行的系列举措

幸福化学课堂中的相关角色要产生一定变化：学生角色变化——变"要我学"为"我要学"；教师角色变化——从传授知识和能力的教育者向引导学生学习化学的"合作者"、"引领者"转变，要"从长辈降为平辈"。

教师要专心于为学生搭桥铺路。例如，引导学生动手做模型来认识微观粒子，教会学生用生活经验来理解化学问题，将自己长期积累的教学经验传授给学生（化学策略知识和化学门槛知识）。教师更重要的是充当学生"学习化学的适当的催化剂"，让学生从生活经验角度理解化学，在生活中演绎化学和应用化学。任何包办、越位的想法和做法可能都会适得其反。教师一定要清楚，化学知识只是向学生传承化学思想方法和能力的载体，大部分人将来都不会专门从事化学研究，对他们来说，化学思想方法和能力才能终身与他们为伴。

三、 高中化学幸福课堂构建的理论研究

（一）研究目标

当前素质教育推进艰难，应试教育积弊难除且社会影响力巨大，而学生厌学情绪浓重，导致化学课堂幸福指数偏低的形势，因此研究应从提升化学课堂幸福指数为突破口，全面革新化学课堂生态，使化学课成为易学、有趣、有用的化学课，从而带动化学课堂幸福指数的上升。

研究的具体目标如下。

一是在高中化学课堂上要贯彻新课程标准精神，真正落实新课程理念，转换教师的教学理念及教学方式，重在培养学生自主学习、快乐学习、主动学习的习惯和能力。

二是通过对高中化学教学重难点的研究，适当选择引入生活经验的方式与内容，使每一个重点和难点都有具体的降低难度的合适方案。

三是针对不同的教学内容，结合不同的学生群体选择适当的人文形式来演绎相对应的化学学习内容，让学生逐步学会选择适合自己的人文形式来演绎化学，并逐步成为一种学习习惯和熟练应用的方法。

四是为学生设计和准备适当的方案和资料，引导学生自己设计方案和查阅、收集、利用资料来体会和体验化学的价值，引导学生在实际生活中从化学的视角来考虑问题，结合化学学习的经验来思考、解决生活中的实际问题，并在一定的时段内逐步成为生活的习惯和经验。

（二）研究内容

幸福化学课程是一个系统工程，从理念到实施有着一整套科学严密的方案和措施，但幸福化学课堂又是十分简单的，只要有心，就可以实现幸福课堂。

1. 教学方法的研究

根据幸福化学课堂的特点，教学方法必须与传统课堂教学有较大区别，情境教学（含生活场景再现、艺术演绎等）、自主学习、探究学习、科学实验、生活实践都是重要的和常用的教学方法。

2. 思维方法教育与培养

幸福化学课堂着眼于学生的终身幸福，加强素质教育与培养，其中化学思想方法的学习与应用、化学思维的角度与习惯正是化学学科素养的重要内容和组成部分，也是化学幸福课堂中的主要教育和学习内容。

3. 学习习惯和学习方式的破与立

通过引导、示范、交流和研讨等方式，促进学生的学习习惯和学习方式的改变，建立新的学习习惯和学习方法，如习惯于从生活经验来理解化学问题，习惯于从化学的视角来理解生活问题，习惯于自主学习与交流、讨论相结合的学习方式，习惯于用辩证的观点来认识化学的价值等。

四、 平谷中学高中化学幸福课堂构建的实证研究

自 2009 年开始，北京市平谷中学就以英语学科为突破口，大胆进行课堂改革，构建"小组合作、问题引领、自主发展"的高效幸福课堂。基于此，我们进一步明确：幸福课堂 = 明确的目标 + 小组合作探究 + 问题生成与解决 + 成功的体验。幸福课堂应让师生都感觉到学科的魅力，通过合作研究体现自身的价值，通过小组合作展示强化和拓宽树立自信的渠道，通过学以致用不断生成自主探究渴望，让知识活起来、让思维动起来，当知识变成智慧进而转化为学生终身发展的学习能力时，真正的教育才会发生。

幸福课堂真正体现新课程的要求：教育是唤醒而不是灌输。通过幸福课

堂，唤醒学生沉睡的潜能、唤醒学生行动的自觉、唤醒学生幸福的体验，这才是教育的终极目标。

幸福课堂必将点燃学生的激情，激情激发热情，热情促生渴望，渴望衍生专注，专注成就高效。可以说幸福课堂更能体现新课程的魅力，它比过去我们提的高效课堂更全面。可以说高效课堂注入人文关怀就是幸福课堂。

幸福课堂必将是目标明确的课堂，给学生自信的课堂，师生共同分享的课堂，学生能体验成功的课堂。

幸福课堂的核心是教与学的高效益，幸福课堂的生命是师生互动的双主体，幸福课堂的价值取向是师生得到全面和谐的发展，幸福课堂教学实施的手段是互动。幸福课堂教学评价的基本思想是以学论教、以问题为核心，幸福课堂的发展动力是教师的不断反思与创新。实施幸福课堂的成败，能否实施的决定因素是教师教育观念的改变，教师对新课程理念的理解，教师对新教材的掌控能力。更重要的一点是，幸福课堂在强调对知识的掌握同时更应注入人文关怀。幸福课堂的落实，必将促进学校各学科教学改革工作的全面发展。

（一）高中化学幸福课堂建设的初步尝试

自 2009 年开始，北京市平谷中学开始尝试将学生的生活经验引入化学学习中，引导学生以生活的角度来理解和认识化学问题。

教学人教版《普通高中课程标准实验教科书　化学　必修 1》第二章第一节《物质的分类》时，教师为学生朗诵了一首诗——《化学系女生的生活畅想》，以化学系女生的视角将经典的化学问题生活化，既幽默有趣又浅显易懂地将本节分类思想介绍给学生，学生不仅接受了其中的知识，也被化学系女生对化学学科的那一份热爱所打动。

教学人教版《普通高中课程标准实验教科书　化学　必修 2》（简称《必修 2》）第一章第一节《元素周期表》时，教师为学生介绍了历史上门捷列夫通过玩纸牌来研究元素周期律，在纸牌规律启发下发现元素周期律的故事。学生听后豁然开朗——原来化学可以这样学！这一尝试为引导学生从生活的视角来认识化学提供了好的示范。《必修 2》第一章第三节《化学键》一课的引入则为一段谜语——"珍珠成链靠线串，麻方成块靠糖粘；物质微粒聚一块儿，请问谁来把线牵？阴阳离子各带电，静电作用紧相连；金属非金属，能否成良缘？两邻中有一棵树，两屋同拥所有权；和合共赢好典范，物质世界美名传"。从生活的视角出发帮助学生理解化学键、离子键和共价键的本质。在讲解化学键的长度与强度关系时，引导学生比较长筷子与短筷子哪个更容易折断，从而得出共价键越短越牢固的结论。

教学人教版《普通高中课程标准实验教科书　化学　选修4》第二章第四节《化学反应进行的方向》一课时，教师在 PPT 上投影出一张照片——一位学生躺在地板上，另一位同学则站在旁边，学生看完照片后都惊讶于老师葫芦里卖的什么药。老师发问："他们两人谁更稳定？"学生不假思索地回答："躺着的稳定。"老师接着追问："站着的势能大还是躺着的大？"学生答站着的势能大。于是老师引导学生得出结论，化学反应自发地向能量低的方向进行，再结合内能降低的反应是放热反应，可知自发进行的方向的焓判据（$\Delta H < 0$）。接着老师引导学生回忆体育课上是立正站的时间长，还是自由站着坚持的时间长，学生不假思索都说自由站着坚持的时间长，与此同时教师将一摞试卷从高处扔下来，试卷散乱地落在地上。于是老师引导学生理解化学反应自发地向自由度增大的方向进行——得出化学反应方向的熵判据（$\Delta S > 0$）。

更多的时候老师引导学生用打比方和应用生活经验作为学习模型的方法来引导学生思考化学问题，使学生丰富的生活经验在化学学习中发挥出良好的促进作用，使老师的化学课既充满了生活气息，也使看不见摸不着的化学与学生的生活经验紧密地联系了起来，增强了化学的亲和力，提高了学生学习化学的兴趣和积极性。例如，介绍电子得失情况时，教师会这样解释：Na 最外层有 1 个电子，次外层有 8 个电子，它要达到稳定结构有两种选择方式：一是失去最外层的 1 个电子，二是得到 7 个电子；好比我们乘公交车时离相应两个公交车站的距离若远近不同，肯定会选择到近的公交车站，所以 Na 在化学反应中总是失去最外层 1 个电子而表现 +1 价，具有强的还原性。

（二）将化学问题融入学生生活

在化学课堂上，老师引导学生关注化学在生活中的应用，坚持将化学问题融入学生生活的理念，真正践行陶行知先生的教育理论，努力实现"生活即化学"的化学教育理想，从化学与生活环境、生产与生活材料等方方面面融入，甚至将化学解题中的方法技巧迁移到生活中。例如，在分析问题和解决问题时，抓主要矛盾，抓问题的主要方向，从容易的地方入手等。通过学习水的优良溶解性来认识水体一旦污染就很难恢复，通过在化学实验中正确用水、节约用水来培养学生良好的用水习惯，通过实验用品的管理培养分类的意识和习惯等。

（三）总结归纳形成专题

经过几年的尝试，我们一方面感觉实验取得了一定的进展，另一方面感到在理论和实践上还是缺乏系统性和科学性，总结归纳显得十分必要。在龙门书局支持下，平谷中学老师结合《高中化学思想方法》的写作完成了这一阶段的工作。该书中有很多内容借助了生活视角来介绍和帮助读者理解化学知识，例如用儿童搭积木的经验来介绍化学反应中原子守恒、物质不灭定律（元素守恒）及原子的比例关系守恒（电解质溶液中的物料守恒）；将无机化学反应方式与拆旧翻新房屋相联系，而将有机反应方式与二手房装修相联系，从而理解有机反应中特定官能团变化而其他部分不变的特点。通过挖掘学生生活经验中与化学相关的素材，寓深邃的化学理论于浅显的生活经验中，使化学原理也变得亲切起来，很多难以理解的知识也变得易学好懂了。在该书第五章"抽象问题具体化的思想方法"中的第一节"模型化思想"里，专门论述了从生活的视角来学习化学的方法。模型化思想如表 4 - 5 - 1 所示。

表 4 - 5 - 1　生活中的智慧帮助我们学化学

生活中的智慧	化学问题	类比要点
拆旧房建新房建材中的砖瓦不变	无机化学反应中反应物分子拆成原子，原子重新结合成分子	旧房和新房类似于反应物和生成物，建材类似于原子
房屋装修只更新部分设施，并不需要全部拆除重建	有机反应一般只有部分官能团发生变化，其他部分不变	官能团类似于房间设施，不变的部分保持不变
长筷子和短筷子	化学键的长短	越短越结实，越短越牢固
粗细不匀的筷子	极性键	均匀性越差、极性越强越不稳定
共赢交易	通过得失电子使原子达到稳定结构，形成离子键	电子的得失类似于商业交易的交换
合作共享	通过共用电子对使成键原子达到稳定结构，形成共价键	共用电子类型似于社会中的资源共享

（四）北京市平谷中学建设高中化学幸福课堂的经验及教训

1. 经验

一是关注了学生的生活经验和情感体验，师生关系更近了，气氛更融洽了。

二是关注了学生的心理世界，给学生以主动探究、自主支配的时间和空间，教会学生自主、探究、合作的学习方式。

三是创设了对学生有挑战性的问题情境，增加了师生之间以及生生之间多维、有效的互动，打破了单一的集体教学的组织形式，打通了书本理论和生活实际之间的距离。

四是学生各方面的能力得到提高。通过研究，平谷中学的老师发现学生的自主学习意识明显增强，学习不再枯燥。学生认识到，"我喜欢学化学，学习化学能让我感到快乐，让我学到了有用的知识、能力和方法"。因此，学生能积极主动地投身于各种自主学习实践活动中。通过课题研究，学生初步养成了提前预习、自主学习、主动交流、查阅资料和收集有关学习信息的良好习惯，善于将化学知识应用到实际生活中。学习能力明显提高，学习方法明显改善。

五是教师各方面的能力也得到提高。教师转变了教学观念，变"灌输式"为"参与式"，在关键的"引导"上下功夫，重视对学生自学探究能力的培养。这样，不仅使学生能够自发地学习，而且也促进教师不断地学习和提高，教师的学习意识明显增强。

2. 问题与改进

一是个别教师和个别学科组对化学幸福课堂教学进行了有益的探讨，但在积累、总结、提炼和物化方面还有欠缺。

二是由于学校科研领导小组没有独立主持课题研究的经历，对课题研究的管理水平仍需进一步提升。

三是教师实施幸福化学课堂的方案，应该继续加强思考，加强反思，加强横向交流，整合校内、组内和师生间的资源，避免"只见树木，不见森林"等机械照搬别人课堂教学模式的现象发生。

四是加强对教科研测量统计数据的收集、整理，更加客观地反映研究成果及问题，使研究向更深层次发展。

五是在行动中开展教育科研，是教师专业化发展的必由之路。

平谷中学关于高中化学幸福课堂的研究和建设还在进行中，针对以上问题，本文认为平谷中学可以尝试做到以下几点。

第一，将各位教师、各学科组、整个教研组的资源整合起来，编写《生活经验进入化学课堂指南》，为生活经验进入化学课堂提供规范化、系统化和科学化的解决方案，并在每年的教学中进行不断的修订和完善提高。

第二，组织化学晚会、化学相声、化学诗歌、化学谜语及化学侦探等各种形式的化学竞赛活动，为人文演绎化学提供交流和发展的平台。

第三，组织各种形式的化学课外学习小组，引导学生关注和研究身边的化学问题，为化学应用于生活提供学习的范例与平台，培养学生应用化学知识解决身边化学问题的习惯与能力。

著名教育家苏霍姆林斯基早就说过："如果你想让教师上课的劳动能够给他们带来一些乐趣，使天天上课不至于变成单调乏味的义务，那么你就应当引导每一位教师走上从事研究的这条幸福的道路上来。"幸福课堂彰显着教学的无穷魅力，让教师体验到职业生涯的幸福感。期望平谷中学继续探索，提高教师的教学效益，提升教师的职业素养，推动学校的可持续发展。

农村中学小组合作学习问题与策略探究

赵福强

合作学习（cooperative learning）是以师生民主为基础，以异质小组为基本组织形式，以团体评价和奖励为依据，突出多边互动，以促进学生合作意识与合作技能的发展、形成积极的情感体验、提高认知水平为目的的教学策略体系。合作学习作为目前世界上一种有创意和实效的教学策略体系，在许多发达国家的中小学得以应用，并且取得了令人瞩目的效果。新课标明确指出，要积极倡导自主合作探究的学习方式。我国新一轮的基础教育课程改革已经明确提出了合作学习，并将其作为一种重要的学习方式加以推广。然而，农村中学教师的教学行为很大程度上仍然是讲授、演示、灌输、考试、评价，教学过程仍然是"穿新鞋走老路"，小组合作学习中还存在着若干亟待解决的问题。

一、 农村中学实施小组合作学习存在的问题

由于农村中学地理位置偏僻，条件有限，在小组合作学习中存在以下几方面问题。

（一）滞后的评价机制

课改是有一个过程的，不可能一蹴而就。农村实际情况是：给予教师培训学习的时间短、机会少，有些要求很高，考核评价机制又跟不上，一方面让老师参与课改，一方面以学生考试成绩"论英雄"，重结果轻过程的评价体系仍未打破，致使教师在课改中一面尝试课改，按课改要求去探索新的教学方式方法，一面又不得不着重于学生的考试成绩。在这种完全不同的双重考核评价体系下，一部分长年教学成绩优秀的教师，在课改中忧虑重重，始终放不下关乎自己和学生命运的分数。课改与分数，在他们内心做着拉锯式争斗，使教师承受着不言而喻的极大的心理压力，整天神经紧绷，放不开手脚，也就谈不上创新，更谈不上真正意义上的课改。

（二）教师"教非所学，学非所教"

受骨干教师流失的不利影响，农村学校教师队伍结构不合理，拥有高级职称的教师偏少，绝大多数是只具有初级职称的青年教师。很多农村学校教师队伍人员不足，存在教师"教非所学，学非为教"的问题，这不利于教师专业化成长和教育质量的提升。新课程改革的大形势，对教师提出了更高的要求，但很多农村教师认为只要上好课就行了，缺乏提升自身专业化水平的意识。也有一些农村教师，一时努力进取，但只是为了职称评审的需要，等职称评审通过之后，专业化研究骤然停止，很多工作只是用来应付检查。在农村学校教师队伍中，缺乏为成为学科带头人而努力的青年教师。现阶段，教育信息化时代已然到来，教育领域的竞争日趋激烈，农村教师专业化意识淡薄，将不利于其整体实力的提升。

（三）学生学习兴趣缺乏，学习习惯不好

大多数学生缺少自控能力，也缺少学校和家长的有力监管，没有学习动力，很难养成自觉学习看书的习惯，加之没有适当和及时的家庭辅导，对学习

毫无兴趣，成绩自然很不理想。同时，农村的家长只注重成绩，看到孩子考试不好，就是责备和打骂，孩子点滴的进步得不到肯定和鼓舞，使得孩子对自己、对家人失去信心，时间一长，厌学情绪就生成了。"农村基础教育改革发展的根本目的是让广大农民的子女都享受基本的九年义务教育，都能在义务教育阶段健康、快乐地成长"①，然而当我们放眼四周时，我们惊诧地发现，不知何时，基础教育阶段的学生变得暮气沉沉。与其说学生有问题，不如说学习观念有问题。拿传统的牵引式和现在的小组自主合作学习方式相对比，前者心甘情愿当看客的学生多，处于被动状态的学生多，所以课堂经常出现一言堂，甚至教师在唱独角戏。所以，农村中学实施小组合作学习的意义是非常重大的。

二、 在小组合作学习中的几点做法

只要在思想上重视，就会想出行之有效的方法；有理论的支撑，就会在失败中坚定前进的脚步，在实践中品尝到成功的喜悦，就会不断努力将它完善。针对农村中学小组合作存在的种种问题，我在具体的实施过程中，逐渐总结出以下的一些做法。

（一） 改变教师成长模式，让课改快速渗入

新课程改革的实施，关键在教师。新课程标准下的教师应该是学生学习的合作者、引导者和参与者，是"教育家"而不是"教书匠"。传统教育体系下，教师只要有满足学科教学的专业知识和敬业精神就可以干出成绩，然而新课程下的教学模式却对教师提出了更高的要求。新课程教学模式下的教师不仅要具有传统教学所必需的专业知识和技能，还要具备开发利用课程资源、促进信息技术与学科教学的整合等各种能力。为了能更好地实践新课程改革这一要求，学校也应该适时地改变教师的成长模式，为教师的成长提供良好的氛围和开放的、多维的软硬件条件。1989 年，波斯纳提出了个人成长方式——"成长 = 经验 + 反思"，许多一线教师都进行了实践，教师的专业成长取得了令人瞩目的成绩。随着网络的普及，也会出现像"成长 = 经验 + 反思 + 网络（论坛）"等高效的专业成长模式。为此，学校就要在这方面为教师的专业成长提

---

① 程斯辉．农村基础教育改革必须破除的思想障碍［J］．教育发展研究，2004（11）：41－42．

供良好的环境支持，以便让新课程改革理念能快速地渗入教学中。

（二）改变学生评价方式，让课改健康行进

著名教育家叶澜说过，"教育要创造人的精神生命"，但在中考和高考的传统评价方式下，很多学校的培养方式已经背离了国家的人才培养目标。新课程指出：要改革课程评价过分强调甄别与选拔的功能，发挥评价促进学生发展、教师提高和改进教学实践的功能。作为学校，我们所要做的就是彻底改变传统的一元评价方式，要充分发挥评价的教育功能，对师生多一些积极的正面评价，少一些苛责和刁难，促使新课程改革能健康行进。

（三）科学组建合作小组

按照"组内异质、组间同质"的方法组建小组，即组内成员有优等生、中等生，也有学困生，有发言特别踊跃的，也有不善于表达的。为了实现合作的有序性，我们把组内成员按1至6号排好。1号2号都是发言积极、学习自觉、有组织能力的学生，3号4号次之，5号6号基本上是学困生。这样做是为了教师在安排合作任务时心中有数、合理分工。拿检查作业来说，能履行检查权力的小组成员并不固定，1至6号都有机会，我们一般根据检查内容确定，难度系数大的由1、2号执行，检查字词基础性的作业让5、6号进行，检查背课文背诗基本以轮流的方式进行，谁检查谁负责统计记录上报。这样的好处是能充分调动每位学生的积极性和责任感。

（四）编写学案，发展学生的自主学习能力

如果小组成员没有自主学习能力，合作就是无效的、无意义的。因此，我们结合学校实际，要求所有任课教师都要编写学案，让学生有自主学习的空间。学生自主学习的空间大了，小组合作讨论时才会有自己的看法，才能碰撞出思想的火花。遇到问题时组内解决，组内解决不了，就组间解决，这样，实现"兵教兵"，大大提高了学生的学习积极性和学习效率，也减少了教师的工作量。

（五）小组提供合作展示的平台

实践证明，只有经常进行展示，才能最大限度地激发学生合作的潜能。我们要多以小组为单位举行一些活动，让小组成员在活动中增强凝聚力和创造

力，学会分工合作。在学生合作学习时，教师要不断深入各个小组，帮助小组长组织、协调，鼓励小组成员参与、互动，在展示结果的方式上，每组选出小代表（不一定是组长）或组员轮流当代表，在班级展示自己小组合作探究的成果，老师和学生共同当裁判，引入小组评比机制，每周一汇总，和我们学校的优秀合作小组评选制度挂钩，从而更容易激发学生提高自我、展示自我的原动力。因此，展示是推动小组成长不可缺少的环节。我们应该多提供机会，搭建展示的平台。

（六）学生互动成为主体

随着小组合作趋于成熟，我们发现不少学生不能敞开心扉主动交流。农村的学生是质朴的，但是他们的交流和沟通能力都远不如城区的学生。于是，我们让学生先学习如何把话说明白，与台下同学如何互动；谈体会时让学生自然大方，声音洪亮，让他们说得清楚听得明白，再学习如何互动评价。至于评价的艺术性，如委婉地提出建议、真诚地赞赏等，都是交际的能力，需要教师反复引导。因此，学生在还没有形成互动的局面之前，教师不能袖手旁观，而要进行必要的干涉和引导，慢慢地将学生引入正轨。指导学生学习常用的互动用语，指导学生与他人交流时要做到大方、礼貌、委婉、谦逊，语言要得体，不能无病呻吟或打击挖苦等，这些都是新课标中对口语交际的要求。只有经过长期训练、不断提升，最终才能达到互动自如的程度。

总之，课改势如东风，农村教育困难重重，但通过新时期教育工作者的大胆改革、勇于尝试，注重科学发展、讲求方法，相信随着新课程改革的不断发展，再加上我们每一位教师的努力，农村教育改革定会开创新的局面。

德育与心理健康教育

德育与心理健康教育作为中小学教育的重要组成部分，对于学生的健康成长和学校教育发展都具有重要意义。农村中小学由于所处的特殊环境，学生的德育和心理健康教育工作面临较多的困难和问题，在一定程度上存在受到忽视、教育效果不足等问题。如何探索适合农村中小学的德育与心理健康教育的路径、机制、方法等，是摆在我们面前的一项重要课题。周海涛的《培养农村初中学生合宜责任途径的研究》认为，农村中学生责任心整体水平与学校、社会所期望的水平有明显差距，学生的学习责任感、承担家务责任感、服务社会责任感等存在不足，并提出了农村中学生责任心教育的基本内容和培养途径，包括学校教育、家校合作和社区教育等。张宇峰的《开展学校、家庭、社区三结合德育模式研究——以房山区韩村河中学为例》探讨了如何通过学校、家庭和社区三者的结合来促进学校的德育工作，包括相互配合改善学生的家庭成长环境、创造有利的社会氛围、实施"孝育"和爱国爱家乡教育等。谭峰的《以责任为核心的学校德育文化研究》探讨了以责任为核心的学校德育文化的内涵和建设路径，包括建立以人为本的教师使用和培养机制、责任评价机制和开展相关主题活动等。王建军的《让自觉成为生命品质，让规划成就幸福人生——北京延庆一中学生人生规划经验与反思》对培养中学生的人生规划能力这个重要问题进行了研究，分析了通过为学生开设人生规划校本选修课、编写校本选修教材、案例教学等丰富和培养学生人生规划的经验和能力，以及利用学校现有教育资源，从科技、艺术、体育、社交等方面为学生的人生规划搭建平台，提高培养效果。邢军的《寄宿制学校学生自主管理策略探究》探讨了促进寄宿制学校学生自主管理的相关策略，包括转变教师角色，教师不仅是教育者，也要充当学生生活、安全等方面的监护人以及学生学习、生活能力的培养者；转变领导机制，让学生参与学校的学生管理事务，促进学校学生组织的服务功能；提高学生自我规划和自主管理能力；完善寄宿制学校学生宿舍卫生、安全的自主管理措施等。

培养农村初中学生合宜责任途径的研究

周海涛

一、 问题的提出

责任感反映着一个人的精神境界和思想品德，是刻苦学习、努力攀登的强大动力，是不懈奋斗、追求卓越、将才学奉献给社会的重要保证。国家的富强、中国梦的实现更需要一大批具有强烈社会责任感的人才。

现实中，农村初中学生普遍存在责任感缺失的现象。从家庭看，现在初中学生大多数是独生子女，祖辈娇宠溺爱，父母过于保护，事事代劳的现象十分普遍，而且家长自身正面引导和示范少，学生的自我负责意识淡薄。从学生的平时表现看，很多学生无抱负和理想，学习缺乏动力，学习态度不够端正，学习效率低；不能正确面对别人的批评以及各种挫折；卫生扫除时马虎、敷衍；在公共场合大声喧闹，乱扔杂物，从不考虑旁人；只要家长、老师一放松便跑进网吧或在电视机前一直待着；大部分学生不主动做力所能及的简单家务，对家庭缺乏应有的责任感；撒谎、作弊、自私、目中无人等。一大堆问题困扰着家长与教师。探其原因，主要是现在的学生大多数缺乏自我责任心，一个毫无自我责任心的人，不要说能够主动地学习，就连最基本的学习任务都难以完成；一个在日常生活中不尽责任的人，不能兑现自己的承诺，更谈不上对社会、对祖国、对人生未来负责。

因此，呼唤学生的责任心，培养农村中学生的合宜责任，是当前农村初中教师刻不容缓的重要任务。每个教育工作者，尤其是班主任，不仅应教给学生文化知识，更重要的是教会他们做人的道理。我们必须从点点滴滴的小事抓起，使学生逐渐做到对自己负责、对家庭负责、对班级负责，最终培养起对国家、对民族的强烈责任感，将来成为建设祖国的有用人才。为了塑造未来，我们面临的挑战与肩负的责任将是巨大的，这是历史赋予我们的重任。

二、 研究的概况

（一） 研究目标

1. 实践目标

通过研究，使学生逐步增强身心安全责任感、主动学习责任感、服务社会责任感，进而提升整体素养；提升教师专业素养；提高学校教育教学质量。

2. 理论目标

通过研究，揭示农村初中学生合宜责任的内涵，了解学生合宜责任感的现状，确定合宜责任培养教育的内容，探索农村初中学校对学生进行合宜责任教育的实施途径、方法，构建操作框架，丰富农村初中学生合宜责任培养的理论。

（二） 研究组织

1. 成立课题组，邀请专家进行专题培训

本课题成立课题组，负责课题研究的领导工作，审核课题研究方案和实施计划；学校教科研室是课题研究的组织者、引导者，学校政教处协助教师发展处完成了课题调查问卷的编制、调查总结等工作。本课题的研究得到了全校教师的积极响应，他们在所有学科中渗透合宜责任教育。全校教师参与合宜责任培养专题课的设计、个案研究和课例研究。教师的共同参与，为课题完成奠定了良好的基础，保证了课题研究取得理论和实践成果。

邀请怀柔区教育科学研究所和教育党校科研专家做讲座，提升教师的小课题研究以及运用理论、实践研究的水平。

2. 定期开展课题研究交流

课题研究交流分两个层面。

一是教研组层面。做到"三定"：

定时间——每周召开一次会议；

定人员——教研组长、学科教研组成员；

定内容——交流推进计划，交流近期工作，交流研究成果，交流所遇问题，交流解决思路，交流阶段小结。

二是学校核心组层面。做到"三定"：

定时间——每月召开一次会议；

定人员——课题组长（学校副校长周海涛），课题组成员，子课题负责人员；

定内容——课题研究推进计划，课题组人员分工，阶段性工作计划、意见反馈与措施制订等。

（三）研究方法

1. 文献法

在课题研究的准备阶段，收集国内外相关情报资料，通过查资料、上网、问卷调查等掌握农村初中学生合宜责任培养的现状，了解国内外对责任感培养的研究，并分析总结已有的经验。汇编《培养农村初中学生合宜责任实践与研究情报资料》电子版；在实施初期，汇编纸质情报资料1册。在课题研究的各个阶段查阅资料，寻找相关理论支撑，指导理论研究、实践操作和成果总结。

2. 行动研究法

在课题实施阶段，在对现状调查研究的基础上，按照行动研究法的基本程序"计划—行动—观察—调整"，分别在初一、初二、初三对课题实施的原则、途径与方法进行两轮行动研究，努力达成研究目标。

3. 观察法

在实施过程中，教师通过观察学生外在行为、习惯的变化，了解培养学生合宜责任的情况，以便及时采取更有效地培养学生合宜责任的手段和方法。

4. 经验总结法

在课题实施阶段，通过实践，及时总结培养学生合宜责任的策略和效果。在总结阶段，运用本方法，整理分析课题研究资料，撰写相关专题总结与课题研究总结报告。

三、 研究实施

（一）概念的界定

责任感：据《现代汉语词典（第六版）》解释，指自觉地把分内的事做好的心情，也说责任心。责任：据《现代汉语词典（第六版）》解释，有两层意思，一是分内应做的事，二是没有做分内应做的事，因而应当承担的过失。学生合宜责任：合宜的意思是合适、适宜，学生合宜责任指学生在遵守道德、法律法规的前提下，对自己的生存和发展抱以积极主动、认真负责的态度而产生的情绪体验的反应（行为）。

结合学生实际情况，我们初步将学生合宜责任定位为三大方面：身心安全责任感，主动学习责任感，服务社会责任感。具体见表5-1-1。

表5-1-1　培养农村初中学生合宜责任教育的内容

一级指标	二级指标	三级指标
身心安全责任感	1. 身体健康责任	计划锻炼的责任感
		持续健身的责任感
		目标达成的责任感
	2. 日常安全责任	校内安全的责任感
		校外安全的责任感
		家庭安全的责任感
	3. 心理和谐责任	保持愉悦的责任感
		控制自我的责任感
		悦纳他人的责任感
主动学习责任感	4. 学科学习责任	主动预习的责任感
		活动质疑的责任感
		归纳总结的责任感
	5. 良好品行责任	质疑探究的责任感
		合作共享的责任感
		严谨科学的责任感
	6. 追求理想责任	追求目标的责任感
		严格要求的责任感
		树立理想的责任感
服务社会责任感	7. 承担家务责任	户内家务的责任感
		户外家务的责任感
		特色家务的责任感
	8. 友好交往责任	文明用语的责任感
		文明手势的责任感
		文明交往的责任感

续表

一级指标	二级指标	三级指标
服务社会责任感	9. 服务社会责任	爱护公物的责任感
		服务社区的责任感
		志愿活动的责任感

（二）现状调查

1. 调查目的

多方位、全面了解学生自我责任意识的现状，以便有效提高设计措施的针对性。

2. 调查内容

（1）书面问卷调查

①学生问卷

问卷内容包括：学生基本情况，如学生籍贯、性别、年龄、父母文化程度等，学生对合宜责任的认识问题，包括学生近期、远期目标，学生自我发展的理想等方面；学生合宜责任的具体表现，如学生的自我素质、学生的信心和毅力情况、学生合宜责任在家庭和社区活动中的体现等。

②教师问卷

问卷内容包括：教师基本情况，如性别、班级、教龄、职称、是否是班主任、是否是升考学科教师等；对学生主动学习的责任感满意度，如学生是否按时完成作业、是否及时预习、是否有学习的主动性等；对学生身心安全的责任感满意度；等等。

③家长问卷

问卷内容包括：家长基本情况，如籍贯、性别、年龄、工作状况、文化程度；对孩子身心安全的责任感满意度，如是否有安全意识、过马路是否能遵守交通规则、是否掌握与陌生人交往的技巧等；服务社会责任感满意度；等等。

（2）学生小组、部分教师、家长访谈

组织学生抽样调查、访谈，并随机抽取部分教师、家长访谈，访谈内容包括对学生身心安全责任感、主动学习责任感、服务社会责任感现状的评价和期待。

3. 调查对象

此次研究对象主要是桥梓中学 9 个班级所有本地户籍和外地户籍的学生，以及学生家长、专任教师，共发放学生调查问卷 151 份、学生家长调查问卷 151 份、教师问卷 38 份。

4. 调查数据

从问卷调查结果来看，满分值为 100 分，学生的各项平均分为 74.3 分，低于 80 分，属于良好水平。

14 个有关学生合宜责任方面的 54 道题目的平均值表明：学生们具有一定的合宜责任，但现有能力，包括学习能力、自我保健能力、家庭责任能力以及社会是非观念、尊敬长辈等都与学校、社会所期望的水平有明显差距，突出表现在学生学习态度和学习目标方面。班主任一再强调街边小摊的食物不卫生，但放学后还是有约 35% 的学生围在摊边，购买零食。班级内约 3% 的学生还不能做到勤洗澡、勤洗头、勤换衣服。初三年级 73.34% 的男生知道爱美，75.24% 的女生渐渐在衣着、发型等方面标新立异。很多学生缺乏生活目的，不知道为谁学习，一些人连为自己学习也做不到，63.43% 的学生觉得是为老师学习，34.02% 的学生觉得是为父母学习，所以没有自觉性。10% 的学生能自觉上交作业，有 81% 的学生偶尔有不交作业的经历，至少 8% 的学生从来不会自觉上交作业。初一年级学生的自我保护意识较差。15% 的学生对未来抱有期望，有人生规划，比如考上好的高中、长大从事喜欢的工作等，但有 55% 的学生从未想过自己将来做什么工作。在担负自己身体健康安全的责任感方面，目前的独生子女自我保护意识不足，他们多数无健康安全意识，如在道路上行走不看前方有无车辆通过。

在 14 个项目的调查中，也有让人欣慰的地方。例如学生在时间观念、心理能力和社会公益爱心这三个方面都达到了优秀的程度。具体反映在：学生起床时间大部分一致，基本无迟到现象；每天放学后大部分同学能抓紧时间回家；大部分学生遇到困难时，能够想办法克服；被老师批评后，能够寻找自己的问题；在同龄人中有一些好朋友，可以互相倾诉、缓解心理压力；做了错事的时候，他们会主动承认——这也说明他们有一定的担当；学校组织公益爱心捐款时，大部分学生能主动捐款；大部分学生能自觉遵守交通规则；大部分学生在轮到自己值日时，能认真做好；大多数学生看见水龙头开着能自觉关掉。

从生源来看，本地学生和外地学生的合宜责任水平在整体上差距不大，外地学生的合宜责任感略强于本地学生。但从差值来看，除了学习态度和尊重长辈的责任感本地学生强于外地学生之外，其余项目都是外地学生强于本地学生。所以，从这个角度来说，外地学生的合宜责任感要强于本地学生。从年级来看，初一、初二年级的是非观念责任感及同学关系责任感要明显优于初二、初三年级；大部分学生都有是非责任观念意识，且高年级学生的是非判断力强于低年级学生。从性别来看，初一、初二年级女生的合宜责任水平均高于男生，特别是初二年级，只有初三年级的男女生合宜责任水平相当，差异不明显。

5. 初步结论

对农村初中学生合宜责任的现状调查的结论是：学生的自我责任心正在逐渐地形成并发展，但整体水平与学校、社会所期望的水平有明显差距。从总体上说，学生的学科学习责任感、身体健康责任感、承担家务责任感、服务社会责任感、良好品行责任感、追求理想责任感等存在不足。

6. 对策

一是把学校教育作为培养学生自我责任心的重要途径。首先，可通过学科渗透，在相关学科中进行专项辅导；其次，在各门学科教学中进行渗透。根据教学内容对学生进行合宜责任的渗透教育，增强学生的学习责任感。此外，可借助集体影响。例如，通过培育良好的校风、班风、教风、学风对学生进行潜移默化的影响，使学生产生对班级、学校的归属感、义务感和寻求尊重的欲望，让学生找到自己在集体中的坐标，不断完善自己在中学阶段应具有的形象。再比如，开展各种学生喜闻乐见的学校教育活动，尤其是班集体活动，让学生在各种活动实践中接受教育，担当相关责任，经受锻炼，发展合宜责任。

二是开办好家长学校，加强家校互动，积极争取家庭教育的配合。

三是以社区教育为辅助，学校联合社区利用方便的教育环境开展好初中学生合宜责任教育。

（三）合宜责任培养教育的内容

如前所述，我们把培养农村初中学生合宜责任教育的内容分为身心安全责任感、主动学习责任感、服务社会责任感三大方面，并初步确立了9项二级要素。以下结合年级，我们对三级要素做了初步的梳理分解。

（四）实施途径

1. 组织专题教育

（1）开展分年级专题系列教育

初一年级——具体落实"以对学习负责为基本点，学会求知"这一系列目标。主要围绕如何做一个合格的桥中学生，侧重培养学生的学习责任感。实施形式主要包括：开展"桥中行规教育"，制订班级公约，开展耐挫体验等。

初二年级——具体落实"以对集体负责为凝聚点，学会关心"这一系列目标。主要围绕如何与人相处、如何摆正个人与集体的关系、如何成为社会有用之才，侧重培养学生的集体责任感。实施形式主要包括：班团队活动、志愿者活动、其他社会实践等。

初三年级——具体落实"以对社会负责为制高点，学会报答"这一系列目标。主要围绕什么是合格的桥中毕业生，侧重培养学生的社会责任感。实施形式主要包括："告别童年，走向成熟"活动，举办家长学校活动，开展公民知识教育等。

（2）开展专题系列教育活动

①教育内容

关注"三个侧重"：侧重对生活责任感、身体健康责任感的教育；侧重对日常行为规范、礼仪与卫生习惯等的教育；侧重在活动过程中承担责任的意识的教育。

②活动过程

基本过程：了解现状—活动宣传—活动讲座—活动实践—活动评价。

教育内容：活动前，注重自主意识、责任意识、团队合作意识的培养；活动中，注重学生对活动过程及能力提升的自我评价；活动后，注重对活动进行总结与反思，并注重评价结果的运用。

③活动主要类型

一是借助行规类主题教育活动。在日常行为规范监控中渗透合宜责任教育：制订《桥梓中学学生一日常规》；制订《桥梓中学学生行为规范考核表》；值日小组定期检查与值日领导随机检查相结合；每周一晨会定期反馈抽查结果。

二是组织阳光教育活动。定期开展阳光教育，常抓不懈；将"正直、自强、乐学、奉献"为核心的校园文化渗透在日常教育活动中;"书香桥中"读书节,"读一本红色经典读物,担负学习责任感"主题活动;科技节,"学好知识,承担未来责任"系列教育活动;艺术节暨班班有歌声活动。

三是借助茶坞烈士墓革命教育基地开展活动。听革命烈士故事、观烈士画展、品烈士诗歌、写活动感想,感受追求理想的责任的重要;举行"'迈好青春第一步',十四岁生日"仪式。

四是开展志愿者活动。开展青年志愿者活动;学生参与校运会、科技节、艺术节等重大活动的筹办;开展"同享蓝天"等送温暖、献爱心活动;参与普法、禁毒教育宣传活动等。

2. 学科渗透

(1) 确定教育内容

课堂是学校开展责任感教育的主阵地。只有各学科教师充分挖掘教材中的责任感教育内容,有计划地对学生进行责任感教育渗透,才能使责任感教育从各个角度全方位地得到落实。如文科教学应重点培养学生的社会责任感、民族自豪感等,理科教学着重培养学生崇尚科学、严谨求实的科学精神,艺术类课程重点培养学生欣赏美、感悟美等正确的审美观,体育课侧重培养学生的竞争精神、合作意识,活动课重点培养学生的动手能力、实践技能。(见表5-1-2)

表5-1-2 学科渗透培养学生合宜责任研究内容

类别	科目	培养内容
文科	语文	培养学生社会责任感、民族自豪感、历史凝重感、视野扩展性、胸怀天下等人文品质
	英语	
	历史	
	思品	
理科	数学	培养学生崇尚科学、严谨求实、遇难而进、执着探索、质疑探究的科学精神
	物理	
	化学	
	科学	
	地理	

续表

类别	科目	培养内容
艺体	音乐	培养学生欣赏美、感悟美的正确审美观，培养学生的竞争精神、合作意识、团队精神
	美术	
	欣赏	
活动	摄影	培养学生的动手能力、实践技能、合作意识、应急能力、求生意识等生存能力
	写作	
	手工	
	包扎	

（2）找准结合点进行教学设计

寻找授课内容与责任感养成教育的结合点，不同学科教育内容选择的侧重点不同，如语文学科通过伟人轶事、名人事迹等对学生进行真善美、社会责任感等的渗透；理化学科教学设计时要重点进行科学探究精神和严谨实验态度的渗透；数学学科强调一丝不苟的学习态度和坚韧不拔的学习毅力及积极的探究精神等。

（3）采用恰当的课堂教学方式方法

针对不同的教学内容与教学对象采用不同的教学方式方法，如不同层次捆绑法、同一层次结对法、班内分层教学（学优生、中等生、学困生）、同伴互助法、角色互换法等。

（4）加强课前、课中、课后教育机制建设

课前资源挖掘整合式渗透，课中通过启发引导来渗透合宜责任的教育，课后通过巩固反馈来渗透合宜责任的教育。

3．环境营造

（1）环境营造的类型

①校园环境的营造——营造身心健康、主动学习的责任氛围

一是加强校园硬环境的建设，二是注重校园软环境的创建。

②班级环境的营造——营造主动担责的班级氛围

一是加强班级硬环境建设，重视学生社会责任感的培养。包括：学生参与布置班级环境，建设班级读书角、读报角，制订班级公约等。学生在承担营造"温馨教室"责任的同时，使学生感到这样的班集体有归属感、向心力，增强自己的班级责任感。

——教室里有绿色盆景，饮水机上的盆栽、围绕黑板报的枝蔓等，使班级

环境生机盎然，教室内布置的绿植派专人看护，每日定时浇水，既增加了教室生机，又增强了学生护绿责任感。

——在特色园地中，张贴由班级学生写的格言、愿望、志向，介绍个人信息、昵称或外号和对未来的梦想，可加自画像或照片，展示个人作品，展现个人风采。这随时激励着学生的自我理想、奋斗责任感。

——心语墙：记录班级学生共同走过的岁月，如军训、学农等活动的照片，记录班级里发生的好人好事，说出想对同学和老师说的心里话或意见，征集家长心语和温馨提示等内容。这培养了学生对维护班级集体荣誉、共同促进班级发展的责任。

——成就展示：墙报展示学生成就，如优秀作品（作文、作业等）。在鼓励学生的同时激发学生的学习上进心以及合宜责任。设置温馨一角，如爱心包、爱心伞等，爱心包里有创可贴、针线等，铁箱后的角落里放置几把爱心伞，下雨天没带伞的同学可到这里来拿。上述物品不购买新的，倡议由同学或老师捐出。建设班级读书角、读报角。学生捐献书籍报纸，互相传阅，书籍、报纸由专人负责，培养了学生的荣誉感和担当责任感。

——制订班级规章制度、班规。为使学生真正成为班级的主人，管理班级全方位的事务，在组织班级全体学生讨论的基础上，制订出切实可行的符合班级实际的规章制度、班规，并加强对遵守班级规章制度、班规的执行情况的日常检查。这样执行力强的班规不但出自学生的主体意识，而且从人格和道德、诚信方面要求学生言出必行，有效培养他们的责任意识。

二是加强班级软环境建设，重视学生合宜责任的培养，包括班干部管理制度、互助小组活动制度、反馈与激励制度等。

根据学校和学生的实际情况，开展班级集体活动，制订班级公约、班级常规制度、班干部管理制度、互助小组活动制度、反馈和激励制度，让学生加深理解责任感的重要性，进而促进学生合宜责任的形成。

（2）布置方式

一是教师主题布置式，凸显班级管理责任感。教师负责对班级环境进行布置，并有不同的主题，侧重不同的教育内容。如"书香桥中"读书节活动，教师在班级醒目位置张贴宣传标语，帮助学生选择书目，建立班级读书角等，一般适用于大型主题教育活动。这样的活动使学生担负参与班级管理的责任。

二是学生布置式，体现主动承担责任感。根据相关教育主题的需要，由学生布置教室。如"银杏书香杯"科技节活动，学生将自己的小制作收集，并建立展示台，适用于校园文化活动主题。

三是师生合作参与布置式，关注自我责任意识过程体现。学校相关管理人员与各班教师、学生合作，做好各班值日柜配置、教室盆花的购买与摆放等，适用于常规检查等活动。教师和学生共同参与，在实践活动中体现学生对班级负责的责任感。

4. 家庭教育中开展对学生合宜责任的培养

（1）学校层面

学校层面可加强家长对孩子如何实施合宜责任教育的指导，展开家校沟通、教育情况记录反馈等的活动，以更好地促进孩子增强合宜责任。主要措施有两个方面。

一是举办家长学校，对家长进行教育指导。这种指导又分为三个层面：邀请专家进行学习动力专题家庭教育讲座；班主任对家长进行家庭教育指导；任课教师对家长进行家庭教育指导，如开展《给家长的一封信》活动，孩子给家长写一封信，在班会课上读给家长听，家长回信给孩子，进行心理、生活、习惯等的沟通。

二是及时互通相关情况，包括通报学校组织合宜责任教育的情况、要求等，孩子参与学习、健身、主动服务同学等责任行为情况。

（2）家长层面

这是指加强家长对孩子在家庭生活中实施合宜责任的教育，并做好跟踪记录，以便更好地促进学生增强合宜责任。一是家长营造合适的家庭责任感教育环境，如家长在孩子生活的家庭空间张贴责任感标语，指导孩子借阅责任感书籍，与孩子一起阅读责任感小故事；家长自身垂范，做好担当责任的好榜样。二是主动配合学校做好《责任感行为记录手册》的教育记录、反馈，加强与孩子的日常沟通，强化孩子的相关责任感。三是家长与孩子亲子互动，如参加学校社区志愿活动，承担一定的社会责任。四是加强日常随机活动与指导，随时注意促进孩子增强家庭责任感、学习责任感、安全责任感和社会责任感。如家长有意识地交给孩子一些任务，锻炼孩子独立做事的能力；鼓励孩子做事情要有始有终，遇到困难不退缩；引导孩子独立思考和选择，大胆发表自己的见解；鼓励孩子勇敢地承担责任。

5. 社区教育中开展对学生合宜责任的培养

（1）学校开展的活动

一是组织服务社会的活动，包括社区环保活动、关爱孤老活动、贫困结对活动、献爱心活动。组织学生参加社区环保活动，让学生感受到保持社区的洁净是自己的责任；组织学生到敬老院给老人们打扫房屋、院子，给老人们讲故事，陪老人们聊天，让他们学会关爱老人；开展贫困结对活动和"同享蓝天"等送温暖、献爱心活动。

二是开展追求理想责任感教育，采访社区成功人士，加强进取意识、理想意识教育。为了让学生学习老一辈无产阶级革命家英勇献身的革命精神，对学生进行有效的革命传统教育、爱国主义教育和艰苦奋斗教育，每年清明，学校政教处和团总支都会组织初一全体学生祭扫茶坞无名烈士墓——听革命烈士故事、写活动感想，感受追求理想的责任的重要，以继承先烈的遗志，踏着英雄的足迹，爱祖国、爱家乡，遵守纪律、努力学习，为共产主义事业而奋斗。

（2）社区配合活动

社区配合活动包括：学校与社区沟通，征询社区服务需求；到社区承担事务，如爱绿护绿、环保宣传。这不仅丰富了学生的学习生活，而且增强了学生关心生活、关注社会的责任感，并让他们更多地了解社会。

四、 成效与成果

（一）主要成效

1. 学生方面

（1）学生责任感得到增强

①多数学生身心安全责任感增强

学生对自己身体安全的责任感增强，对心理健康问题开始重视。据问卷调查结果统计，学生对心理问题的重视上升了1.22%，在身体健康安全责任方面，能够注意锻炼身体，做好眼保健操和广播操，有计划地进行长跑锻炼。学生对身心安全的责任感意识增强，由前测的平均79.28%上升为87.38%。在日常安全责任方面，学生在校能够注意运动安全，走路不拥挤、推搡，保持有序。在心理和谐责任方面，学生能够注重自身心健康，有心理问题及时与心理健康老师沟通，能够克制不良情绪。

②大部分学生主动学习责任感增强

一是学生完成学习任务的责任意识有所提升。大部分学生有明确的学习目标，能掌握一定的学习方法；学习目标责任感上升了1%，时间观念有所增强，但不够明显。

二是学生追求人生理想的责任感意识有所提升，大部分学生有自己的理想目标，有一定的毅力与意志。追求人生目标的责任意识上升了 4%。

③学生服务社会责任感有所增强

学生承担家务责任感增强，大部分学生能够承担一定家务；学生友好交往责任感增强，学生之间的矛盾事件减少，班级气氛较为融洽；学生服务社区责任感增强，能够主动参与社区活动。特别是对长辈的尊重意识明显提升，上升了 14.85%。

（2）学生道德素养有所提升

学生道德素养提升，如说脏话、骂人、给他人起绰号等现象明显减少，在卫生间偷偷抽烟的现象已经没有了，能够遵守学校纪律与班级规章制度，有爱护公物的意识和行为。是非观念上升了 24.8%。

（3）其他素养得到一定程度的提升

学生的学习能力有了提高，学习变得自信；学习兴趣有所增强，学习态度端正；学生的爱好特长得到施展，学生竞赛获奖数量较多。

2. 教师方面

（1）教师的合宜责任教育素养得到提升

教师通过教研组活动学习研讨合宜责任教育相关内容，并根据班级学生责任感现状选择相应的研究课题，进行个人行动方案的设计、实施、总结，教师对学生进行合宜责任教育的意识得到增强，开展学科渗透教育、专题教育和活动的设计能力、实施能力有了提高；在教学过程中，全校教师写出案例 26 篇，经验总结和反思 15 篇。可见，教师的合宜责任教育素养得到提升。

（2）教师的德育、教学素养得到提升

教师在学习、实践与反思学生品行教育的过程中，教师的德育理念、教育能力、教育行为都有了一定的提升与改进，教师对学生的关爱普遍多了。在多次校师德标兵评选中，表现突出的教师数量增加。可见，教师德育素养逐渐有了新的提升。与此同时，教师教学理念、教学设计能力、教学行为也得到了一定的改善。

（3）教师的科研素养有了提升

通过学习情报资料、参与了解现状、展示交流、听取专家指导以及对小课题的选择、设计、实践与初步总结的过程，教师的科研知识有了增长，科研意识有了增强，科研能力有所提高。如在区级课题研究的过程中，全校教师参与，并有个人的小课题的行动研究。在实践研究中，经过多次的专家报告、讲座，结合个人的科研实践，教师对课题的选择、设计、实施与总结能力有了一定的提高，并形成了一批研究成果。

3. 学校方面

一是完善了学校德育管理，构建了良好的学校合宜责任管理机制。主要体现在：建立了学校合宜责任教育领导小组的决策机构，负责对学校的合宜责任教育进行决策和指挥，组织制订各项合宜责任教育管理制度；建立了学生发展处、教师发展处、团队、年级组等部门的执行机构和反馈机构，负责执行领导小组的决策，全面实施合宜责任教育；建立了学校各级评价小组，负责组织各方代表对学生合宜责任情况进行考核评价，从而保证了合宜责任教育的顺利开展。

二是完善了学校的教学管理。主要建立了定期召开学校课题研讨会制度，定期进行教研组课题实施研讨活动制度。

三是学校的教育科研氛围初步形成。教师全员参加中学生合宜责任教育课题研究。

四是促进学校办学理念的转变。突出表现在学校已确立了向科研要质量的办学思路，围绕提高学校整体教学质量目标，深入开展相关课题研究，以促进师生和学校的可持续发展。

开展学校、家庭、社区三结合德育模式研究
——以房山区韩村河中学为例

张宇峰

一、 研究背景

北京市房山区韩村河中学是一所农村中学，学生家长 85% 以上是高中及以下水平，他们望子成龙、望女成凤，很多家长的期望水平不仅与孩子的实际能力水平相差甚远，而且也与家长自身的教育能力和素质不相适应。期望值过高，把子女置于一种高压环境中，使他们终日忍受紧张和焦虑的心理煎熬，这

对他们的教育和成长有害无益。还有许多家长往往把教育子女的事看得过于容易，或者认为"树大自然直"，等到发生了难以解决的问题，才感到悔之晚矣，或者至少要付出事倍功半的代价。还有很多家长只重视"智"而轻视"德"，有一些家长自身素质的缺陷也不可避免地影响了他们的子女，导致学生的文明素养和爱心情感缺失。

从学校所处的社会环境看，学校地处京郊旅游景村——韩村河，韩村河把学校命名为"圣园"，即对学生的"德"有很高的要求，特别重视学生的道德成长。

为了学生的健康成长，为了使学生的道德素养的提升，学校、家庭、社区应相互配合，积极为学生营造良好的成长环境。

众所周知，学生知识的积累、习惯的养成、道德的培育、性格的形成，特别是世界观、人生观、价值观的构建都要受到家庭、学校和社区各方面的引导和影响。

马克思主义哲学认为，一个人的发展取决于和他直接或间接进行交往的其他一切人的发展。人的个性发展及其形成是社会环境的产物，正是这种环境，对学生成长产生了至关重要的影响。它不仅是调节社会对个人影响的"传导体"，而且也是个人实现对社会"输出"、个人实现他的理想的舞台。

苏霍姆林斯基曾说，如果没有整个社会首先是家庭的高度教育素养，那么不管老师付出多大的努力，都收不到完美的效果。学校里一切问题都会在家庭里折射出来，而学校复杂的教育过程产生的一切困难的根源都可以追溯到家长。

因此，只有把学校、社区和家庭三者的教育有机地结合起来，才能为学生创造一个有利于他们不断进步和成长的学校环境、社会环境和家庭环境，培养出符合时代要求、适应社会需要的人才。

二、 研究内容

一是学校与社区相互配合，形成教育合力；二是学校、社区、家校相互配合，积极改善学生的家庭成长环境；三是寻找学校、社区、家庭三者之间的结合点，即"孝"，从"孝育"入手，为学生打好做人的根基；四是学校、社区、家庭互相配合，积极创造讲文明、讲礼貌的社会氛围；五是发挥社区资源优势，对学生进行爱国、爱家乡教育。

三、 研究方法

1. 问卷调查法

一是调查学生家长的文化程度以及对子女的期望程度等，摸清学生家庭的基本情况，以便于采取针对性的补救措施；二是调查开展"孝育"取得的效果。

2. 行动研究法

即在自然、真实的教育环境中，教育工作者按照一定的操作程序，综合运用多种研究方法与技术，以解决教育实际问题为首要目标的一种研究方法。

3. 经验总结法

我们把课题实验过程中的成功经验总结下来，以便于进一步推广。

四、 实验研究过程

1. 成立社区教育委员会，形成教育合力

为了形成教育的合力，学校于 2012 年 2 月 18 日成立了社区教育委员会，镇党委书记、十一个行政村的村主任和派出所所长被聘为社区教育委员会主任和法制校长，学校与社区分工协作，发挥各自的优势，共同加强未成年人的思想道德教育建设。

（1）学校发挥教育的主渠道、主阵地作用，为学生成长奠基

学校实施科学的教育观和人才观，切实关注学生德、智、体全面发展，着力培养学生健康的体魄、美好的心灵、良好的习惯、优良的品质和学习实践的能力，为学生成长奠基。具体来说，一是营造温馨的校园文化环境；二是牢记《韩村河中学文明礼仪三字经》和《韩村河中学礼貌歌》；三是建立良好的师生关系，营造和谐的师生氛围；四是将德育渗透到课堂教学中；五是鼓励学生广泛阅读，提升学生的思想境界；六是组织学生自编自演生活情景剧；七是开展多种形式的道德实践活动。

（2）社区发挥社区资源优势，为学生成长提供良好的外部环境

社区教育着力改善学生校外教育环境，搭建学生活动平台，用健康有益的社区资源陶冶学生的情操。具体来说，一是保持韩村河文明景村环境整洁，让学生每天带着美好的心情去学习；二是开放了韩村河"社会主义新农村"展

览厅，让学生了解韩村河人艰苦奋斗的历史，激发他们努力拼搏的精神；三是兴建韩村河国防教育主题公园，陶冶学生的爱国情操。

2. 学校、社区、家庭相互配合，为学生创造良好的家庭成长环境

（1）问卷调查，了解家长教育子女情况（见表5-2-1和表5-2-2）

表5-2-1　家长年龄结构与职业状况

被调查单位	人数	家长年龄结构				家庭职业状况								
		35~40	40~45	45~50	50以上	农民	工人	经商	运输业	机关干部	教师	建筑业	军人	海外工作
初一	409	220	125	54	10	258	48	27	41	1	4	30	0	0
初二	149	27	51	58	13	102	10	10	10	3	2	11	1	0

表5-2-2　家长文化程度、经济收入及教育子女情况

被调查单位	文化程度					家庭经济收入（月工资）						对子女教育情况			
	小学	初中	高中（中专）	大学	研究生	没有	100至500	500至1000	1000至1500	1500至2000	2000以上	冷漠	不关心	关心	非常关心
初一	52	88	268	1	0	0	133	41	210	13	12	1	15	154	239
高一	12	56	78	3	0	2	27	35	62	12	11	1	2	85	61

从表5-2-1和表5-2-2中反映出家长的基本情况可以看出，本地区大多数家长是农民，年龄结构在35~46岁之间，受教育程度小学占2.95%，初中学历的32.2%，高中（中专）文化的居多。家长文化素质决定了教育子女的方式和方法。这些家长中大部分是自身知识没学多少，于是把希望寄托在子女身上。再从关心子女教育的统计数据来看，对待子女态度冷淡的占2%，关心的占52%，非常关心的占43.86%。总之关心子女教育的为大多数，这些家长之所以关心自己的子女，就是希望孩子能够去圆自己的大学梦。正因为他们望子成龙心切，但又局限于自身的知识水平，在家教中出现了一些不和谐的现象，即"你越是逼我学，我越是不学"，子女反抗意识越来越强，个别家长就采取辱骂、拳脚相加乃至棍棒等教子手段。或者采取溺爱纵容的方式，对孩子百般宠爱，使孩子诸事都以自我为中心，缺少社会责任感。在生活上又采取包办代替的方式，孩子生活自理能力特别差，养成了依赖他人的坏习惯。

（2）请专家做报告，为家长指路

学校曾聘请韩村河镇各村村委会主任、镇教委领导、派出所所长为家长学校的培训负责人，让他们定期组织有关专家对家长进行培训；学校还经常邀请专家给家长做报告，提高家长的家教水平。

（3）向家长们推荐好书

书犹药也，可以医愚。家长学校先后向家长们推荐了有关家教方面的书籍。如《当代家长》《中学生家长手册》《寻找素质教育的感觉》《赏识教育丛书》等。他山之石，可以攻玉。家长们从书中学到了很多宝贵的知识，提高了家教水平，走出了家教误区，为孩子们的健康成长开辟了一块崭新的天地。

（4）向家长赠送校刊《家教之友》

《家教之友》向家长们介绍国内外家庭教育的最新动态、先进科学的教子方法、家教经验交流、家教咨询、跨世纪的家长、两代人的沟通等内容，帮助家长们了解外面世界，更新自己的家教观念，提高自身素质。这本刊物从创刊至今，共印发 45 期，帮助家长提高了许多认识。

（5）树立家长典型并推广优秀家长的教子经验

榜样的力量是无穷的，家长学校树立家长典型，能激励广大家长向家长典型学习。如韩村河村民郑贵，从小耳聋，带着生理缺陷读完小学、中学又自学大专，从一名普通的工人进入管理层，自强不息，立志成材。他父亲患重病，他四处奔走借钱求医买药的事迹非常感人，给子女树立了榜样。家长学校还多次召开"家长经验交流会"。特别是 2012 年 4 月 23 日召开的"优秀家长经验交流会"，李凤霞等 6 名优秀家长的家教经验，受到了《北京教育研究》主编任亚芳、房山区教育学会秘书长金守振的好评。他们一致认为：韩村河中学家长的家教经验不但有实效性、科学性，而且还为子女们的成长起到了明礼导行的作用。学校还把家长交流会的经验材料编写成《爱的乐章》，作为开展课题研究的一项成果奉献给广大家长，达到资源共享的目的。

（6）开展家教知识测验

测验试题刊登在第九期《家教之友》上，家长们按照设计的 46 道题进行自我测验，然后把试卷反馈给课题组，我们进行了评奖并召开了表彰会，起到了良好的社会效果。

（7）开展家长给子女写一封信、子女给父母写一封信的活动，进行两代人的思想交流和感情沟通我们对这次活动进行了总结和表彰，并请其中 5 名家长宣读了自己写给子女的信，使家长们学会了与子女进行交流和沟通，为提高本地区家教水平起到了促进作用。

（8）让广大家长们学法、懂法、知法、用法和护法，以法教育子女，促使孩子与他人保持良好关系

学校多次聘请派出所和法院同志为家长和师生做法制教育专题报告。多次组织家长和学生观看法制教育宣传展板，为家长施暴等违法教子行为敲响了警钟，也为杜绝青少年违法犯罪打了预防针。

（9）组织家长观看学生自编自演的家庭生活情景剧

学生自编自演家庭生活情景剧，既加深了对父母的理解，又改变了自己在家的不良行为。观看过学生参加的集体汇报演出，许多家长感动得热泪盈眶。演出结果深深地教育了广大家长，有许多家长从此改变了溺爱和简单粗暴的教育方法。

（10）共同举办"母亲课堂"

韩村河镇妇联向本镇的广大母亲提出："学习知识，不断提高自身素质；以身作则，始终做儿女的表率；理智的爱，营造温馨家庭氛围；切中要害，从道德建设细节入手；家校配合，培育优秀社会新人。"韩村河镇妇联与学校联合举办"母亲课堂"。"母亲课堂"提高了母亲的素质，为学生的成长创造了良好的家庭环境。有的母亲说："以前，我唠叨半天，儿子一点也不听；现在呢，我一说，他就接受了。其实不是孩子变了，而是我变了，是我懂得了如何教育孩子了。"

（11）定期召开家长会，有目的地进行家访

学校通过定期召开家长会，与家长互相通报学生、子女教育情况，交流经验，研究对策，并邀请家长参加学校或班级组织的重大活动。这样既可做到学校教育与家庭教育的协调一致，又可促进家长逐步加深认识科学实施家庭教育的重要性，不断提高家教水平。担任班主任的教师定期或不定期地对学生家长进行直接访问，了解其家庭背景和社会环境，互通信息，以便有目的地实施教育，同时对家庭教育进行有针对性的指导。

3. 学校、社区、家庭从"孝"入手，打好学生做人的基础

一个人是否是一个有爱心、有良好的人际交往能力、有责任感的人，在相当程度上取决于孝育。目前许多孩子缺乏应有的责任感和爱心情感，原因当然是多方面的，其中一个重要方面就是孝育不到位。爱心情感是在长期成长过程

中慢慢培养起来的，如果从小没有培养出爱心，长大成人后就很难在心中生出这份情感。古语说得好："百善孝为先"，"爱亲者，不敢恶于人；敬亲者，不敢慢于人"。一个不爱父母、亲人的人，就不可能滋生出爱他人的真正情感。同样道理，一个对父母、亲人都缺乏责任心的人，就不可能指望他对他人、对社会有足够的责任感。

人的责任感不是即生即来的素质，它是一种个性品质和心理习惯。责任感的形成需要一个长期的后天培养过程，而人的幼时的心性奠基过程对于人的心性形成又是一个至关重要的阶段。孩子从小学会了爱人、尊重人，成长出健康的人性情感和与人相处的素质能力，懂得付出和回报，他才可能成长为一个有责任感、有充分情感和人际关系协调能力的人。因此，为了学生的健康成长，学校和社区从"孝"入手，弘扬孝德，为学生夯实做人的根基。

（1）社区弘扬孝德

一是社区组织村民认真学习家庭"孝道五字歌"。

农家众乡亲，端坐听我言。人生来世上，做人确实难。

劝君对爹娘，孝顺理当然。父母养儿女，恩情重如山。

人老年纪大，千万不能嫌。衣被勤换洗，饭菜应煮烂。

生病请医生，侍奉在床前。入冬添衣被，老人怕天寒。

入夏蚊子多，挂帐睡得安。看戏看电影，接送勤扶搀。

凡事想得细，给点零花钱。老人心中乐，益寿又延年。

儿女在跟前，自己是样板。为人不尽孝，老来又何堪。

二是田雄书记率先垂范。田书记不但对自己的父母体贴入微、关怀备至，还把村里所有的老人当作自己的亲人一样关怀体贴。用自己的奖金为村里的老人们发放养老金，让村里的老人们老有所养、老有所乐，使这些受了大半辈子苦的老人们感受党的温暖、社会主义制度的优越和村党委、村委会的关爱。村里一位老人说得好："糖甜不如蜜，温暖不如皮，爹娘恩情重，比不上我们的好书记。"

三是建立赡养制度。在韩村河村，60 岁的老人每人每月可以从村里领取120 元养老补助，并且每增长一岁增加 20 元。村集体每年投入 15.2 万元为全体村民和老人办理合作医疗。每年为全村老人进行两次体检，建立个人健康档案。

四是关心老人的精神生活。韩村河村专门成立了老龄协会，完善了组织机构，委派一名经验丰富的退休干部主抓老龄工作，组织了秧歌队、办起了老年活动中心、建立了图书阅览室，经常举办文艺演出，丰富老人的业余文化生活。

五是加强宣传教育，尊老敬老蔚然成风。人们常说："最美不过夕阳红。"韩村河的老人们为韩村河的发展贡献了毕生的精力。为了使每一位老人都生活得开心快乐，韩村河经常举办法律培训班，邀请律师为广大村民讲课，并多次召开村民大会，教育引导广大村民牢记韩村河的古训"在家敬父母，何必远烧香"，使每一位村民在以身作则的同时，不断教育自己的子女尊敬老人、孝敬老人。如今，孝敬老人已经成为韩村河村加强精神文明建设的一部分，是韩村河人文明程度的重要体现。韩村河村还开展了"孝敬父母的好儿女"活动，表彰和奖励表现突出的家庭，此项活动每年举行一次。韩村河村把孝敬老人作为评选"文明户"的重要条件之一。

（2）师生弘扬孝德

一是教师身教垂范。学校组织教师学习中华美德文化，选派教科研骨干外出培训，参加课题研讨会；请专家到学校给教师做传统美育专题报告等。这些活动使教师深受教育。受到美德文化熏陶的教师，很自然地在工作生活中表现出美德行为。许多教师是家庭中的好儿子、好媳妇、好女婿，是社区中的好邻居。教师以身作责、率先垂范的人格力量，深深地影响了学生。学生不但积极学习传统美德文化，回家后，还主动为父母做家务，替父母分忧解难。

二是课堂综合渗透。课堂是渗透中华传统美德的主渠道，各学科教师都有意识加强中华传统美德渗透。如语文老师讲《游子吟》《回忆我的母亲》《我的老师》等课文时，将美德教育寓于学科教学之中，并要求学生自己查阅资料、看课外书，搜集有关中华传统美德方面的名言警句，写学习心得；音乐老师讲课时，将《游子吟》《岁暮到家》谱成歌曲教唱；美术老师给学生布置《给爸爸妈妈画像》的作业等。

三是家、校互动配合。学校发挥文化育人和集体氛围优势，开展多种形式的育人活动。如召开弘扬传统美德广播会，组织传统美德主题班会，举办传统美德演讲会，自编自演传统美德小品，朗诵传统美德内容的诗歌散文，出宣传传统美德的板报，写弘扬传统美德方面的作文等，实施活动育人，使学生成为教育活动的主人，达到自我教育、自我完善的目的。

家长发挥言传身教的作用，做孩子的楷模。如乘车购物按秩序排队，尊敬长辈，热情帮助邻居，说话文明等。学校每年评选出一批优秀家长，上报给社区教育委员会，作为社区评选五好文明家庭的重要依据。

四是教师督促学生践行"八孝心"。"八孝心",即常问好,讲礼貌,让父母舒心;少空谈,多帮忙,让父母省心;遇难事,勤商量,让父母称心;遇矛盾,能宽容,让父母顺心;亲有过,不迁就,谏父母真心;勤学习,苦钻研,让父母开心;求上进,走正道,让父母放心;重推恩,能迁移,献社会爱心。

为了督促学生践行"八孝心",我们首先要求学生写"亲情感悟"日记。让学生听听父母怎样养育自己的;接着用心观察"父母今天教导我什么"、"为我做了什么"、"我又为父母做了什么";然后用心体会父母的养育之恩;最后写出"亲情感悟"日记,从理性上充分感受父母对自己的关心和爱护。其次,召开主题班会让学生交流感想和体会,使学生对父母养育自己的辛劳和付出有全面的认识和了解,进而学会感恩。再次,用实际行动报答父母的养育之恩,并给父母写一封信——感谢父母的养育之恩,然后再请父母给自己写一封信。在交流中,学生学会体谅父母了,父母也感到孩子长大了。最后,树立榜样,激励学生爱心升华。我们把孝敬父母、广献爱心、品学兼优的学生事迹,刊登在校刊校报上,促使广大学生由爱父母进而学会爱他人和社会,学会感谢老师的教导、同学的帮助、社会的关注,学会对帮助过自己的人心存感激,进而形成学生健康的心态,塑造健全的人格。

（3）学校与社区共同开展"文明礼仪我先行"活动

一是学校与社区互动,营造讲文明礼仪的良好社会氛围和家庭氛围。为了给学生营造讲文明礼仪的社会氛围和家庭氛围,学校与社区密切配合,向学生家长发放了《韩村河镇村民文明行为准则》。

爱国家,爱集体,跟党走,志不移。务正业,谋生计,勤劳作,同富裕。
多学习,守纪律,坏行为,要抛弃。黄赌毒,是劣迹,团结起,禁恶习。
公益事,要积极,起带头,莫迟疑。搞建设,经审批,遵章法,守规矩。
用水电,不违纪,公家物,要爱惜。讲团结,保稳定,促发展,多出力。
好青年,服兵役,戍边疆,保社稷。按计划,来生育,生男女,都如意。
倡晚婚,讲优育,独生孩,有福气。娶媳妇,招女婿,破旧俗,别攀比。
丧事简,破迷信,要火化,不占地。敬老人,合伦理,对孩子,会教育。
邻里间,有情谊,互帮助,如兄弟。讲文明,行礼仪,宽他人,严自己。
花草树,要爱惜,都维护,更美丽。倒垃圾,不随意,砖瓦灰,别乱弃。
猪羊狗,鸭兔鸡,要圈养,严管理。讲卫生,好习气,环境美,有秩序。
此准则,大家记,遵守好,都受益。三文明,不分离,奔小康,齐努力。

二是组织学生读书学礼。读书是学礼仪的常用方法。只有读书,才能知道礼仪，并且用礼仪来自觉规范自己的行为。孔子曾说："不学礼，无以立。"高尔基也说："要热爱书，它会使你的生活轻松，它会友爱地帮助你了解纷繁复杂的思想、情感和事件，它会教导你尊重别人和你自己，它以热爱世界、热爱人类的情感来鼓舞智慧和美化心灵。"读书可以使人懂得事理，使人陶冶情操，使人儒雅善良。学校曾组织学生读《弟子规》，让学生学习中华传统礼仪文化。

三是要求学生背诵《韩村河中学文明礼仪三字经》。

升国旗，礼仪端。情趣健，读经典。与人处，胸怀宽。讲诚信，讲友善。
孝父母，做典范。尊师长，敬恭谦。帮同学，情意暖。待客人，礼周全。
遵规纪，照章办。讲秩序，做示范。公共场，轻声谈。绝脏言，不抽烟。
惜花草，爱家园。保洁净，勿脏乱。珍惜水，节约电。爱公物，莫摧残。

四是要求学生诵读《韩村河中学礼貌歌》。

中学学生要记牢，行为规范懂礼貌。诚实守信好品格，自尊自爱重仪表。
爱我中华好传统，国家荣誉最重要。遵纪守法是根本，注意安全第一著。
上下楼梯右边行，莫在院内追逐跑。上学下学行路中，交通安全第一条。
放学及时早回家，切莫网吧去消耗。举止文明爱学习，情趣健康行为好。
一切坏事我不干，野浴溜冰最糟糕。抽烟喝酒坏毛病，学生沾染事不妙。
有人惹事来打架，围观助尊最不好。集体场所不喧哗，文明观众我做到。
说话谈吐要文雅，切莫高声乱吵闹。举止文明不骂人，满嘴脏话祸不少。
骂人打架不根除，一方平安保不了。有损人格事不做，诱骗上当切莫要。
远离诱人坏场所，自身管理很重要。尊老爱幼诚助人，礼貌待人风格高。
同学之间互尊重，理解宽容关系好。体贴父母常交流，行动孝顺落实好。
课堂听讲要认真，勤奋学习重思考。创新学习拓宽路，发现问题共商讨。
独立钻研靠毅力，进入状态最为好。困难挫折炼意志，心理健康乐陶陶。
良好习惯要养成，坚持锻炼身体好。常理头发常洗澡，面容洁净形象好。
清洁卫生靠你我，随便丢弃可不好。乱吃零食坏脾胃，饮食卫生最重要。
生活朴素要勤俭，攀比恶习须去掉。花草树木也有情，害它性命天不饶。
门窗桌椅供你用，爱物美德价值高。保护校园好环境，教室安静益思考。
严于律己讲公德，公共秩序遵守好。文明礼貌人人讲，成长环境最重要。
规范行为要养成，美好人格是法宝。

五是践行"文明礼仪"。文明礼仪贵在行动。只有行动，才能养成文明礼仪习惯。为此，学校组织学生值少年文明岗。每天早上，佩戴"文明礼仪"

绶带的学生，站立学校大门口，见到老师问声好，见到学生问声早，面带微笑迎接师生的到来。

每个年级设立"文明礼仪先进班集体"流动红旗，用量化积分的方式，每月评选出"文明礼仪先进班集体"，学校用评选争先的方式，积极创造讲文明有礼貌的良好氛围。

学校以校刊校报为载体，普及礼仪常识，满腔热情地宣传讲文明礼仪的道德行为和高尚品质，讴歌讲文明礼仪的先进典型和好人好事，对不文明行为进行恰如其分的曝光，形成以讲文明礼仪为荣、以不讲文明礼仪为耻的风尚。

教师节，每个学生都写一段心里话送给老师。其内容丰富多彩。或祝福老师，或劝老师不要生气，或把《长大后我就成了你》这首歌的歌词送给老师。学生们流露的真情，令教师们心情激动。

（4）利用社区教育资源对学生进行爱家乡教育

一是组织学生读《韩村河记》及《教育中心碑记》，体会数辈韩村河人艰苦奋斗、努力创业的辛劳，激励学生饮水思源，刻苦读书。

二是组织学生参观韩村河展厅及村容村貌，然后写观看感。

学校地处韩村河文明景村，这里有体现韩村河人艰苦奋斗历程的韩村河展厅，有观览村容村貌的观景台，有供人们休闲的韩村河公园，有高科技蔬菜园区，还有国防教育主题公园。这些都是宝贵的家乡教育资源。为此，学校组织学生参观韩村河展厅及村景全貌，然后写观后感。通过参观和写感受，学生的心灵得到了净化，他们爱家乡的情操得到了升华。

三是组织学生阅读《创业韩村河》《创新韩村河》《情系韩村河》等书籍，以创业者"功高不泯忠贞志，位尊更坚公仆心"的公仆事迹为教材，教导学生学习做人道理。

五、 取得的成果

（一）学生懂得了孝敬父母

我们对实验班进行了抽样调查，如表5-2-3所示。

表 5 - 2 - 3　实验班抽样调查数据

	实验前人数	百分比（%）	实验后人数	百分比（%）	上升百分比（%）
说三句话（您辛苦了，您好，节日快乐）	15	34.8	41	95.3	33.8
帮父母做事	12	27.9	43	100	72.1
给长辈拜年	20	46.5	39	90.7	45.6
礼让父母	8	18.6	43	100	81.4
自己洗衣服	16	37.2	40	93	55.8
顶撞父母	32	74.4	3	6.97	67.4（降）
宽慰父母	8	18.6	37	86	67.4
照顾父母（洗头、理发、洗脚）	9	20.9	42	97.7	76.8

通过调查统计可以看出：学校的孝育产生了明显的效果。

（二）学生们学会了关爱他人，有了社会责任感

扶危济困、仁慈友爱的美德在学校蔚然成风。患了白血病的小文，特困生小友，都因家庭困难无力渡过难关，同学们慷慨解囊，踊跃捐款，几天时间就捐款上万元。小超看到爸爸生病憔悴的面容，悄悄到服装店退了爸爸新买的运动衣，用钱给爸爸买药治病。学生还经常去镇敬老院服务，帮老人们收拾房间，打扫卫生，演节目，陪老人聊天，为老人送去温暖，送去祝福等。

（三）给学校教育教学带来了可喜的变化

自开展"三结合"教育以来，学校取得了可喜的成绩。学生的文明礼貌、学习成绩等方面进步明显。学校中考及格率、优秀率不断提高。高考升学率达95％以上，居位全区同类校前列。

（四）提升了学校的品位，使师生有了成就感

学校举办了三次研讨会，产生了广泛的社会影响。学校编辑的《寸草心集》《迎春集》《涌泉集》《爱的乐章》等书籍，受到了社会的好评，其中有14篇成果被北京哲学社会科学"十一五"规划项目"学校德育与新世纪社区道德建设"采用。教师的教科研成果不断涌现：有30余篇专业论文发表于省市级以上报刊，有 200 余篇论文获区级以上奖励。学校被中央教育科学研究所（现为中国教育科学研究院）评为"整体构建学校德育体系先进实验学校"、"德育科研先进学校"，被北京市妇联评为"家庭教育先进学校"。学校开展的"三结合"教育，《中国妇女报》《中国中学生报》《京郊日报》均做过报道。学生自编自演的话剧，还被中央电视台少儿频道制成三期专题片播放，引起了强烈的社会反响。

值得一提的是，本课题研究过程中开创出的取诀教育教育形式，效果较为突出。歌诀精练，读起来朗朗上口，能给教育对象丰富的艺术感染力。目前，这一教育形式已成为学校德育工作的特色与亮点。

（五）家长教育水平得到了提高，出现了一批研究型家长

自开展"三结合"教育以来，很多家长懂得了以理服人、以样教人的重要，处处和睦相处，尊老爱幼，语言文明，和谐民主的家庭教育氛围逐渐形成。许多家长开始研究家教并形成经验，有的家长还把自己宝贵的家教经验无私地奉献给大家，我们把这些家教经验编成了《爱的乐章》一书。

以责任为核心的学校德育文化研究

谭 峰

一、 问题的提出

（一） 社会发展的需要

在现代社会中，人作为社会中最基本的个体，其主体性得到了极大的尊重，同时也赋予了个体更多的权利与自由，而责任也随之加大。伴随着 21 世纪科学技术的高速发展、应用以及互联网的迅速普及，人们具备了前所未有的能力，也面临着前所未有的困难。时代要求作为社会中最基本的个体要充分发

挥其主体性，应具备高水平的责任品质来履行和承担对自己、他人、社会、国家、自然、网络等各方面的众多责任，在这个过程中个体的主体性才能得到社会的承认与尊重。在多元经济利益的驱动下，21世纪的社会发展呼唤高度负责的人，需要主观具备高度责任意识的人。

（二）学校发展的需要

责任品质是个体发展所必需的重要品质之一，是孩子们良好人格品质形成的重要因素，能有效地促进个人与社会、与自然的和谐发展。在个体的成长与责任品质形成过程中，学校教育起着非常重要的作用。通过分析东辛房小学学生的现状，我们认为开展责任教育具有必要性和紧迫性。

原因一：北京市门头沟区东辛房小学90%以上的孩子都是独生子女，他们在家长们全方位的呵护下，表现出来了许多以自我为中心的任性、自私、目中无人、不懂礼貌、怕苦怕累等不良行为品质。

原因二：学校借读生有140多人，占全体学生的四分之一，且大部分借读生的家长都是以做买卖、打零工为主；就本地生而言，家庭以城市最低生活保障金维持的学生占全校学生的四分之一。因此，东辛房地区的经济条件和发展状况决定了我们要培养对家庭发展、对地区发展高度负责的人。

原因三：以责任为核心的学校文化的营造，能陶冶师生的情操，规范师生的行为，激发全校师生的使命感、归属感，形成强烈的向心力、凝聚力和群体意识。

二、 责任与学校德育文化内涵

（一）核心概念界定

责任是指主体自觉履行其社会角色所规定的分内事，以及因未完成分内事而应该承担的损失。什么是学校文化？学校文化是学校师生员工在教育实践中创造的物质财富与精神财富的总和，是学校在自己的历史发展中，在长期的教育实践中，所有教职工和学生创造积淀并共同遵循的办学思想、价值观念、学校作风与传统、行为规范规章制度的总和。学校文化的组成包括物质文化、精神文化和践行文化。学校德育文化具有突出学校以德育人特征的德育过程与文化交织结合在一起的一种文化现象。从文化视角来说，学校德育文化的作用归结到一点就是要以文化方法培育和建构人的精神世界，提升人的精神品质，揭示人的德性品质形成，从而促进人的全面发展，进而促进人的社会化和社会的现代化。对以责任为核心的学校德育文化，我们认为是学校的每一个人（教职工、学生）都具有强烈的责任心，从而使学校形成人人都负责的积极向上的文化。有一句话说得好，责任重于能力，我们希望通过德育文化最终使师生具备强烈的责任感，使学校和每个人都走向卓越。

（二）理论基础

公民责任的逻辑基础是自由、平等和正义。公民责任建设的重点和着力点就在于如何实现社会的自由、平等和正义，为公民责任建设营造一个良好的制度环境。

公民责任建设的直接动因是以法治国和以德治国对公民素质的要求。社会主义经济的发展，社会主义民主政治的推进，以及社会主义其他事业的顺利进行，都要通过公民积极而负责的参与来实现。因此，培养和弘扬公民意识，塑造公民人格，就显得至关重要。

三、 校德育文化发展现状

（一）学校概况

北京市门头沟区东辛房小学始建于 1914 年，是一所地处城镇西部有着近百年历史的公办小学。学校占地面积 3970 平方米，建筑面积 1781 平方米，校园环境优雅，具有浓郁的文化氛围。现有教学班 14 个，在校生 475 人（含学前儿童 72 名）。其中，正式生 293 人，占学生总数的 72.7%；借读生 110 人，占 27.3%；享受低保学生 73 人，占正式生总数的 25%。学校有教职工 46 人，其中党员 29 名，专任教师 36 人，区骨干教师 8 名，校骨干教师 7 名。

在校长的带领下，全校教师发扬无私奉献精神，投身改革，转变观念，积极参与市、区级课题研究，认真贯彻党的教育方针，全面实施素质教育，注重学生全面发展，构建了良好的立体化的育人环境。学校确立了"责任教育，让每一个孩子都成人"的办学指导思想以及"责任立校　科研兴校　美德润校　质量强校　特色亮校"的办学理念，以努力创办"孕育责任的希望田园　陶冶情操的育人花园　展现个性的生活乐园　生命对话的心灵家园"为办学目标。

学校加强教师队伍建设，以全面提高教师队伍的整体素质为核心，以开展名师建设工程为重点，充分发挥区、校骨干教师的引领示范作用，以实现造就一支"爱岗敬业、严谨笃学、善于研究、责任感强"的教师团队的目标。

学校以德育为先，加强传统文化教育和责任教育，深化德育特色。学校以中华美德为内容，以传统节日为载体，以教育活动为依托，以教育评价为手段，深化传统美德教育，加强养成教育，突出责任教育，确保德育工作的实效性。

学校还以教学为重，加强教学管理，改变教学方式。学校开展"四化管理"，即活化课程管理——在课程开发中凸显责任，深化教研管理——在教学研究中渗透责任，细化过程管理——在教学实施中融入责任，优化质量管理——在教学评价中体现责任，形成了"学导结合，四环五步"的教学模式。至此，以责任为核心的学校文化已经形成。

（二）存在问题

虽然学校长期开展德育工作，取得了一定的教育效果，但是为了更好地形成以责任为核心的学校德育文化，我们需要在科学分析、广泛调研的基础上，深入地进行研究。为此，我们设计了《学校德育文化发展现状调查问卷》并进行了调查。调查显示，80%的教师认为，学校的德育文化存在以下问题。

一是学校的德育理念先进，起到了良好的育人效果，但在实施的过程中，一小部分学生不能自觉遵守学校的制度，教师对此束手无策。

二是家庭教育和社会教育与学校教育脱节。

（三）原因分析

一是不良的家庭教育。青少年人生的成功与失败，与家庭特别是父母的言行、教育方法、责任心密切相关。有专家指出，父母的不良行为和消极言行对青少年的影响较大，家庭教育不可或缺。

二是学生自身心理因素在认知方面存在偏差。

四、 学校德育文化建设策略

（一）营造以责任为核心的学校德育文化重在以人为本

百年大计，教育为本；教育大计，教师为本。建立一支师德高尚、业务精湛、结构合理且相对稳定的教师队伍，是实施素质教育的关键，也是提高教育质量、办人民满意教育的根本。学校在创建"春蕾工作室"的师带徒活动中向青年教师传递"尽责至善"的东小精神，在骨干教师的引领中示范"尽责至善"的东小精神，在学习型组织建设中领悟"尽责至善"的东小精神，在各种培训交流、研讨中提升"尽责至善"的东小精神。通过加强领导集体诊断，加强听课力度，不断优化常态课质量；通过"东升杯"校级评优课、研究课、汇报课、白板展示课，规范教师教学行为，提升教师教育教学综合能力。一支"结构合理、爱岗敬业、严谨笃学、善于研究、责任感强、阳光智慧、大气包容"的教师队伍已经形成。

1. 用好骨干教师——探索增值路径，强调发展引领

学校骨干教师均匀分布在学校的重要岗位，他们是学校的教科研带头人、年级德育组长，带领学科教师进行教育教学研究。上示范课以及骨干教师论坛已成为传播其教育教学经验的重要渠道。

2. 培养青年教师——搭建成长平台，强调快速发展

学校成立了"春蕾工作室"，有计划地对青年教师进行培养，培养过程中做到"两个明确"、"四个引领"。

（1）两个明确

明确培养目标，以党的教育方针为指南，以适应素质教育要求为标准，以学校为培养主体，全面提高青年教师的政治素质、师德修养、业务能力，使之成为能独立承担教育教学工作的骨干。明确培养思路，尊重个体需求，搭建成长平台；面对个体打造，目标定位引领；师徒结对提升，组织机制保障。

（2）四个引领

一是目标导向引领。学校出台了《东辛房小学春蕾工作室活动方案》，明确了培养总目标，即：一年转正会上课——成为合格教师；三年出徒上好课——成为学校与家长满意的教师；五年成才出特色——成为有自己教学特色的优秀教师。制订个人发展规划，建立成长档案。

二是师徒结对引领。春蕾工作室实行导师制，学校为每位青年教师配备了一名师德与业务过硬的导师。学校要求导师在教学业务上实行"三跟踪"，跟踪备课、跟踪上课、跟踪批改作业。徒弟在成长过程中过"五关"，即思想品德关、教学技能关、教材教法关、教育管理关、教学科研关。师徒结对实现了骨干教师和青年教师的"双促进"、"双发展"、"双提高"。为了鼓励师徒共同进步，学校还专门设立奖励机制，每学年末都要评选优秀师徒对子，并给予大力表彰。

三是校本研训引领。师德涵养——净化灵魂、塑造人格。"学高为师，身正为范"，师德师风是教师职业的灵魂，塑造教师健全的人格，是青年教师培养的首要任务。几年来，我们积极引导青年教师对职业理想进行理性思考，倡导青年教师追求"发展型"的教师生涯；倡导青年教师把教师职业看成既为"生存"，也为"发展"；倡导他们不要只把教师职业当成单纯的"给予"，要充分认识到教师职业也是一个不断"收获"的伟大事业。在这种理念的指导下，我们为新教师进行的第一次培训是"先做人，再做事，最后做学问"。引导青年教师平实做人，做一个对别人、对社会有用的人；幸福做事，在做事中体验幸福；一丝不苟做学问，在做学问中涵养人生，惠及他人。经过几年来的多方面、多渠道的师德培训，本校青年教师初步树立了正确的世界观、人生观、价值观，提高了学校教师职业道德的整体水平。

师能提升——提高能力、促进发展。青年教师个人努力固然重要，但是专家引领也不可或缺，这种引领不仅包括教学技能、教学艺术的引领，更重要的是对教师进行教育精神、教育本质的引领。我们积极利用一切优质资源，对青年教师进行业务技能、教学理念、教学方法方面的引领。

课例引领——领略风采、内化观念。京剧艺术大师梅兰芳说过这样一句话："不看别人的戏，就演不好自己的戏。"演戏如此，教学也如此。看优秀老师的课，就像读活的教育学，活的教学法。课例引领方式对青年教师来说，直接而实用。青年教师通过观摩，再加上自己的思考、琢磨和课后讨论、评析，迅速熟悉了教师角色，并尽快进入了状态。学校还采取"走出去，请进来"等方式，为老师们进行培训。派青年教师王诗怡和学校骨干教师一起到山东杜郎口中学考察学习，并在全体教职工大会上讲述了自己的学习心得；派青年教师参加北京市骨干教师研修班；组织青年教师观摩特级教师公开课，观摩全国教学大赛获奖教师的展示课，感受"精品课"的魅力。除了观看优秀教师的现场授课外，学校还要求春蕾学员每周观看一节优秀的录像课。这些课例使青年教师理解并掌握了大量的课堂教学方法和技巧，并能应用在自己的教学中，使自己的教学工作更加完善，课堂教学水平迅速提高。

专家评课——把握教材、有效教学。教研员集体视导，个别指导对青年教师的专业化发展起到了很大的促进作用。在每次视导，教研员们大到教学理念的树立，小到教学环节的设计，都给予了青年教师具体的指导，对青年教师在教学中遇到的困惑更是不厌其烦地给予解答。教研员们在视导时如果发现了素质好的青年教师，就会主动把他们作为重点培养对象，为他们提供更多的学习和锻炼的机会。师训部的领导和教师经常深入学校了解青年教师培养的情况，并提出了许多建设性的意见。

技能训练——夯实基础、提升素质。"台上一分钟，台下十年功"这句话很朴素，却耐人寻味。教师如何才能有效成长呢？我们认为夯实教学基本功是教师成长最有效的途径。具备扎实的基本功，才是青年教师站稳讲台的法宝。学校把青年教师基本功培训作为常规培训内容之一，经常有计划地组织青年教师开展三笔字、简笔画及现代教育技术的学习、培训，并将这些基本功培训纳入青年教师业务考核中。学校还统筹规划，分期安排教师参加各级部门组织的培训、竞赛。

教学反思是青年教师专业发展和自我成长的核心因素，也是教师的一项基本技能。正如叶澜教授所说："一个教师写一辈子教案不一定成为名师，如果一个教师写三年教学反思就有可能成为名师。"因此，我们要求新教师充分认识反思的意义，组织他们进行积极反思，每周反思一次。我们引领教师，沐着晨曦，想一想，今天我该做些什么；伴着夕阳，想一想，自己今天做了些什么。我们先后开展"精彩一刻回顾"和"三言两语话听课"的活动，反思活动为他们今后的自我分析、自我矫正、自我提高奠定了一定的基础。

四是读书交流引领。美国的布莱克曼曾说过："不论时代如何演变，教师始终都是持续的学习者。"新教师要不断更新自己的知识结构，所谓"海纳百川，有容乃大"，要跟上时代步伐，读书是首要的，因此我们非常重视引领青年教师博览群书，充实自我。让读书学习成为习惯，让读书学习成为一种责任、一种情怀、一种追求，已经成为学校全体青年教师的共识。学校每学期都开展读书"五个一"活动，即学校推荐一本读物，教师自选一本读物，撰写一篇读书心得，完成一本读书摘记，组织一次读书交流。这一活动有效促进了青年教师读书的自觉性及阅读习惯的养成，促进了青年教师在阅读中体会教育的乐趣，在阅读中感悟教育的真谛，在阅读中不断地丰富自我，在阅读中更新教育观念。

3. 提供"五个保障"

组织保障。学校成立了春蕾工作室领导小组和工作小组。工作小组负责春蕾学员的管理及导师的配备、学员的考评等相关工作。他们在学期初制订具体的活动计划，在学期中开展活动，活动做到定时间、定地点、定内容，学期末进行总结。

制度保障。制度是青年教师培养工作得以顺利实施的保障。学校以制度建设为契机，先后制订了《师傅辅导春蕾学员要求》《春蕾学员考核评价制度》《优秀师徒对子评选制度》等一系列制度，有效地保障了春蕾工作室的顺利运行。

工作保障。为了保证效果，学校规定师徒关系尽量保持两年，师徒尽量教授同一年级，学校对新参加工作的教师第二年的工作安排一般重复同学科同年级。为了方便师徒互相听课，师徒的课一般错落安排，师傅第一节，徒弟第二节。

财力支持。加大经费的投入，学校每学期都要拿出上万元资金支持青年教师参加各级各类培训，并为他们购买图书等。在学校绩效考核中，设立了导师补贴制度，并且每月按时发放。

督查保障。春蕾工作室的工作实行半个月一交流，一个月一检查，一学期一考核，发现问题及时反馈，及时改进。

青年教师如雨后春笋迅速成长。2010 年 3 月学校召开现场会，《现代教育报》《京西时报》进行了专题报道。为了增强学生、教师参与班级、学校管理的意识，2012 年 9 月学校实行学生担任班主任助理以及学科教师担任主任助理、校长助理的三级助理制度。学校举行了聘任仪式，颁发了聘书，明确了职责，建立了制度，定期培训、交流，实行班主任助理每天例会，校长主任助理每周例会制度。通过实践锻炼，学生自我管理能力提高了，责任意识增强了，教师工作积极性提高了，民主参与学校管理能力增强了，师生、干群关系也更加融洽了。

4. 带动普通教师——评价机制引发教师工作热情

管理的目的就是通过建立科学的评价体系激活教师群体的精神需求。学校以绩效改革为契机，改变学校对教师一锤定音的评价方式，实施"教师自评、同事互评、学生家长评价、学校考核小组综合把关测评"的多元评价。制订了学校明星教师评选的量表，对教师进行"明星、合格、学习"三级分层评价，激发了教师工作的积极性。

五、 营造以责任为核心的学校德育文化重在实践体验

为了将学校的办学指导思想"责任教育——让每一个孩子都成人"落在实处，在研究过程中关注学生的需求，从实际出发培养学生的责任意识和责任心。学校提出"争当五种人"的责任教育内容，即"对自己负责的快乐人"、

"对父母负责的孝心人"、"对他人负责的爱心人"、"对集体负责的热心人"、"对社会负责的文明人"。以中华美德为内容，以传统节日为载体，以教育活动为依托，以教育评价为手段，挖掘优势的教育资源，开展丰富多彩的教育体验活动，激发学生情感，践行责任体验，促进学生责任能力的提高。

（一）结合生活实际，学会对自己负责

对自己的生命负责、对自己的学习负责、对自己的生活负责，从小养成良好的学习、生活习惯。

结合家庭生活学会对父母负责。教育孩子学会承担家务，为父母分忧，关心父母的身体，为父母做力所能及的事情。

（二）建立班级责任岗，学会对集体负责

建立班级责任岗，开展责任岗认领与实践活动。班级责任岗让学生受到锻炼，达到班级人人有事做，事事有人管；学生通过做代理班主任，学会了管理，了解了班主任的工作，体会了班主任的辛苦。在班主任的指导下，学生自发组织了魔方社、诗社，自主开发了翻绳、提包、投沙瓶、套圈、创意雪雕等活动，丰富了课间活动，通过自主教育，实现教育由他律到自律的理想境界。

附：学生当代理班主任的感受

我负责　我快乐

六（2）班　吕海怡

几年来，学校一直在师生中开展责任教育，会负责、能负责的教育理念深入人心。自上学期开始，学校将责任教育深入开展，使我们知责任、负责任，体验我负责、我快乐的喜悦！在这一教育活动中，我荣幸地被聘任为四（2）班的"代理班主任"，我非常激动。老师让我担任这个职务，是对我最大的信任和鼓励。我绝不辜负老师对我的期望，我一定要更加努力，圆满完成老师交给我的任务。

起初，我的心里有些担心，也有些欣喜。担心，是因为我第一次担任这个职务，怕自己干不好；欣喜，是因为老师给了我锻炼的机会。当我第一次走进四（2）班的时候，心里怦怦直跳，我怕管不住他们。可是，我还是鼓足勇气走到讲台前，当我看到全班同学可爱的笑脸，我的心平静了许多。这个班的同学们遵守纪律，非常听话。每天早读时听不到随便说话的，只听到朗朗的读书声；每次升旗仪式，他们的校服总能穿着整齐，红领巾佩戴规范，秩序良好。

我感到同学们这样做是对我的大力支持。在一次课间活动时，四（2）班的一位同学遇到我还庄重地问候我："代理班主任好。"我感到特别骄傲，它激励我一定要把这项工作干好！

在参与班级管理过程中，我与四（2）班的同学们相处得非常融洽，建立了非常深厚的友谊，也使我自己得到了锻炼，增强了我的胆量和勇气，提高了我的组织能力、表达能力。同时，在责任实践中，使我树立了人生理想。教师是辛勤的园丁，为祖国培养接班人，是一个光荣的职业，将来我也要成为一名人民教师，认真履行教书育人的责任，收获桃李芬芳的快乐！

我骄傲——我是代理班主任

五（1）班　陈可祎

以往，我眼中的班主任可威风了，能在班里呼风唤雨，掌握大权，指挥起人来，十分神奇。通过体验做代理班主任，我才真正认识到，我过去的想法是错的。我们只看到了班主任令我们羡慕的一面，其实，当班主任很辛苦。不仅要做好教学工作，还要管理班级事务，处理学生的各种问题，要对班级、对学生负责任，需要有强烈的责任心。

在刚做此项工作时，我和其他同学一样，有担心、有顾虑。但是，老师的鼓励让我增强了信心。记得，那次巩老师召集我们12位代理班主任开会，督促检查我们的工作记录。我们将工作记录集中起来，摆放整齐，互相学习，进行评议，结果老师和同学们都说我的工作记录最认真、最整齐。大家的评价对我是一个激励，从此我暗下决心，一定要做一名优秀的代理班主任。

于是，我就给自己定下了这样的奋斗目标，并且还提出了严格的要求：要认真履行代理班主任的职责；加强学习，规范自己的言行，提高自身素质；要有奉献精神，热心为同学们服务。

有人说，听过的容易忘记，看过的会留下记忆，只有亲自体验过的才会终生回忆。做代理班主任就是这样，它会成为我童年生活中最美好的回忆，做代理班主任，是我的骄傲！

（三）参与社会实践，学会对社会负责

与社区建立联系，共同制订教育计划，开展教育活动。让学生在社区教育实践中，树立公民意识，养成良好的公民道德品质，培养学生的社会责任心。

六、 营造以责任为核心的学校德育文化重在责任评价

1. 开展责任评价，激发学生责任情感

学校深入研究小学生责任感评价的方法，以福娃卡、档案袋、责任明星评价手册为载体，通过学生自评、师生互评、家长评价、社区评价等多种方式，营造责任评价氛围，增强学生的责任意识，促进学生行为的转变，激发学生的责任情感，努力构建良好的德育文化。

责任评价在校园。校园生活是小学生重要的责任实践基地，是开展责任评价的主阵地，以学生校园生活为主线，积极探索责任评价的有效方法和途径。依托班队会开展责任实践和评价；抓住国旗下的讲话以及一年级新生开笔仪式等教育契机，推动责任实践和评价；通过责任之星评选，推动责任实践和评价。

责任评价入家庭。开展孝心好孩子、好家长评选。"家长是孩子的样子，孩子是家长的镜子。"从这句话可以看出，家长对孩子的影响是很大的。家长是孩子的第一任老师，家庭又是孩子集体生活中的最小单位，因此，在家庭中开展责任实践和责任评价是非常重要的。学校利用"三报、两会、一评"，定期向家长宣传、反馈责任感评价实践研究的相关信息。三报——家长之友报、美德小报、教师瞭望报；两会——家长会、家教培训会；一评——评选优秀家长和孝心好孩子。制订了家庭评价标准，重在培养学生的生活习惯。

家长、学生心目中的好老师评选。以往只有教师评价学生们的份儿，现如今，家长、学生也开始评价起教师来了。学校为了加强师德建设，促进教师责任感的落实，用良好的师德、高尚的品行带动学生的责任实践，学校制订了责任之星教师评选。学校制订评选标准，发放到学生和家长的手中，让他们了解评价内容，结合自己的日常观察和亲自感受，利用学期末召开家长会的时机，让学生和家长进行投票选举，根据教师得票数和学期各方面的工作业绩，评选出优秀教师。

责任评价进社区。教育是一项系统工程，需要学校、家庭、社会的齐抓共管。开展小学生责任感的评价与实践研究，需要学校、家庭、社会共同参与，形成合力。

2. 依托家长教师协会，形成良好的教育机制

要提高和改进未成年人的思想道德水平，就必须使学校、家庭、社会共同

参与、协同教育、形成合力。家长作为教育资源的开发者、组织者和参与者，有充裕的时间参与学校的教育教学活动。学校可在参与的内容和形式上做文章，以"邀请家长参与　体验教师角色"、"设计亲子活动　促进家校沟通"、"扩展活动空间　整合教育资源"为主要内容，以家庭、学校、社区之间的互动为主要方式，结合学校工作和教学内容，开展亲子读书活动、亲子种植活动、亲子健身活动等。通过亲子活动，缩短教师、家长之间的距离；通过孩子的变化，增进家长、教师之间的情感交流，有效地促进学校教育与家庭教育之间的衔接，促进学生健康成长。

3. 依托我国传统节日，弘扬、传承民族文化

"弘扬传统文化，培育民族精神"是教育工作者义不容辞的责任，学校可抓住传统节日开展丰富多彩的活动。

首先，在读中思——责任教育与课外阅读相结合。例如，读一篇古文或古训，讲一个美德故事，背一条美德格言，唱一首唐诗儿歌。让学生从故事、格言中接受中华美德教育，受到良好的传统文化的熏陶。

其次，在做中悟——责任教育与实践活动相结合。在学生中开展"过中国年、感骨肉情"活动。每到春节，要求学生向家长讲三句话："您好"、"您辛苦了"、"节日快乐"。做三件事："鞠躬"、"让食"、"抄对联"。除夕之夜向长辈们拜年；吃年饭的时候，给长辈们让食；每家都要抄写张贴反映中华传统美德的对联。通过开展"过中国年，感骨肉情"活动，真正形成长幼有序、尊老敬贤、情意融融的家庭责任文化。

最后，在悟中写——责任教育与自我教育相结合。坚持在学生中开展"老师赞"、"夸一夸我的爸爸妈妈"、"记叙一件最难忘的事"等活动。"悟中写"活动，不但可以使学生从社会中汲取了丰富的思想政治营养，提高自己的道德情操，也可以锻炼学生的写作水平，同时也促使家长更好地规范自己的言行，为子女做出好榜样，推动我们地区文明的传承与发展。

七、　营造以责任为核心的学校德育文化重在以主题活动为路径

开展主题教育活动，增强学生责任情感。长期以来，传统教育方式在德育工作中占有重要地位，在小学生中弘扬民族精神有利于唤醒他们对中华民族传统美德的认识，对培育小学生的品德意识有着积极的引导作用。现在的学生以独生子女为主，在进入小学之前，家长对他们的呵护容易变成溺爱，孩子个性

发展的空间容易得到满足。因此，在开展传统教育活动时，注重活动形式的设计，形成一系列的主题教育活动，为学校以责任为核心的德育文化的形成奠定基础。

例如，学校组织了新生开笔仪式、纪念建队 63 周年、感恩月、节水教育、"践行雷锋精神　争做绿色达人"、"我的梦——中国梦"等主题活动。

八、 结语

校园文化是一个立体化、开放性的概念。它是一种环境，也是一种需要长期培育、苦心经营的教育氛围。我们力图通过一种"春风化雨，润物无声"的效果来实现学校的育人功能，提升学校的文化品位。通过教育实践，学校的责任文化已经初步形成，责任文化润泽了学校的内涵发展。

学校取得了丰硕的成果，仅 2012 年一年，学生共获各级各类奖项 142 人次，教师获奖 117 人次，学校获集体奖 18 项。

首先，教师不断发展。目前，学校有区级骨干教师 8 名，校级骨干教师 4 名，骨干教师占任课教师的 35%。党员教师 29 人，占教师总数的 63%。近三年来，有 6 位教师课堂教学获全国一、二等奖，有 10 位教师课堂教学获市级一、二等奖。教师做区级研究课 10 余节，两位老师获市基本功大赛二、三等奖。在区第四届"三杯"教学评比中，三人获一等奖，一人获二等奖，一人获三等奖，获奖率达 100%，学校荣获优秀成果奖。学科老师参加的门头沟区小学教学设计大赛，获奖率达到 53%，教师撰写的 60 余篇论文均获奖项。

其次，学生全面发展。"我负责、我快乐、我成功"的校训，"承担责任、收获人生"的誓词，已深入每个学生心田，学校的学生快乐、阳光、自信、好学，毕业学生被重点学校录取的比例逐年增长，学生体质达到规定标准，各种体育竞赛名列前茅，学生得以全面发展，各种兴趣活动参与率、获奖率逐年提高。学生快乐地学习，健康地成长。

最后，学校向前发展。团队建设初见成效，教师讲团结、讲合作、讲奉献，校园里处处和谐。教育教学管理得到优化，日常管理扎实有效，青年教师成长迅速，教学质量有所提高，以责任为核心的校园文化特色凸显，教育品质得到提升。近三年来，学校先后被评为北京市"五五普法"先进单位、北京市学生综合素质发展评价先进单位、门头沟区学习型学校先进单位、区"十一五"素质教育先进学校、区"构建高效课堂"先进单位等。多年的教育实践和努力终得回报，学校的特色工作先后在 CCTV 国际频道、中国教育电视台第三频道、北京电视台、《北京日报》、《现代教育报》、人民网等多家新闻媒体进行专题报道。学校的工作得到社会、学生和家长的认可，学校赢得了良好的口碑。这种收获的喜悦，这些果实的甜美，都源于东小人始终高扬的"尽责至善"的东小精神。

但是，责任教育不是一朝一夕就能完成的，学生的良好习惯、自觉态度不是一成不变的，是有反复过程的，这需要我们做出持久努力。

让自觉成为生命品质　让规划成就幸福人生
——北京延庆一中学生人生规划经验与反思

王建军

一、 实施背景

1. 教育环境的推动

2007 年，北京市全面推行高中新课程改革，这一次的课改大潮为高中学校提供了新的发展契机和提升空间。"延庆县'十二五'时期教育事业发展规划"提出了"以树立科学质量观、全面实施素质教育"为工作主题，以"转变教育发展方式、转变教与学的方式"为工作主线的指导思想，在"促进高中教育多样化发展"中具体指出"加强高中生人生理想教育，为学生终身发展奠基，强调以学生人生规划为重点，贴近生活，进行正确的人生观、社会观、自然观教育，培养学生健全的人格"。这些都为我们在推进课程改革过程中实施人生规划教育提供了方向上的引领。

同时，"综合素质评价"的应用和"综合素质提升工程"等社会实践课程的开设，为学生认识自我、走进社会开拓了一片新天地，也为我们推进人生规划教育搭建了良好的平台。

2. 校园文化的积淀

延庆一中以"育人为本，追求卓越"为办学理念，以"学生自主发展"

为办学特色，在办学实践中逐渐形成了"自主规划、自主管理、自主学习、自主评价"的教育模式。"让自觉成为生命的品质"是学校文化建设新的追求。人生规划教育正是在这种文化中逐渐形成和完善的，它是涵养自觉品质、增强发展动力的有效途径。

3. 学生发展的要求

高中生正处于世界观和人生观形成的关键时期，他们需要进一步认识和了解自己的爱好和特长，及时了解各行业的职业特点，及早地进行自我规划，增强自身的使命感和责任感，更需要明确自己学习的方向和目的，获得自主发展的持续动力。"延庆县'十二五'时期教育事业发展规划"也明确提出"遵循教育规律和学生身心发展规律"的指导思想。为了更加准确地了解学生的现状，我们对本校和北师大二附中的学生进行了问卷调查。调查结果显示，本校学生与城区学生相比，学习的目的性不强，对未来的思考较少，因此每年填报高考志愿都是学生和家长最纠结的时候。我们通过问卷形式，对在校大学生进行了调查，发现近60%的学生在填报志愿时大多采用"看模拟成绩—选择院校—选择专业—服从调剂"的方式，这样的结果使我们的孩子把命运交到了别人的手中，对职业的选择和规划非常被动，背离或失去了自己的职业理想。科学的方法应该是"选择专业—确定职业—看模拟成绩—选择院校"，这样的轨迹更加符合人的发展规律。

4. 社会现实的需要

专业不适合、就业不对口，是摆在很多大学生面前的难题。2012年3月，为了调查大学生和成人对于自我发展的认识以及对自我发展的设计和规划情况，学校科研室研究性学习教师组织"人生规划"课题组成员曾经随机对800名在校大学生和500名成人做了一次社会调查，其中的几项数据令我们深思。给大学生的调查问卷共涉及11个问题。第三题：你是否满意目前所学的专业？只有38.8%的学生选择"喜欢"。第五题：如果再给你一次机会，你是否还会选择这个专业？有54.3%的学生选择"不会"。第六题：你知道你适合从事什么样的职业吗？只有35.1%的学生选择"知道"。第九题：你觉得在高中阶段有必要开展"人生规划"吗？有72.2%的学生认为有必要。给成人的调查问卷共涉及9个问题。其中第二题：您喜欢您的职业吗？有61.3%的人选择"不喜欢"或"一般"。第六题：您所从事的职业与大学时的专业是否有联系？有55.7%的人选择"联系不大"或"没有联系"。第八题：如果让您重新选择，您是否还选择现在的职业？有53%的人选择"坚决不会"。从调查结果上看，大部分人由于在学生时代对个人的发展缺乏系统的设计和规划，学习目标不够明确，从而导致升入大学后学习兴趣不高，盲目选择专业，被动选择职业，其结果必然是个人的发展动力不足，个人能力不能得到应有的开发，社会价值得不到最大的体现。这些让我们更加坚定了进一步推进此项工作的信心。

二、 实施目的

一是帮助学生在制订人生规划的过程中，进一步认识自我，能够结合自身的特长明确将来的专业方向，设计并执行在高中阶段的学习任务和能力培养，为完成专业理想打下良好的基础。

二是帮助学生在执行人生规划的过程中，形成正确的世界观和人生观，提高自觉意识，为自己的终身学习和可持续发展提供强大的动力。

三、 实施策略

1. 宣传造势

任何一种新的教育形式都需要有一个被认识和被接受的过程，我们在推进此项工作的过程中，注重宣传和营造气氛。首先，通过各种培训和讲座，让老师、学生以及学生家长理解人生规划的目的和意义；通过展板、互动交流等形式，让学生知道如何制订和完善自己的人生规划。其次，通过导师制和恳谈会等形式，让老师和学生知道如何运用人生规划。当前学校在原来"学生自主发展"基础上提出"让自觉成为生命的品质"，着力打造"自觉德育"，而人生规划正是自觉德育的重要组成部分。目前，校园内处处营造自觉德育的氛围，努力实现人人讲自觉、人人谈规划的良好风气。

2. 课程推进

（1）推进"三课一特"，开设人生规划校本选修课

"三课一特"是延庆县教委推进新课改进程中提出的教育目标，即建设系统课程、落实高效课堂、推进课改工作、形成学校特色。这是落实县教委主题主线的重要途径。为了让人生规划教育能够获得理论支撑，实现系统推进，我们开设了人生规划校本选修课程。一是以学校"德育研究会"为依托，编写人生规划校本教材，加强课程研发；二是挑选精明能干并愿意从事此项工作的教师开设选修课，通过集体备课、定期交流、相互听课等形式，提高教师的授

课水平，让学生在课堂上真有收获。

（2）编写校本选修教材——《放飞希望　成就梦想》

为了提高学生对人生规划的认识，特别编写了教材《放飞希望　成就梦想》。本教材由认识自我篇、了解社会篇、了解职业篇、规划自我篇、人生规划自我展示案例等五个篇章构成。教材内容丰富，形式多样，如引入霍兰德职业兴趣测量表、兴趣岛活动等。另外，本教材充分挖掘身边的教育资源，有些案例取材于本校的优秀毕业生的事迹，例如《为梦想奋发的一中学子——王云飞》。人生规划校本教材主要应用于高一学生的校本选修课，该课取得了很好的效果，学生选课热情高涨，听课效果突出。

作为一门兼具就业指导功能的高中德育课程，人生规划校本课对学生发展具有重要意义。第一，可以积极地指导他们对自己进行正确和客观的自我认知和自我评价，使他们对自己目前的综合素质和能力有一个清醒的认识，让他们每一个人都清楚地知道"我是谁"。第二，可以积极地指导他们自觉地树立正确的职业理想，指导他们把自己的职业兴趣、爱好、特点同社会未来的发展有机地结合起来，使他们能够清醒地认识到将来"我想干什么"。第三，积极地指导他们努力地学习，刻苦钻研，有意识地磨炼，不断地提高自身的综合素质和能力，从而适应未来职业发展的需要，指导他们认识到将来"我能（会）干什么"。第四，积极地指导他们从目前的实际出发，锻炼和提高自己的综合素质和能力，指导他们弄清楚"我现在应该干什么"。

3. 资源整合

人生规划教育虽然是一种新的教育形式，但它并不孤立存在，要想让它持久发展，就需要在已有教育资源的基础上进行整合和提炼。延庆一中有多年形成的"学生自主发展"的基础，如校园五大文化节、真情学子评选、学子讲堂等文化活动，还有70多门选修课、50多个社团，这些分别从科技、艺术、体育、社交等方面为学生搭建了良好的平台，指导学生结合自己的人生规划有目的地参加各类活动。在以"综合素质提升工程"为主要阵地的社会实践活动中，我们也让学生围绕自身的人生规划有目的地参加。我们采取"化整为零、自主选择"的方法，让学生选择参加对自己有实际帮助的活动，同时进一步拓展社会实践的空间，让学生走进企业，走进招聘会现场。

四、 取得的成就

人生规划校本选修课的开设，使学校无论在满足学生个体发展方面，还是在学校德育、校园文化建设方面均取得了一定的成就，并积累了一定的经验。

1. 学生个体发展

通过开设人生规划选修课，学生提前了解社会、了解职业、了解专业及高校，为填报高考志愿打下了良好的基础。学生通过制订和修改人生规划，明确了学习目的，获得了发展的动力，为将来可持续发展打下良好的基础。

2012届6班是延庆一中一个普通的高三毕业班，但人生规划这项活动贯穿了班级管理的三年。这个班集体目标明确、奋发向上，班级学风浓厚，学生们有坚定的理想信念，乐学、好学、全面发展。在高考填报志愿时，学生们能够正确认识自我，面对职业选择多了一分从容。他们中有坚持当飞行器设计师，虽然被工商大学录取却选择复读的学生；有一心想做职业经理人，由年级100名左右一跃进入前10，被中央财经大学录取的学生；也有为圆建筑师之梦，以593分的高分执意填报北京工业大学建筑系的学生。

人生规划让学生们摆脱了功利思想，真正为自己、为兴趣学习、选择，人生规划照亮了孩子们前进的道路。

2. 学校德育工作

教育部在《普通高中课程方案》中详细阐述了普通高中教育的培养目标，"具有强健的体魄、顽强的意志，形成积极健康的生活方式和审美情趣，初步具有独立生活的能力、职业意识、创业精神和人生规划能力"。由此可见，以人生规划活动为育人载体统摄高中阶段的教育活动有其存在的理论基础和现实意义。在新课程背景下，想要深化学校的德育工作，必须以此为出发点。

班级作为学校工作的主要阵地，组织学生制订、交流、修改人生规划，进一步促进班风和学风的形成，通过在班级展示人生规划，让学生之间相互影响、相互促进。结合"感动一中真情学子"的评选，人生规划能更好地彰显榜样的力量。同时人生规划帮助年级树立了正气和积极向上的文化氛围，学生自觉意识的不断提升成为年级管理的有力抓手。

同时人生规划活动还大大弥补了学校德育工作的一个薄弱环节——学生、家长主体意识淡薄。要想改变这一现状，必须以育人为前提，以活动为载体，充分调动家长和学生的参与意识。人生规划活动开展以来，学生在活动主旨的引领下主动参与到活动中来，并充当活动的主角，他们上网查询资料，积极选报人生规划的选修课程。更为可喜的是，在活动开展过程中，我们利用家校互动渠道及时与家长进行沟通，取得了家长的信任与支持。家长们都非常感谢学校为他们创设了这样一个好的育人平台。学校通过家校互动加强家校联系，与家长达成教育共识，以"指导家长帮助学生学会做规划，帮助两代人缓解紧张家庭关系"为目的，开展家长论坛。每次论坛结束，家长们都会自发地继续探讨教育子女的有效方法，和谐的家庭教育反过来又促进了和谐的学校德育工作。学校德育工作的实效性得到切实加强。

3. 学校文化建设

一方面，作为自觉德育的重要组成部分，人生规划教育促进了校园自觉文化的形成，提升了校园文化的品质；另一方面，人生规划教育让学生有意识地挖掘自身的潜能，培养自身能力，使其在参与校内外各项活动中热情更加高涨，目的更加明确，收获也更加丰富。他们在保障学业成绩的前提下，在各级展示、竞赛活动中均能体现自己良好的综合素养。"翱翔计划"学员李阳因为自己的生物研究被评为北京市优秀中学生，"科技创新大赛"学生每年摘金夺银，"模拟联合国"有他们活跃的身影，"英语剧星大赛"有他们生动的表演。我们的学生表现得更加从容和自信。

五、 需要解决的问题与课题反思

1. 对人生规划的认识还需深化和拓展

所谓人生规划，就是一个人根据社会发展的需要和个人发展的志向，对自己的未来发展道路做出一种预先的策划和设计。人生规划包括职业生涯规划、个人财产规划、情感规划、健康规划、时间规划、目标规划、知识管理规划等。我们说人生规划使我们在规划人生的同时可以更理性地思考未来，初步尝试性地选择未来适合自己从事的事业和生活，尽早（多从学生时代）开始培养自己的综合能力和综合素质。人生规划与职业规划的区别就是人生规划比职业规划广泛，职业规划只是人生规划的一部分，它并不是人生的全部。职业很大程度上是实现高质量生存的手段而已。在学校层面，我们往往忽略了人生规划在学生健康心理与情感养成方面、良好的生活与学习习惯培养方面的教育价值，而片面进行以职业规划为背景的专业和院校规划。

2. 部分学生所做的专业规划脱离自身实际，需要更加科学具体的指导

随着年级的增长，学生所做的规划越来越贴近自身实际。例如，高一的贾某某对语言很感兴趣，想学习中文，高一阶段专业和院校规划填写的主要内容是北京大学中文专业，到高二时变成北京师范大学中文专业，高三时变成首都师范大学中文专业，最后高考确实上了首师大，也圆了她个人的中文梦。我们

说像这个例子所反映出的问题具有一定的代表性，从教育实践者的角度出发，这也不失为一种教育实践的成功尝试，毕竟国内优秀院校和专业的竞争是比较激烈的。受学生个人成长环境、以往学业基础、个人先天条件的影响，不可能每个人都实现名牌大学梦，关键是个人高中阶段学习过程能否反映出他朝向理想而努力奋斗的锲而不舍的心路历程。之所以说上述例子不失为一种成功的教育实践，就在于她为了理想确确实实付出了很多，这一点也能得到家长的证明。

但问题的关键在于还有一部分学生所制订的规划与现实严重脱节，这里面有几种类型。一是好高骛远型。不管不顾自己的实际情况，盲目制订规划，结果理想变成梦想，梦想变成幻想，不仅没有起到正面的促进作用，反而在理想与现实之间的差距面前停滞不前，其信心和自尊心受到巨大打击。二是单一兴趣型。众所周知，当前我国高校的专业设置与社会职业用人需求之间还不能做到有效衔接，反映在现实中，有的职业已经完全饱和，高校还在大量招生，很多学生毕业即失业，给自身和家庭带来了巨大负担。所以说，学生在制订职业规划时要考虑社会的用人实际。但现实中，有一部分学生不管这些，一味从个人的兴趣出发，进行规划。笔者也有亲身的经历，班内很好的学生，一直以来的理想就是学习法律，高考也如愿以偿考上了国内某所知名院校的法学专业，可毕业应聘时才发现，这个专业太难就业，对自己当年的选择后悔不迭。三是院校优先型。众所周知，职业规划的大前提就是专业规划，可是有些学生没有这种思考，制订规划不是从自己适合的专业中找适合自己的院校，而是先找自己喜欢的院校，然后从院校里挑专业，具体学什么只能把主动权交给高校，结果就像前面调查问卷所示，由于在学生时代对个人的发展缺乏系统的设计和规划，学习目标不够明确，从而导致升入大学后学习兴趣不高，被动选择职业，其结果必然是个人的发展动力不足，个人能力不能得到应有的开发，社会价值得不到最大的体现。

3. 任课教师相关知识与技能培训的及时跟进问题

实践表明，一支高效能的师资队伍，是人生规划课程校本化实施的关键。人生规划课程是一门涉及生涯规划教师、班主任和心理教师等多个方面、课程活动需要学校协调的综合性强的课程，是需要学校从教育教学综合改革高度协调相关教师和统一协调课程内容才能推动工作顺利实施的课程。"了解职业篇"需要具有职业生涯规划专业知识；"认识自我篇"需要心理教师给予支持，当学生在客观认识自我以及制订、管理、调整职业生涯规划和规范、调整自己行为的过程中出现心理问题时，能及时予以指导；"规划自我篇"是学生自身根据个性调适和自我控制、管理和调整职业生涯规划以及规范和调整自己行为的过程，该项工作更适合纳入班主任的工作范畴。综上所述，人生规划课程所涵盖的内容非常宽泛，需要老师们彼此进行沟通和交流。这里面最值得探讨的一种形式是同伴互助。同伴互助是教师作为专业人员进行的同伴之间的对话、互动与合作，是校本教研的灵魂和标志，是指教师在积极进行自我反思的同时，还要努力开放自己，加强教师之间在班级管理等教育活动上的专业切磋、协调与合作，共同分享经验，互相学习，彼此支持，共同成长。

总之，人生规划的目的绝不只是协助学生按照自己的学业成绩选一所大学和一门专业那样简单，而是帮助学生真正了解自己，为人生发展筹划路径。人生规划可以增强学生应对社会竞争的能力，提高毕业生的创业能力和就业能力，能够把学生引到"人—职匹配"的择业道路上，使其在谋求和促进社会进步与发展中实现个人的真正价值。

寄宿制学校学生自主管理策略探究

邢 军

一、 引言

（一）寄宿制学校与自主管理

1. 寄宿制学校

学生在学校规定和法定放假休息时间以外的所有时间都在所在的学校度过的，此类学校一般被称为寄宿制学校。

2. 自主管理

自主管理就是学生自己的事情由自己做主，自己的行为由自己管理。本文所说的自主管理领域：发展规划自主管理，纪律约束自主管理，安全、卫生自主管理，个性发展自主管理。规划发展目标让每个学生都有目标，都有适合自己的发展目标，都有通过自己努力能够达到的发展目标，通过规划自己的发展目标让学生认识自己、反思自己、监督自己。纪律约束自主管理是指为了实现自己发展规划中的目标，每个学生都要制订切合自身的目标，为了实现目标就要实施一定的措施，在措施实施过程中，既要有自我纪律约束，也要有同伴的监督，这样才能保证目标的实现。同时，学校为了协调管理，促进学生的共同发展和全体发展，安全、卫生方面需要加强管理，并且学生在安全和卫生方面加强自我管理也是实现自己规划目标的重要保障。统一管理共性，也要关注个性的发展，因此，学校注重引导学生有利于个性发展的自我管理，为发展学生的个性提供平台和支持，同时也锻炼学生个性发展的自主管理。（见图 5 - 5 - 1）

图 5 - 5 - 1　学生发展规划自主管理

3. 策略

策略是解决问题的方法和手段的总和，本文是指探究学生自主管理的方法和手段。

（二）学校情况

首师大大兴附中地处北京市郊区，70% 以上的生源是住宿生，是一所寄宿制学校。近年来，虽然学校投入了大量的人力、物力、财力来解决宿舍安全、纪律、卫生等问题，但实际收益达不到预期的效果。如何指导住宿生在宿舍安全、纪律、内务卫生、文化氛围等方面实现自主管理是学校在住宿生管理方面面临的一大问题。因此，根据学校的实际情况确定寄宿制学校学生自主管理策略，探究学生自主管理的方法，以调动学生的自主管理的主动性是必要的。

学校目前住宿生总人数为866人，男生336人，女生530人，具体明细如表5-5-1所示。

表5-5-1 住宿学生情况统计

年级	男生人数（人）	女生人数（人）	总人数（人）
初中	15	15	30
高一	114	143	257
高二	120	164	284
高三	87	208	295

（三）学生自主管理的背景

1. 社会要求

当今社会对人的素质的要求更加全面，要求更具有个性、创造性及广泛的适应性。社会需要的是具有积极进取精神，具有自主性、独立性和创造性的各级各类人才，这就赋予现代教育以全新的意义。

2. 教育的要求

现代教育把人的全面发展作为最终目标，强调通过发展学生的自主性，使学生获得可持续的发展。苏霍姆林斯基说过："真正的教育是自我教育……不能总是牵着他的手走路，而是要让他独立行走。"

3. 学生的角度

中学生迫切需要培养自主管理能力。当今时代，知识经济初现端倪，社会竞争日益激烈，学生能否在走出校门之后迅速地适应社会、自我发展并为社会发展做出自己应有的贡献，不仅取决于学生的专业知识和能力，更取决于学生的主体意识、健康个性、自我管理能力、社会适应能力、人际沟通能力以及团队精神等。自主与创新素质较高的人才能游刃有余，立于不败之地，所以培养素质全面的人才是时代对教育的呼唤。自主管理模式正是符合培养素质全面人才的要求，它促进学生主动修身、主动求知、主动劳动、主动管理、主动健体、主动参与，最后达到主动发展的目的。而且，这与素质教育要求学生达到"六个学会"——学会做人、学会求知、学会劳动、学会生活、学会健体、学会审美是吻合的。中学生迫切需要证明自己的自主管理能力。中学生的自我意识明显增强，独立思考和处理事物的能力不断提高，在心理和行为上表现出强烈的自主性，迫切希望从父母、长辈们的束缚中解放出来，开始积极尝试脱离父母、长辈、教师的保护和管理。他们具有很强的自信心和自尊心，热衷于显示自己的力量和才能。不论是在个人生活的安排上，还是对人生社会的看法上，都开始有了自己的见解、自己的主张。他们已不满足于老师、长辈的讲解和说教或书本上的现成的结论，对成年人的意见不轻信、不盲从，要求有事实的证明和逻辑的说服力，对许多事物都敢于发表个人的意见，并常常为坚持自己的观点而争论不休。这是一个主动地去寻求自己的主体性的时期，是一个自我努力建构社会主体的过程。因此，教师要掌握学生的心理特征，尊重学生的自主意识，积极培养其自主管理能力，以适应中学生身心发展的需要。

4. 班主任教师的角度

班主任教师的精力和体力都是有限的，因此需要发挥学生的自主能动性，使其积极参与到自主管理中来，从而形成师生和谐的协作氛围。

（四）理论依据

主体性教育理论是培养学生自主管理能力的理论依据，主体性教育理论是指以建构学生在学习、生活活动过程中的主体地位为核心，全方位培养终身学习和终身发展所需要的主体意识和能力。科尔伯格继承了杜威的发展性道德教育思想，提出"认知—发展"的道德教育，相对于灌输、无视学生自己的思维方式的传统德育而言，科尔伯格强调"认知—发展"的表述忽视了道德情感和道德行为，因而是有局限性的。"主体—发展性"明确表述了现代德育的主体性，指出主体德性发展的内容包括道德认知、道德情感、道德行为的发展。

主体不仅是认知主体，而且也是道德主体；发展也不仅是认知的发展，而且也是道德的发展。

"主体—发展性"是现代德育的本质属性，其内涵至少有以下几个方面。

第一，体现了现代德育以人为本的精神，突出了主体，突出了主体德性的发展；以培养具有现代思想道德素质的主体人格为根本。

第二，"主体—发展性"的德育活动是教育者、受教育者能动地自主构建思想道德的对象性活动；是在教育者的组织领导下，教育者、受教育者共同参与的活动；是教育者的启发、引导、指导与受教育者的认知、体验、践行的互动；是教育者的价值导向与受教育者自主构建相统一的活动；是教育者与受教育者的相互教育与自我教育、教学相长、品德共进的活动。

二、 寄宿制学校学生自主管理中教师角色的转变

学生的自主意识淡薄是导致学生自主管理效率低下的重要原因，学校要通过舆论大力宣传、营造自主教育的浓烈氛围，帮助学生理解自主管理对自身发展的重要意义。学生要改变"管理是老师的事，与自己无关"的传统消极思想，积极投入到自主管理的实践中，并在这个过程中享受管理的乐趣，体验成长的快乐。

（一）警惕学生自主管理中教师角色定位的两大误区

教师是推进学生自主管理的关键，转变教师观念是关键的关键。学生自主管理意识淡漠、自主管理能力不强与教师的传统育人观是分不开的。在传统教育管理中，有些教师大事小事亲力亲为，不仅导致自己身心疲惫不堪，而且压抑了学生自主管理的热情。另一类老师则认为既然是学生自主管理，老师不便干预，便听之任之，疏于管理，对学生干部也是重使用、轻培养，不给予任何指导和激励。这些都不利于学生自主管理的开展。为此，要加强对教师的培训，帮助教师深刻理解自主管理的意义，真正转变观念，树立新型的教育观，使每位老师意识到：只有充分调动和发挥学生的主观能动性，教会学生管理，学生才会自主管理；学生自主并非教师可以撒手不管，教师要从台前到幕后，扮演好"引"和"导"的角色，时刻进行引导和监控。学生自主管理可以在一定程度上把教师从烦琐的事务中解放出来，从而有更多的时间和精力去深入关注学生的个性特征以及研究教育教学中具有复杂性、前瞻性的问题，形成工作的良性循环，在此基础上也能更多的享受职业乐趣，提高生活质量。可见，实施自主管理使师生双方都获得了解放，利师又利生。

（二）教师角色的转变：研究、协作、监督、指导、帮助、信任

1. 传统角色保持不变，但不能仅此而已

不管办学模式如何改变，教师的传统角色是不变的，仍然是课堂的管理者、组织者、引导者，学生人生航船的导航者，学生心灵的朋友，学生行为的楷模。教书育人是教师永恒的角色。但教师如何在新形势下开展教书育人（比如如何对独生子女开展教育），如何对问题有前瞻性（比如了解班级离异家庭的学生的思想动向），如何指导学生适应新形势，解决新问题（比如学生

厌学情绪非常严重的问题），如何在工作中讲方法、讲策略等，都应该引起教师的思考，教师要成为学校教育教学、学生管理问题的研究者。教师在教育实践中获得了大量第一手珍贵的资料和经验，从资料中分析、在经验中反思，教师就可能成为教育理论的创造者和验证者。

2. 学生的教育工作不仅是班主任的事，而是全体教师的事

既然教师的角色转变，不只是知识的传授，那么同样要明确的是，学生的教育工作不仅是班主任的事，而是全体教师的事。班主任要对学生的发展规划进行具体的统计和评价，结合班级工作的实际，让学生制订出适合自己发展的规划。在我们研究过程中，有些学生目标制订得过高。高一（1）班赵某学习成绩在班里中等偏上，他制订的学期目标要求自己进入年级前50，原因是他同桌成绩很好，年级前十名。班主任了解了情况后，鼓励他不仅要横向比较，还要纵向比较，自己和自己比较每天都是进步就是好样的，目标就会一步一步地实现。赵某了解了自己发展规划中的问题，结合自己的成绩制订了进入班级前十名，整体成绩提高40分的目标。班主任将该学生的情况反馈给全体任课教师，共同监督他的作业完成情况，帮助他进行学习方法的总结等，同时加强对他考勤纪律等的监督。期末，赵某轻松实现了自己的目标，并取得了班级第八名、整体成绩提高45分的好成绩。从学生开心和爽朗的笑声中，班主任体会出了孩子获得成功的喜悦和自信。因此，学生的教育问题，要发动全体教师的集体力量，为学生量身制作实现目标的策略和方法，同时监督、帮助学生实现规划目标。

3. 学生生活、安全等方面的监护人

在中学生这个年龄阶段，学生的自觉性还不太高，很多学生缺乏自我约束能力。因此，单靠学生的自觉是远远不够的，教师要当好学生生活和安全方面的监护人。在学生住宿管理上，要配备宿舍生活指导教师，让他们分区域管理学生住宿；要勤检查、多评比，督促学生养成良好的生活习惯；要多关注那些年龄小、平时受父母溺爱、恋家、情绪较浓或有特异体质的学生，可以让他们与生活指导教师同睡一间宿舍。

4. 学生学习、生活能力的培养者

在寄宿制学校的管理中，教师的工作再细致也不可能面面俱到，所以培养寄宿制学校学生的学习生活能力至关重要。在学生养成教育方面，坚持每学期一次全校性的养成教育主题讲座，对学生行为习惯进行引导和指导，由生活指导老师进行住宿生活知识辅导讲座，帮助学生养成良好的生活习惯。充分发挥

学生自我管理的优势，成立学生自律委员会，少先大队文明监督岗，让学生参与从住宿就餐到日常行为规范的全过程管理和全方位管理。这样既培养了学生的主人翁意识，又培养了学生的自我管理意识和管理能力。这还需要教师在学生自主管理的过程中对学生表现出充分的信任。

（三）寄宿制学校学生自主管理中领导机制的转变

1. 自主管理领导小组有学生参加

学校成立了以校长为组长的学生自主管理领导小组，成员包括德育副校长、德育主任、德育副主任、德育主任助理、年级组长等，除领导小组外还有包括学生会管理干部、团委干部、生活老师，他们的职责之一就是了解学生的管理需求和服务需求，让学生参与到自主管理的决策中来。

2. 学生组织的功能进行转变，由监督机制转变为服务功能

学生会生活部的检查和督导功能得到了全面转变，由原来的督导检查转变为学生进行自我教育的引导和帮扶。学生会生活部的同学对学生的值周情况进行记录和评比，对详细情况进行记录，然后由德育处汇总进行反馈，对班级和宿舍的值周情况进行汇总，然后做出最后评价，并纳入班级和宿舍的量化评比中。

三、 学生发展规划自主管理策略探究

学生发展规划自主管理，主要是想让学生通过自己对自己的中学生活树立明确的目标要求，并在目标的引领下自我激励、自我约束、自我监督发展。

（一）策略一：写给三年后自己的一封信，为自己定个中学目标

在高一年级、初一年级新生入学之初，班主任的第一个班会的主题：写给三年后自己的一封信。给自己写信主要让学生自己为自己的中学生活定个基调，在此基础上开展各阶段目标的制订。有的学生开始不知怎么写，班主任就引导学生，给学生提供几个角度：我三年后想考入一个什么样的学校，三年中我在学校的表现会发生哪些变化，我会和同学们怎么相处，我怎么弥补自己学习上、生活上的不足，我将读几本课外书等。慢慢地学生会从日常的学习生活方面为自己制订目标，而不是我的理想是多么远大，因为要让学生的目标贴近生活，具体落到实处，同时也让学生感觉到自己的目标就是自己生活中所做的

事情、所需要克服的困难。每个学生写好这封信，班主任封存。在接下来的三年中，每学期初使用这封信，每次都将这封信发给学生自己，让学生自己对照自己的这封信来剖析自我，哪些做到了，哪些还需要努力，哪些需要补充，把不断完善、改进的内容写下来一并封存，然后每个学期初继续使用此方法。通过三年的综合分析，学生的学习氛围明显改善，尤其是学期初，当学生看自己写给自己的信的时候，有好些学生会流下眼泪，当然，其间有喜悦的泪水也有伤心的泪水，但无论如何，这些信都引起了学生的反思和考量。

（二）策略二：大胆说出学期目标，目标包括横向纵向

通过一封信对学生三年的学习生活进行规划，操作起来周期较长，可调整性和可控性有些难度。因此，各个年级开展"大胆说出学期目标"活动，学期目标要横向纵向贯通，并且每个学生的学期目标要通报给每个任课教师，经过班主任统计汇总—初步诊断—自我完善—全体任课教师会诊—目标班级公示等过程最终形成。这一过程主要是要求学期目标更加具体，不但有学习成绩的排名的进步需求，还要明确自己和自己相比较进步提高的幅度，不仅有成绩方面的提高，更要有学习习惯、学习信心、学习态度的转变，同样也要有思想的成熟和转变。每个学生的学期目标经过班主任统计汇总，初步诊断，主要是进一步帮助学生认识自己，使自己制订的目标更加适合自己发展，既不好高骛远，也不故步自封。同时，针对学生的目标，全体任课教师都要明了，从自己所教学科角度对学生发展规划中的学期目标达成情况做出评定。学期目标的制订，既利于学生目标的细化，提高可操作性，同时，经过教师的会诊和监督使学生的目标更加切合自身，同时全体任课教师对学生目标也有了清楚的了解，这样利于教师在教学过程中帮助学生达成目标。

（三）策略三：利用好周班会，做好学生自我规划反馈工作

为了更好地让学生自觉落实自己的发展规划和监督学生落实自己的发展规划，班主任和任课教师要利用好周班会活动，做好学生的自我规划反馈工作。一种方式是让学生反思自己上周学习、生活中的哪些因素不利于自我规划的实施，并进行本周学习计划安排，针对自己存在的困惑请求班主任和任课教师的帮助；另一种方式是教师和任课教师将上一周的学生表现尤其是部分"问题"学生的表现进行反馈，让学生提出整改措施。两种方式的主要目的是让学生对自我发展进行反馈，及时调整规划，增强规划的可操作性。

四、 寄宿制学校学生宿舍卫生、 安全自主管理策略探究

学生宿舍是学生在校学习、生活和休息的重要场所，学生的休息质量、安全、卫生等问题直接影响着学生自我发展规划的实施和效果，同时宿舍也是学生自我管理施展的一个重要场所。对寄宿制学生，在管理上要教育引导并组织、管理好学生严格遵守《中学生守则》《中学生日常行为规范》，按照《住校生管理制度》《文明寝室要求》《学生宿舍安全管理要求》《首师大大兴附中住校生作息时间表》《首师大大兴附中文明班评比办法》《首师大大兴附中文明宿舍评比办法》等规章制度，形成以"学生为本，强化服务"的宿舍建设理念，以创建"文明宿舍"、营造和谐氛围为目标，实行人性化管理。通过教育和养成训练，使规范内化为学生的行动，不断提高学生的思想道德素质，努力做到让学校成为让学生舒心、家长开心、社会放心的一处精神家园。

（一）策略一：建立宿舍楼多层管理体系，并将管理的情况反馈班主任，为评价学生自我规划发展、目标达成提供数据支持

1. 制订检查制度

按照住校生管理制度，严格要求住校生未经学校管理处同意任何人不准随意调换寝室；住校生应保持学生宿舍的安静、整洁、卫生，做到团结、互助、自律，努力争创"文明寝室"，争做"文明个人"；住校生要严格执行学校制订的作息制度，点名以后不许外出，病、事等特殊情况除外；除节假日及学校组织活动外，住校生一律不准出校门，如确有急事需外出者事先应书面请假，并经班主住（或学校值班领导）以及值班生活老师签字同意后方可外出，外出学生要严格在请假时规定的时间内返校，并及时做好书面销假登记，否则按违纪处理；住校生不得把非住校人员带入宿舍，如确有需要进入宿舍时事先要取得管理人员同意，并按要求进行登记；非住校生及住校生的亲属不准在学生宿舍内留宿，在学生休息时严禁异性学生家长进入其子女寝室；住校生每天就餐时要按要求排队，不许插队，不许喧哗打闹，并要保持食堂的环境卫生，垃圾按规定的地方倾倒。

2. 成立楼管会自主管理制度

每幢楼成立以楼层正副组长为成员、兼职生活指导为主任的楼管会，按学校管理制度组织日常检查评比，营造寝室文化，创建文明寝室。楼层组长组织值日寝室长做好纪律、卫生的检查督促工作。由寝室长每晚进行点名，安排寝

室值日工作，督促寝室成员按时就寝，做好内务。

3. 学生干部参与管理

充分发挥学生的积极性和主动性，挑选思想觉悟高、乐于奉献的学生担任寝室长，由寝室长组成自查小组进行多层密集检查，并成立每层楼楼长，以楼长、寝室长组成学生宿舍管理的宿管会。一方面加强宿舍管理，另一方面加强师生之间的沟通和联系，有利于提高宿舍的管理水平和服务水平，有利于在第一时间了解学生的思想动态，为学生提供切实的帮助和指导，并针对学生中存在的问题及时进行教育，也能有效地化解各种矛盾，及时地对情绪矛盾进行疏通，培养学生良好的行为习惯。

（二）策略二：对住宿生内务进行日常管理并进行安全教育

1. 宿舍管理规范化

对住宿学生内务进行管理，明确宿舍内叠被子、摆放物品、打扫卫生、挂吊衣物等标准及要求。引导学生自觉爱护宿舍里的硬件物品，如宿舍摇头扇、浴室、卫生间设施、物品架、衣柜、床、桌子等生活用具。保持地面和桌面干净整洁，无杂物无水渍；门框、窗框无积灰、无脏印，玻璃明亮；床铺平整，床上不乱放东西，被子叠放整齐，枕头放在被子上面，统一放在靠窗的一端；洗漱用品、热水瓶、鞋子、椅凳放在指定的地方，摆放整齐；书架内和桌面上的书籍应摆放整齐，不出现乱堆放的现象；室内不乱拉绳索；不乱挂毛巾、衣物和包等；保持卫生间内整洁卫生，不能将果壳、塑料袋、瓶罐等丢弃在卫生间内，不准将垃圾扔入厕所内，厕所用后立即用水冲干净，厕所需每天打扫、冲洗，责任到人，保持卫生间无臭味；保持宿舍楼内公共场所的卫生整洁，不向宿舍外倒水和扔杂物；寝室内的生活垃圾每天清除并袋装化，由值日同学放在一楼指定位置（一天 2 ~ 3 次）；不得在寝室内用餐；养成良好的个人卫生习惯，早晚刷牙，勤洗衣被等。良好的生活习惯为学生营造积极向上的氛围打下基础，并且直接影响学生的学习、生活的质量。

2. 加强安全教育和管理

安全上，要指导学生在水电安全、消防安全、财物安全、上下楼梯安全、值班安全、人际安全等方面有自我保护意识，教育学生要学会生活、学会做人、学会与他人友好相处。严禁住校生在宿舍内、走道、楼梯上打闹以及打架斗殴；严禁住校生私自外出游泳；严禁住校生抽烟、喝酒；不准在宿舍里打牌及变相赌博；严禁住校生男女互串寝室；严禁住校生穿奇装异服或衣冠不整以及染发进入学生宿舍；严禁住校生将不健康以及不利于正常学习的书籍、图片、影碟带入学生宿舍；严禁住校生将易燃、易爆、有毒物品带入学生宿舍；严禁住校生将管制刀具及其他有危害的器械带入寝室；严禁住校生将各种动物带入学生宿舍；严禁住校生翻越栏杆围墙及登屋顶、爬树和爬窗；严禁住校生在没有体育指导老师在场时自行使用单、双杠等体育器械；严禁住校生私自外出打电子游戏机、上网吧等；严禁住校生有小偷小摸的行为发生，对有偷窃行为的将严肃处理。随时观察宿舍动态，化解矛盾，防患于未然，教育和引导学生逐步建立起积极向上、和谐健康的各类安全理念。

3. 做好安全保障工作，为自主管理提供良好的环境

在设施安全上，配合好总务处对学生宿舍的床、门窗、电灯线路进行细致检查，发现问题及时排除，坚决不让学生在不安全的环境中生活。联合保卫处对住宿学生进行检查，杜绝刀具、管制器材等危险用品、工具进入校园、进入宿舍。引导住校生爱护公共财物，损坏公物时应按价赔偿（参照《首师大大兴附中财产管理制度》），有故意损坏的除照价赔偿外还给予一定的罚款，同时也按违纪处理，情节严重的追究其刑事责任。

（三）策略三：加强住校生日常纪律管理

1. 明确纪律要求

自觉遵守作息制度，非开放时间不得随意进入宿舍楼；按时起床，参加早锻炼、早自修；午睡时间不外出、不洗漱、不讲话；晚自修结束后应立即回宿舍，做好就寝准备，按时熄灯，按时就寝；熄灯后不讲话，不吃零食，不外出，不洗漱，不听收音机，不点灯或用其他照明工具看书；任何人不得在外借宿，若有特殊情况，须家长提出申请，经班主任同意，报政教处批准，并将申请报告交管理员保存；为人诚实；捡到失物，及时上缴，发现同学中的不良行为应及时制止并报告；同学之间要团结友爱，相互帮助，不打人骂人，不在寝室喧哗吵闹，不在寝室打牌起哄，不抽烟喝酒，不在宿舍区玩球；未经允许不动用他人物品；男女生不得互串宿舍；服从生活指导老师、德育处管理员的教育管理，积极配合宿舍管委会的工作，对老师、同学有礼貌。

2. 树立牢固的学生安全纪律意识

不准将火源带入寝室内，不玩火，不点蜡烛，不燃烧废弃物；阳台上晾晒衣服时禁止登高晾晒，必须用衣架晾晒；平时不倚靠在阳台外沿与人谈话或远望；个人的柜子和抽屉应及时上锁，保管好钥匙；寝室无人时应及时锁门、关窗，管理好钥匙，晚上熄灯后及时锁门；发生失窃现象应及时报告保卫科；爱

护公共财产，保护好宿舍楼内和寝室内的物品；发现有公物破损，应向管理员报告，以便及时修理；自己损坏公物时，应及时报修，并照价赔偿，如故意损坏公物，视情节轻重，给予校纪处分；及时关闭电灯和水龙头，保安全、省水电。

3. 对宿舍纪律、安全、卫生综合评价

检查结果当天公示，并接受师生监督，并进行一日一汇总，一周一评比。对获得"文明寝室"称号的宿舍给予表彰，对不清洁寝室进行公示并勒令整改，每两周对卫生检查小组进行一次总结并对优秀小组给予表彰。通过检查考核，每个月评选出男女宿舍的"文明宿舍"，对先进集体和个人分别予以表彰奖励，对违反宿舍管理规定的学生进行必要的有针对性的教育，对评比较差的宿舍予以通报。同时，规定凡有违反宿舍管理规定的学生不得参加任何荣誉称号的评选。

4. 制度管理中的人性化

住宿学生的请假及家长来访，既要有制度的严肃性，又要人性化，第一时间保证学生的自由与安全。在日常的宿舍管理中，大事小事一起抓，在管理好宿舍的同时，对符合规定并在规定时间内可以进入宿舍的家长及其他相关人员做好来访登记，并阻止不符合规定的其他人员进入学生宿舍。

在管理上，要用积极的态度、昂扬的姿态投入住校生管理工作之中。在制度管理上既要做到"精、细、严"，又要做到与时俱进，为培养出德、智、体、美全面发展的社会主义建设者和接班人，为推动学校的持续发展、不断跨越做出更大的贡献。

五、 个性发展自主管理策略

以上是我们在统一的基础上对学生实施的自主管理策略，为了满足学生个性的发展，我们还尝试了学生个性发展的自主管理策略。

（一）策略一：加强宿舍文化建设，凸显学生个性

开展学生宿舍文化节活动，彰显学生个性。学校为体现学生个性发展，为不同个性的学生的发展奠定基础和提供平台，开展宿舍文化节活动。在宿舍文化节活动中，学生以宿舍为单位参加活动，通过宿舍的个性化宣言、个性化宿舍设计展示、个性化宿舍文化布置、宿舍成员的特长展示等内容展现不同宿舍

的不同风采。学生在此过程中体现了自己的价值和特长，尤其是那些在成绩上逊色而在文体、创意等方面拥有特长的学生在展示过程中赢得了同伴的赞赏和肯定，为自己的个性化发展提供了基础。

（二）开发多项校本课程，开展研究性学习活动小组、社团活动，为个性发展、特长发展提供培养平台

按照新课程的理念，学校做出统一部署，学校每位教师都要参与到校本课程、研究型学习、社团活动的建设指导中来。学生可以根据自己的兴趣爱好选择这些课程或活动小组。在校本课程、研究性学习、社团活动开展过程中注重学生的形成性评价，尤其关注对学生的发展的评价，为学生特长发展、个性发展提供平台。学校共开设趣味物理、数字摄影等36门校本课程，图腾崇拜的起源、蚂蚁群居信息分析等146个研究性学习专题，话剧社、诗朗诵等18个社团活动。这些内容的增设，为学生的个性发展起到了很好的引导作用。

学生个性发展自主管理策略为满足不同学生的发展需求奠定了基础，充分体现了学校在统一加强管理的过程中，注重学生个性发展，体现了对以学生为中心的自主管理理念、对学生发展进行人文关怀的贯彻落实。

六、 总述

要凸显以"学生为中心"，就必须彻底根除传统线性的师生关系，建立网络的、平等的师生关系，充分调动学生的主体性，使其积极主动地规划学习、建构知识、规划自我。学生管理中以学生发展为本的学生自主管理模式，将学生推上自主教育、自主管理的舞台，教育者通过暂时的"隐退"而张扬了学生的主体性，与此同时，教师自身也获得了超越与自我实现。"教是为了不教"，教育的目的，就是使学生摆脱监护，运用他们自己的智慧，在能动的活动与实践中走向自律，实现自我的自由，这才是寄宿制学校管理的长久之计。在开展学生自主管理的过程中，学校的教育教学取得了丰富的成果。

（一）学生的自主性增强，学习内需力提高，幸福感提高

学生在自我规划中，找到了自主管理、自我规划发展的自信和快乐。在自己制订的目标中不断反思、整改，提高了自我教育的内需力，学习的内在驱动力增强，呈现出良好的学习氛围。同时，学生在不断的坚持中，不断提高自我的认知能力，在自我约束的情况下，在教师的监督和帮助下，学生的阶段性目标一个一个地实现，每个学生有了"收获"的喜悦，感觉到有了"奔头"，体验到了自我价值实现的幸福感。

（二）学生自我管理能力得到了提高

学生从刚开始目标制订的迷茫中走了出来，开始制订出切合实际、可操作性较强的发展目标、学习目标，自我规划、自我管理的能力不断提高。尤其是周计划、期末计划的可控性和可操作性更加明确，目标中不仅有竞争性的目标，比如说学习名次的提高、优秀学生的评选，也有了自我比较的目标，如学习成绩的提高和行为习惯改进的量化提升等。学生学习态度有了很大的转变，自我管理能力明显提升。

（三）教师向着研究型方向发展

由于学生的自主管理能力不断提高，学习态度有了很大转变，学习氛围良好，广大教师从纪律维持等烦琐的学生行为纠正工作中解脱出来，更加关注学生自我规划的可行性和实施情况，成为了决策的帮助者、评价者。这样教师从学生规划的初步数据统计，转向对实施情况的评价数据进行分析来把握学生的发展和提高，实现了从严加管教学生到轻松管理学生的突破，教师向着研究型方向发展。学校的区级及以上骨干班主任的数量明显提升，有数十位教师在学生管理方面取得了丰硕成果。

（四）学校的教育教学质量得到了稳步提升

开展自主管理以来，学生的学习氛围、学校学风均发生明显变化，学校的教育教学质量得到了稳步提升。学校在学生文体工作方面的成绩在区内名列前茅，教育教学成绩取得了区教育教学成果一等奖。同时，学校对自主管理策略的探究得到了区教育行政部门的认可，区教委领导多次来学校视察指导，区教研部门数次在学校组织区德育交流周等活动。

（五）存在问题

不可否认，学生自主管理策略的探究推动了学校的德育管理工作乃至学校的整体工作，取得了丰富成果，但我们在实践过程中也发现了一些不足。由于学生自主管理过程中，自我规划要进行系统分析以提高学生规划的可操作性，这不仅需要班主任有耐心分析数据，更要求班主任具有较高的数据分析统计的专业知识，为学生规划的制订、实施效果评价做出更为客观翔实的数据分析。因此，对教师的相关培训还有待加强，此是其一。其二，学生规划的实现要全体教师的共同参与，因此，如何调动全体教师的参与积极性，为学生规划、自我管理提供行之有效的帮助，也是亟待解决的问题。